国家社会科学基金一般项目（编号：16BTY044)研究成果

# 新常态下
# 我国体育产业发展的
# 创新驱动政策研究

陈刚 著

WUHAN UNIVERSITY PRESS
武汉大学出版社

**图书在版编目(CIP)数据**

新常态下我国体育产业发展的创新驱动政策研究/陈刚著.—武汉：武汉大学出版社,2021.12

ISBN 978-7-307-22824-5

Ⅰ.新…　Ⅱ.陈…　Ⅲ.体育产业—产业发展—研究—中国
Ⅳ.G812

中国版本图书馆 CIP 数据核字(2021)第 274362 号

责任编辑:陈　红　　责任校对:汪欣怡　　版式设计:马　佳

出版发行：**武汉大学出版社**　(430072　武昌　珞珈山)
(电子邮箱：cbs22@ whu.edu.cn　网址：www.wdp. com.cn)
印刷:武汉邮科印务有限公司
开本:720×1000　1/16　印张:17　字数:274 千字　插页:1
版次:2021 年 12 月第 1 版　2021 年 12 月第 1 次印刷
ISBN 978-7-307-22824-5　定价:58.00 元

# 前　言

我国经济已经步入“从高速增长转为中高速增长，经济结构不断优化升级，从要素驱动、投资驱动转向创新驱动”的新常态。在经济新常态背景下，创新驱动常态化已经成为一种趋势。这种趋势会推动我国体育产业发展方式发生转变，赋予体育产业发展新动能，加快体育产业创新发展。为了更好地满足人民日益增长的物质文化需要、培育新的生活方式、刺激消费革命，为了深化供给侧结构性改革、培育新经济增长点、促进实体经济振兴，国务院2014年出台《关于加快发展体育产业促进体育消费的若干意见》（国发〔2014〕46号），并首次把体育产业纳入创新驱动政策的支持范围。在此背景下，如何合理使用创新政策工具，确保科技政策更好地惠及体育产业，为体育产业的创新发展注入活力；如何充分发挥科技部门作用，激发体育领域创新主体行动；如何依据体育企业的科技创新政策需求，完善体育产业的创新驱动政策供给，确保更多体育企业享受到科技政策支持，解决这些问题对于推动新常态下我国体育产业创新发展具有极其重要的现实意义。

为解决这些现实问题，本项研究围绕“新常态下我国体育产业发展的创新驱动政策”开展了集中研究。首先，基于文献资料法、案例分析法，论述了新常态下我国体育产业的发展现状、机遇与挑战，构建了本项研究的现实基础。其次，基于文献资料法，阐释了相关概念，探讨了体育产业发展的创新驱动政策的激励机制，构建了本项研究的理论基础；基于文本分析法、多维尺度分析法，对国发〔2014〕46号文件及各地的实施意见进行了内容分析，探索了支持体育产业创新发展的政策工具和创新任务，洞悉了支持我国体育产业创新发展的政策供给情况；从企业视角，以在新三板上市的体育企业为例，探析了支持体育企业创新发展的实际政策，解析了体育企业应对经营风险的创新策略。然后，基于新三板上市体育企业的年报数据，借助多元回归分析方法，探讨了创新驱动政策对体育企业研发投入、创新效率的影响，探讨了企业治理结构、财务能力对体育企业研发强度的影响，诠释了体育产业创新发展的政策效应，检验了创新驱动政策的有效性和适用性。最后，阐述了新常态下我国体育产业发展的相关创新驱动政策建议。通过上述研究，有如下发现：

（1）新常态背景下我国体育产业发展现状呈现如下特征：快速发展态势凸显、平衡发展有待加强、发展质量有待提高；我国体育产业发展现有如下机遇：经济发展机遇、政策保障机遇、文化引领机遇、技术溢出机遇和资本强势进入机遇；但也存在如下挑战：体育文化需要培养、人才困境更加突出、信息瓶颈逐渐凸显、资金缺口仍待破解、体育产业缺乏创新等。

（2）从理论层面认识了体育产业发展的创新驱动政策激励机制和理论边界。具体而言，阐释了创新驱动发展的内涵、特征、动力以及创新驱动政策的内涵，探析了体育产业创新驱动发展的机理、路径和平台，论述了体育产业创新发展的政策作用机制、政策激励特征、政策激励效应和政策激励路径。

（3）基于国发〔2014〕46 号文件及各地实施意见，对政策文本进行内容分析，识别出支持体育产业发展的创新任务和政策工具并对此进行多维尺度分析，发现支持体育产业发展的创新驱动政策主要包括科技税收政策、科技人才政策、创新主体政策、创新平台政策和创新投入政策；支持我国体育产业创新发展的路径有：持续推进产品创新，丰富市场供给；持续推进企业创新，培育市场主体；持续推进业态创新，促进融合发展；持续推进产业创新，改善产业结构。

（4）基于新三板上市体育企业年报的内容分析，发现支持新三板上市体育企业的创新驱动政策包括上市补贴类、税收优惠类、产业专项类和创新补贴类；新三板上市体育企业的经营风险类型比较多，主要包括企业治理结构与治理能力风险、企业管理机制与管理内容风险、宏观经济形势与商业环境风险、企业业务开发与业务模式风险、企业财务管理与财务能力风险和知识产权风险。而管理创新、模式创新、技术创新、业务创新是应对这些风险的主要策略。

（5）影响体育企业研发投入的因素很多，具体而言，融资约束和高新技术企业认证并不是影响体育企业研发投入的显著因素，而研发人员数量和企业总资产才是影响体育企业研发投入水平的关键内部因素。刺激体育企业研发投资的其他有效政策工具包括研发费用税前扣除、政府研发补贴、高新技术企业所得税减免等，但是这些政策对体育企业研发投入的影响具有异质性。

（6）在体育企业创新效率评价中，研发总投入和研发人员总数是两个合适的输入变量，利润总额、销售收入和新有效专利是三个合适的输出变量。高新技术企业所得税减免对综合创新效率和纯技术效率有正向影响，政府补贴对综合创新效率和纯技术效率有负向影响。然而，研发费用税前扣除，对综合创新效率、纯技术效率和规模创新效率没有显著的影响，高新技术企业所得税减免和研发费用税前扣除，对规模创新效率也没有显著影响。对于大型体育企业而言，“政府补贴”和“高新技术企业所得税减免”对其纯技术效率的正向影响更为显著。对于研发人员较多的体育企业来说，“政府补贴”和“高新技术企业所得税减免”对其创新效率的影响更大。

（7）公司财务能力是影响体育企业研发强度的决定因素；公司治理结构对其研发强度的影响小，但也起到了不可忽视的作用。具体而言，对于体育企业来说，净资产收益率、应收账款周转率、资产周转率、利润增长率等财务能力指标与研发强度正相关，而杠杆率、现金流量等财务能力指标与研发强度负相关，因此具有良好治理机制的体育企业更有可能增加财务能力对研发强度的正面影响，同时减少负面影响。

基于这些新发现，为了推进体育产业高质量发展，应该采取更加灵活的创新驱动政策：需要继续改善体育工程人才培养模式，补齐短板，强化体育产业创新发展的人才基础；调整体育产业引导资金扶持方向，重点扶持技术创新、管理创新、业务创新的中小体育企业，培育高新技术企业、科技企业；推动体育企业管理创新，改善企业治理结构，促进体育企业自主创新，主动借助自有财务能力支持创新；引导体育企业用足研发费用加计扣除政策，增强体育企业自主创新投入意愿；积极培育有技术潜力的大型体育企业，激发其投入动力，争创高新技术企业，确保高新技术企业享受相关减税政策；积极引导运动休闲小镇、体育产业园区、体育服务综合体等打造创业孵化器，积极支持建设运动休闲小镇、体育产业园区、体育服务综合体以及承办、举办体育赛事等，从而增加运营活力。

# 目　　录

# 第1章 绪 论

## 1.1 研究背景、目的与意义

### 1.1.1 研究背景

（1）世界体育产业发展趋势

在发达国家，体育产业已经成为国民经济的重要支柱，成为经济结构转型的重要焦点。在科技进步和经济全球化驱动下，体育产业内涵更加丰富、分工更加细化、业态更加多样、模式不断创新，在产业升级中的作用更加突出，体育产业已经成为支撑经济发展与社会进步的重要动能、价值传播与价值创造的重要源泉以及国际竞争与合作的重要战场。

新一轮科技革命引发体育产业创新升级。新一代信息、人工智能、康复理疗、生物医药等技术的不断突破和广泛应用，加速体育产品、体育服务内容、业态和商业模式创新，推动体育服务网络化、智慧化、平台化，体育产品智能化，体育产业技术含量快速提升。信息化大大提升体育服务可贸易性，数字服务贸易持续快速增长。电子竞技工业化、过程体育化、全球化①，VR技术营造消费体验感、塑造消费场景化，在线体育成就新玩法，体育明星呈现独立媒体特性②。体育产业的转型升级正在推动新一轮产业变革，引领新一轮消费革命，使体育产

---

① 程武．中国电竞未来发展的三个关键词——工业化、过程体育化、全球化［EB/OL］．（2019-06-20）．http：//finance. sina. com. cn/stock/relnews/hk/2019-06-20/doc-ihytcerk8175823. shtml.

② 体育产业的8个数字化趋势［EB/OL］．（2016-09-17）．https：//legacy. iyiou. com/p/31783. html.

业边界日渐模糊，体育产业融合发展态势更加明显，个性化、体验式、互动式等体育服务消费蓬勃兴起。

体育全球化拓展服务业、制造业的发展空间。“病毒式营销”主要通过社交媒体和移动技术实现，体育赛事和体育巨星的国际吸引力越来越大，美式橄榄球正在向国际化蔓延，足球运动在美国越来越受欢迎，美国雪佛兰汽车品牌成为英国曼联球队新一届主要赞助商，NBA 在中国市场取得巨大成功，印度成为 NBA 下一个目标市场，等等①，皆表明体育全球化成为经济全球化进入新阶段的鲜明特征②。体育产业成为国际投资新热点，体育产业跨国布局带动了生产性服务业全球化发展，跨国公司在全球范围内整合各类要素，资本、技术和自然人跨境流动更加便利，从而带动全球体育产业投资快速增长。

（2）我国体育产业发展基础和条件

我国正处于新的历史阶段和从中等收入国家向高收入国家迈进的关键时期，经济发展进入新常态。结构优化、动能转换、方式转变的要求更加迫切，需要以体育产业高质量发展为重点，构建现代体育产业新体系，增强体育产业发展新动能，实现体育经济保持中高速增长、迈向中高端水平。

体育产业发展站在新的历史起点上。2012 年我国体育产业增加值超过第二产业，2014 年国务院出台《加快发展体育产业促进体育消费的若干意见》以来，我国体育产业发展连续迈上新台阶，吸纳就业人数不断增加，2020 年增加值为 10735 亿元。体育产业结构不断完善，体育服务品种日益丰富，新业态、新模式竞相涌现，有力支撑了经济发展、就业扩大和民生改善。

体育产业发展仍面临诸多矛盾和问题。我国体育产业发展整体水平不高，产业创新能力和竞争力不强，质量和效益偏低。产业供给未能适应需求变化，体育服务业发展明显滞后，民生体育服务供给不足。体育服务业增加值比重仍低于世界平均水平，整体上处于国际分工中低端环节，体育产业贸易逆差规模持续扩大。体育产业发展的思想观念转变相对滞后，体制机制束缚较多，统一开放、公平竞争的市场环境尚未形成，成为我国体育产业发展的重要阻碍。

---

①　体育产业的 8 个数字化趋势［EB/OL］.（2016-09-17）. https：//legacy. iyiou. com/p/31783. html.

②　夏宇，赵文 . 体育运动全球化思考［J］. 长春师范大学学报（自然科学版），2014，33（6）：89-90.

体育产业进入全面跃升的重要阶段。全面深化改革、全方位对外开放和全面依法治国赋予体育产业发展新动力和新活力。城乡居民收入持续增长和消费水平不断升级，为体育产业发展提供了巨大需求潜力。新型工业化、信息化、城镇化、农业现代化协同推进，极大地拓展了体育产业发展广度和深度。体育旅游、体育医疗、电子竞技、体育传媒等新领域尽显活力。

综合判断，我国体育产业发展正处于重要机遇期，应当顺应发展潮流，尊重规律，立足国情，转变观念，重点在深化改革开放、营造良好创新发展环境上下功夫，激发全社会推动体育产业创新发展的动力和活力，引领产业升级、改善民生福祉、增强发展动能，阔步迈向“体育强国”新时代。

（3）我国体育产业的创新驱动发展

创新对经济发展至关重要（Song 等人，2015）①，技术创新通常被视为经济增长的引擎（Yun，2011）②。许多研究指出，研发创新是商业公司生存、发展和维持的基础，体育企业也不例外。对于不断发展的体育产业而言，企业的可持续发展尤为重要。研发已经成为企业的核心业务组成部分（Porter 和 Millar，1985）③，它既是引进新产品和新工艺的关键因素（Honoré 等，2015）④，也是企业快速增长、可持续发展和竞争优势的核心（Dong 和 Gou，2009）⑤。研发活动对企业长期福祉至关重要（Pham 等，2018）⑥，研发投入对技术企业创新活动的

① Malin Song, Hongshan Ai, Xie Li. Political connections, financing constraints, and the optimization of innovation efficiency among China's private enterprises [J]. Technological Forecasting & Social Change, 2015 (92): 290-299.

② Lin Yun. The efficiency study of regional technological innovation: based on the provinces level [J]. Energy Procedia, 2011 (5): 1579-1583.

③ Porter, M. E., Millar, V. E. How information gives you competitive advantage [J]. Harv. Bus. Rev. 1985 (63): 1949-1974.

④ Honoré, F., Munari, F., de La Potterie, B. V. P. Corporate governance practices and companies' R&D intensity: evidence from European countries [J]. Research Policy, 2015 (44): 533-543.

⑤ Jing Dong, Yan-nan Gou. Corporate governance structure, managerial discretion, and the R&D investment in China [J]. International Review of Economics and Finance, 2009, 19 (2): 180-188.

⑥ Ly Thi Minh Pham, Lai Van Vo, Huong Thi Thu Le, Danh Vinh Le. Asset liquidity and firm innovation [J]. International Review of Financial Analysis, 2018 (58): 225-234.

启动和持续起着决定性作用（Lee 等，2018）①，它不仅可以提高企业的短期和长期财务绩效，还有利于企业获得竞争优势（Chintrakarn 等，2016）②，也是企业实施创新发展战略与实现技术创新、生产力增长以及企业改革的重要组成部分（Almor，Bazel-Shoham 和 Lee，2019）③。企业越来越把研发投入看作推动企业自身经济增长与发展的必要因素之一（Alam 等，2019④）。因此，关注体育企业的创新发展是十分必要的。

为了解决企业研发投入不足的问题，比利时、法国、德国、美国等国家纷纷出台税收优惠、政府补贴等创新驱动政策引导企业的研发投入（Brown，Martinsson 和 Petersen，2017⑤；Czarnitzki 和 Hussinger，2018⑥；Hottenrott 和 Lopes-Bento，2014⑦）。为了加快发展体育产业，我国政府在《加快发展体育产业促进体育消费的若干意见》中首次将体育产业纳入创新驱动政策的支持范围。

### 1.1.2　研究目的

在此背景下，我国体育产业获得了一些创新驱动政策支持，引发的一系列问题值得关注。

---

① Lee，C.，Park，G.，Kang，J. The impact of convergence between science and technology on innovation [J]. Technol. Transf. 2018 (43)：522-544.

② Pandej Chintrakarn，Pornsit Jiraporn，Sameh Sakr，Sang Mook Lee. Do co-opted directors mitigate managerial myopia? Evidence from R&D investments [J]. Finance Research Letters，2016 (17)：285-289.

③ Tamar Almor，Ofra Bazel-Shoham，Sang Mook Lee. The dual effect of board gender diversity on R&D investments [EB/OL]. Long Range Planning，2019-05-16.

④ Ashraful Alam，Moshfique Uddin，Hassan Yazdifar. Financing behaviour of R&D investment in the emerging markets：the role of alliance and financial system [J]. R&D Management，2019，49 (1)：21-32.

⑤ Brown，J. R.，Martinsson，G.，& Petersen，B. C. What promotes R&D? Comparative evidence from around the world [J]. Research Policy，2017，46 (2)：447-462.

⑥ Czarnitzki，Hussinger. Input and output additionality of R&D subsidies [J]. Applied Economics，2018，50 (12)：1324-1341.

⑦ Hottenrott，H.，& Lopes-Bento，C. (International) R&D collaboration and SMEs：the effectiveness of targeted public R&D support schemes [J]. Research Policy，2014，43 (6)：1055-1066.

第一，创新驱动政策具有丰富的内容，当前支持我国体育产业发展的创新驱动政策主要有哪些？这些政策支持的创新活动主要集中在哪些领域？这就需要理清我国体育产业的创新驱动政策供给问题。

创新驱动政策具有普适性，适用于所有产业。把体育产业纳入创新驱动政策的支持范围，进一步凸显体育产业创新发展的重要性。国发〔2014〕46 号文件及各地实施意见都对支持体育产业发展的创新驱动政策有所介绍。这其中包括，现代体育服务业被纳入高新技术企业认定范围，获得高新技术企业认证资格的企业按 15%的税率减征企业所得税；通过参加特定科研项目还可以获得政府补贴；享受研发费用税前扣除（Carboni，2017）①，等等。因此，支持体育产业创新发展的政策边界仍需要探讨。

第二，当前我国体育企业实际获得了哪些创新驱动政策的支持？在这些政策的支持下我国体育企业采取了哪些创新行动？这些政策如何影响我国体育企业的创新行为、创新效率？这就需要理清创新驱动政策对支持我国体育产业创新发展的有效性问题。

当前学术界对于创新驱动政策能否激励企业创新尚存疑问。以往的文献表明，许多国家或地方政府积极实施创新驱动政策，以解决研发投资不足问题。这些政策试图通过提供税收减免、创新贷款、研发补贴、政府资助计划和监管规定等措施来促进企业积极开展研发活动，激发其创造力、先进性和竞争力（Brown 等，2017②；Carboni 等，2017③；Doh 和 Kim，2014④；Guan 和 Yam，

① Carboni, O. A. The effect of public support on investment and R&D: an empirical evaluation on European manufacturing firms [J]. Technological Forecasting & Social Change, 2017 (117): 282-295.

② Brown, J. R., Martinsson, G., & Petersen, B. C. What promotes R&D? Comparative evidence from around the world [J]. Research Policy, 2017, 46 (2): 447-462.

③ Carboni, O. A. The effect of public support on investment and R&D: an empirical evaluation on European manufacturing firms [J]. Technological forecasting & Social change, 2017 (117): 282-295.

④ Soogwan Doh, Byungkyu Kim. Government support for SME innovations in the regional industries: the case of government financial support program in South Korea [J]. Research Policy, 2014, 43 (6): 1055-1066.

2015①；Hong 等，2016②；Hsu 等，2009③；Wallsten，2000④；Watkins 等，2015）。在国家创新体系中，创新驱动政策不仅在提升企业增强竞争力和创新能力方面发挥着不可或缺的作用（Watkins 等，2015）⑤，而且在提高企业创新能力和创新效率中发挥着重要作用（Choi 等，2011⑥；Hong 等，2015⑦；Li 和 Zhang，2007⑧）。然而，“政府财政优惠政策对激励企业研发投入是否有效”尚处在争论阶段（Dimos 和 Pugh，2016）⑨。换言之，政府所采取的创新驱动政策对企业的研发投入起到了激励作用还是抑制作用尚未形成定论（Carboni，2017⑩；

① JianCheng Guan，Richard C. M. Yam. Effects of government financial incentives on firms' innovation performance in China：evidences from Beijing in the 1990s［J］. Research Policy，2015，44（1）：273-282.

② Jin Hong，Bing Feng，Yanrui Wu，Liangbing Wang. Do government grants promote innovation efficiency in China's high-tech industries?［J］. Technovation，2016（57-58）：4-13.

③ Fang-Ming Hsu，Der-Juinn Horng，Chao-Chih Hsueh. The effect of government-sponsored R&D programmes on additionality in recipient firms in Taiwan［J］. Fechnovation，2009（29）：204-217.

④ Scott J. Wallsten. The effects of government-industry R&D programs on private R&D：the case of the small business innovation research program［J］. The RAND Journal of Economics，2000，31（1）：82-100.

⑤ Andrew Watkins，Theo Papaioannou，Julius Mugwagwa，Dinar Kale. National innovation systems and the intermediary role of industry associations in building institutional capacities for innovation in developing countries：a critical review of the literature［J］. Research Policy，2015，44（8）：1407-1418.

⑥ Suk Bong Choi，Soo Hee Lee，Christopher Williams. Ownership and firm innovation in a transition economy：evidence from China［J］. Research Policy，2011，40（3）：441-452.

⑦ Jin Hong，Song Hong，Liangbing Wang，Yi Xu，Dingtao Zhao. Government grants，private R&D funding and innovation efficiency in transition economy［J］. Technology Analysis & Strategic Management，2015，27（9）：1068-1096.

⑧ Li，H.，& Zhang，Y. The role of managers' political networking and functional experience in new venture performance：evidence from china's transition economy［J］. Strategic Management Journal，2007，28（8）：791-804.

⑨ Christos Dimos，Geoff Pugh. The effectiveness of R&D subsidies：a meta-regression analysis of the evaluation literature［J］. Research Policy，2016，45（4）：797-815.

⑩ Oliviero A. Carboni. The effect of public support on investment and R&D：an empirical evaluation on European manufacturing firms［J］. Technological Forecasting & Social Change，2017（117）：282-295.

Klette，Møen 和 Griliches，2000①；Peng 和 Liu，2018②；Görg 和 Strobl，2007③；Peneder 和 Wörter，2014④；Wallsten，2000⑤）。因此，创新驱动政策对体育企业创新的影响已成为一个迫切需要研究的问题。这个问题可以从不同视角进行解析：创新驱动政策如何影响体育企业创新投入？创新驱动政策如何影响体育企业创新效率？在不考虑创新驱动政策影响的情形下，哪些因素影响体育企业创新？

第三，适应体育产业发展的现实需要，哪些政策措施有利于推动体育产业创新发展？这就是新常态下我国体育产业发展的创新驱动政策建议。

创新驱动政策适用于所有行业，包括体育和非体育产业。国发〔2014〕46号文件首次把体育产业纳入创新驱动政策支持范围，但是相关支持政策并非仅对体育产业有效，这些政策具有普适性。创新驱动政策对创新的影响因行业不同而存在差异（Huang 等，2016⑥；Zhang 等，2003⑦；David 等，2000⑧；Hong 等，2016⑨）。考虑到我国体育产业是一个新兴产业，包含众多新创企业，这些新创

① Tor Jakob Klette，Jarle Møen，Zvi Griliches. Do subsidies to commercial R&D reduce market failures? Microeconometric evaluation studies [J]. Research Policy，2000，29（4-5）：471-495.

② Huatao Peng，Yang Liu. How government subsidies promote the growth of entrepreneurial companies in clean energy industry：an empirical study in China [J]. Journal of Cleaner Production，2018（188）：508-520.

③ Holger Görg，Eric Strobl. The effect of R&D subsidies on private R&D [J]. Economica，2007，74（294）：215-234.

④ Michael Peneder，Martin Wöerter. Competition，R&D and innovation：testing the inverted-U in a simultaneous system [J]. Journal of Evolutionary Economics，2014，24（3）：653-687.

⑤ Scott J. Wallsten. The effects of government-industry R&D programs on private R&D：the case of the small business innovation research program [J]. The RAND Journal of Economics，2000，31（1）：82-100.

⑥ Qi Huang，Marshall S. Jiang，Jianjun Miao. Effect of government subsidization on Chinese industrial firms' technological innovation efficiency：a stochastic frontier analysis [J]. Journal of Business Economics and Management，2016，17（2）：187-200.

⑦ Anming Zhang，Yimin Zhang，Ronald Zhao. A study of the R&D efficiency and productivity of Chinese firms [J]. Journal of Comparative Economics，2003，31（3）：444-464.

⑧ Paul A. David，Bronwyn H. Hall，Andrew A. Toole. Is public R&D a complement or substitute for private R&D? A review of the econometric evidence [J]. Research Policy，2000，29（4-5）：497-529.

⑨ Jin Hong，Bing Feng，Yanrui Wu，Liangbing Wang. Do government grants promote innovation efficiency in China's high-tech industries? [J]. Technovation，2016（57-58）：4-13.

企业财务能力更差、治理结构更不完善、企业规模更小、创新能力更弱，针对这类特征的体育企业，需要理清适宜于这类企业的政策建议。

### 1.1.3　研究意义

围绕“新常态下我国体育产业发展的创新驱动政策研究”，探讨新常态下我国体育产业创新发展的现实基础、理论基础，探讨支持我国体育产业发展的创新驱动政策边界、创新驱动政策的有效性和适用性，并提出相关政策建议。这些问题的解决具有重要的学术价值和应用价值。

（1）学术价值

第一，有利于丰富“创新驱动理论”，拓展其应用领域。创新驱动理论涉及创新驱动战略、创新驱动机制、创新驱动政策等。本书研究内容包括阐释创新驱动发展的内涵、特征、动力，创新驱动政策的内涵，从理论层面解释体育产业的创新驱动发展机理、路径与平台，重点阐释体育产业创新发展的政策激励机制、政策激励特征、政策激励效应和政策激励路径。这些研究丰富了“创新驱动理论”，并拓展应用至体育产业领域。

第二，有利于发展“体育产业政策”研究范式。本研究拟从宏观视角把握体育产业的创新驱动政策供给，从微观视角把握创新驱动政策需求，构建体育企业发展的创新驱动政策效应模型并以创新驱动政策供求分析为主线，识别创新驱动政策改进空间，提出新常态下我国体育产业发展的创新驱动政策建议。这种研究范式实现宏观与微观相结合，学术研究与政策研究相互促进，是丰富体育产业政策研究思路的有益尝试。

（2）应用价值

第一，为体育产业供给侧改革注入活力。在国家创新驱动战略背景下，科技创新政策已经成为可以惠及各行各业的政策。体育部门需将科技创新政策融于体育产业政策之中，形成创新驱动机制，为体育产业供给侧改革注入活力。

第二，发挥科技部门在体育产业创新中的推动作用。一些地区在落实国发〔2014〕46 号文件的重点任务分工中纳入科技部门，但有些分工令科技部门难以实施，例如，有些地区把“科学健身”纳为科技系统主抓工作，未列入卫生系统。这就需要理清科技创新政策工具的执行主体和工作划分的界限，建立跨部门协作机制，以更有效地发挥科技部门在体育产业技术创新中的推动作用。

第三，为体育企业利用科技资源提供指导。当全国各行各业都在争享科技创新政策时，科技创新政策已经成为一种影响企业竞争力的重要资源。这需要理清体育企业（含科研院所、科研工作者）的科技创新政策需求，合理地安排科技创新政策工具，确保更多的体育企业享受到相关科技政策，提升企业活力。

## 1.2 国内外研究现状及综述

（1）产业创新发展政策

党的十七大报告首次提出实施创新驱动发展的战略方针，确定了到2020年打造成创新型国家的总体目标，并组合、运用一系列政策工具形成创新驱动发展政策体系。在国家创新驱动发展政策影响下，各地区经济发展、各行业提质增效等都迎来重大机遇。税收优惠政策给在深圳中小板上市的高新技术企业市场价值带来了积极的影响（王玲，朱占红，2011）①。公共创新政策能够促进产业创新，这已经成为学术界和政府的共识（Dolfsma，Seo，2013）②，虽然如此，创新政策对我国高技术产业研发活动的影响更多地还是体现在效益上，对研发活动效率的影响并不显著。中央政策着重从研发和市场推广这两端刺激新兴产业发展，而对产业化的推动作用非常有限。更重要的是，税收优惠政策对不同产业企业的影响又存在差异（王玲，朱占红，2011）③。为此，学术界开始从行业的视角关注创新驱动政策。例如：绿色产业（刘薇，2012）④、汽车产业（周莹，2011）⑤、风

---

① 王玲，朱占红．基于事件分析法的国家创新政策对高新技术产业的影响分析［J］．科学学与科学技术管理，2011，32（9）：43-50.

② Dolfsma W.，Seo D B. Government policy and technological innovation—a suggested typology［J］. Technovation，2013，33（6）：173-179.

③ 王玲，朱占红．基于事件分析法的国家创新政策对高新技术产业的影响分析［J］．科学学与科学技术管理，2011，32（9）：43-50.

④ 刘薇．北京绿色产业发展的科技创新政策研究［J］．经济论坛，2012（1）：36-38.

⑤ 周莹．中国汽车产业创新政策体系及其系统失灵研究［D］．武汉：华中科技大学博士学位论文，2011.

能产业（李小芬，2012）①、新能源汽车产业（汪涛等，2016）②、流通产业（常晓然，李靖华，2015）③、文化产业（郭淑芬等，2017）④ 等，对各类产业的创新驱动政策皆有研究。在国家创新体系中，创新驱动政策具有普适性，适合于国民经济各行业各部门，但由于各产业的基础不同，创新驱动政策对其影响也不尽相同。体育产业是一个新兴产业，创新驱动政策对其的影响也是值得关注的问题。

（2）创新驱动政策效应

创新驱动政策、企业内在特征影响企业研发投入。诸如企业历史/生存周期、企业所有权、企业规模、企业创新能力与融资约束、企业的无形资产与市场销售额等一系列企业特征会影响企业研发投入（Brown，Martinsson 和 Petersen，2017⑤；Huergo，Trenado 和 Ubierna，2016⑥；廖添土和肖锦生，2018⑦）。并且，在中国，企业特征还会影响政府对企业的补贴与税收减免金额。也就是说，政府的财政政策与企业特征之间的相互作用也会影响企业对研发的投入。同时，产业现状、国家制度性因素与企业特征会对政府财政政策与企业创新之间的关系起到调节作用（Huergo 等，2016⑧；Lach，2002⑨）。为此，国家创新驱动政策对企

---

① 李小芬．新兴产业创新发展的政策驱动机制——基于我国风能产业案例研究［D］．合肥：中国科学技术大学博士学位论文，2012.

② 汪涛，赵国栋，王婧．战略性新兴产业创新政策研究：以 NEVI 为例［J］．科研管理，2016，37（6）：1-8.

③ 常晓然，李靖华．我国流通产业创新政策演化分析［J］．科技管理研究，2015（8）：37-43.

④ 郭淑芬，赵晓丽，郭金花．文化产业创新政策协同研究——以山西为例［J］．经济问题，2017（4）：76-81.

⑤ Brown，J R.，Martinsson，G.，& Petersen，B. C. What promotes R&D? Comparative evidence from around the world［J］. Research Policy，2017，46（2）：447-462.

⑥ Huergo，E.，Trenado，M.，& Ubierna，A. The impact of public support on firm propensity to engage in R&D：Spanish experience［J］. Technological Forecasting and Social Chang，2016，113（B）：206-219.

⑦ 廖添土，肖锦生．所得税优惠对企业 R&D 投入的激励效应——基于福建省上市高新技术企业的数据［J］．福建农林大学学报（哲学社会科学版），2018，21（6）：49-54.

⑧ Huergo，E.，Trenado，M.，& Ubierna，A. The impact of public support on firm propensity to engage in R&D：Spanish experience［J］. Technological Forecasting and Social Chang，2016，113（B）：206-219.

⑨ Lach，S. Do R&D subsidies stimulate or displace private R&D? Evidence from Israel［J］. The Journal of Industrial Economics，2002，50（4）：369-390.

业研发投入的影响又会因为不同国家、不同产业状况甚至同一行业内的不同企业而不同。在当前背景下，探究政府干预对私有企业研发投入的影响成为一个非常重要的现实问题。

创新驱动政策影响企业创新效率。现有文献已经研究了制度环境、政府优惠政策、金融支持等对创新效率的影响（Song 等，2015）①，并形成差异化的见解与观点。一些学者认为政府资助可以化解市场失灵，提高创新效率（Okamuro 和 Nishimura，2015）②；也有学者认为政府财政支持会排挤私人研发投资，从而对创新效率产生负向影响（Anokhin 和 Schulze，2009③；Boubakri 等，2009④；Hong 等，2016⑤）；还有学者认为财政支持对创新效率没有影响（Li 等，2019）⑥。更加复杂的是，创新驱动政策对企业创新效率的影响在各个行业和企业中存在显著差异（Hong 等，2016）⑦。鉴于此，体育产业作为一个新兴产业并且被首次纳入创新驱动政策的支持范围，探究创新驱动政策对体育企业创新效率的影响显得非常必要。

企业财务能力、治理结构影响企业创新。创新驱动政策只是影响企业研发投资的外部因素。但是从自主创新的视角来说，体育企业的可持续发展在很大程度上取决于其财务和治理等诸多内部因素。企业的财务能力是决定其研发投资的最

① Song, M., Ai, H., & Li, X. Political connections, financing constraints, and the optimization of innovation efficiency among China's private enterprises [J]. Technological Forecasting & Social Change, 2015 (92): 290-299.

② Okamuro, H., & Nishimura, J. Not just financial support? Another role of public subsidy in university-industry research collaborations [J]. Economics of Innovation and New Technology, 2015, 24 (7): 633-659.

③ Anokhin, S., & Schulze, W S.. Entrepreneurship, innovation, and corruption [J]. Journal of Business Venturing, 2009 (24): 465-476.

④ Boubakri, N., Cosset, J. C., & Guedhami, O. From state to private ownership: issues from strategic industries [J]. Journal of Banking & Finance, 2009 (33): 367-379.

⑤ Hong, J., Feng, B., Wu, Y., & Wang, L. Do government grants promote innovation efficiency in China's high-tech industries? [J]. Technovation, 2016 (57-58): 4-13.

⑥ Li, C., Li, M., Zhang, L., Li, T., Ouyang, H., & Na, S. Has the high-tech industry along the Belt and Road in China achieved green growth with technological innovation efficiency and environmental sustainability? [J]. International Journal of Environmental Research & Public Health, 2019, 16 (17): 3117.

⑦ Hong, J., Feng, B., Wu, Y., & Wang, L. Do government grants promote innovation efficiency in China's high-tech industries? [J]. Technovation, 2016 (57-58): 4-13.

重要因素，而企业的治理结构和研发投资决策可以促进或阻碍企业的研发投资。较小、较新和技术密集型的企业面临财务和企业治理方面的限制（Brown 等，2012①；Yung，2016②）。因此，立足我国体育产业，探讨体育企业财务能力、治理结构对其研发强度的影响，具有极强的现实意义。

相关文献探讨了内外因素对企业研发投入、创新效率的影响，揭示了创新驱动政策对体育企业创新的影响存在有效性问题。同时，创新驱动政策对企业的影响在不同产业之间存在差异，这揭示了创新驱动政策对于促进体育企业创新存在适用性的问题。

## 1.3　研究思路、方法与技术路线

### 1.3.1　研究思路

在此从如下六个方面探讨“新常态下我国体育产业发展的创新驱动政策”：

（1）新常态下我国体育产业创新发展的现实基础

基于文献资料法，探讨我国体育产业创新发展的现状、机遇与挑战，揭示新常态下我国体育产业创新发展的现实基础。

（2）新常态下我国体育产业创新发展的理论基础

基于文献资料法，探析创新驱动发展、创新驱动政策的内涵，创新驱动发展的特征与动力，体育产业创新发展的机理、路径与平台，体育产业创新发展的政策激励机制、特征、效应与路径，构建研究的理论基础。重点阐释体育产业创新发展的政策激励效应，探讨创新驱动政策对体育企业创新的影响，并提出相关研究假设，以验证创新驱动政策的有效性和适用性。

（3）新常态下支持我国体育产业创新发展的政策供给

基于国发〔2014〕46 号文件及各地实施意见，通过文本分析，解析支持我国体育产业创新发展的政策工具及创新任务，理清新常态下支持我国体育产业创

① Brown, J. R., Martinsson, G., Petersen, B. C. Do financing constraints matter for R&D? [J]. Eur. Econ. Rev, 2012 (56): 1512-1529.

② Yung, C. Making waves: To innovate or be a fast second [J]. Financ. Quant. Anal., 2016 (51): 415-433.

新发展的政策边界。

（4）新常态下支持我国体育企业创新发展的实际政策

基于新三板体育企业年报，通过文本分析、案例分析，解析支持我国体育企业创新发展的实际政策，阐释新常态下实际支持我国体育产业创新发展的政策内容。

（5）新常态下我国体育产业创新发展的政策效应

基于新三板体育企业的年报数据，通过线性回归、假设检验等研究方法，探讨创新驱动政策对体育企业研发投入和体育企业创新效率的影响，揭示创新驱动政策对于激励体育企业创新的有效性和适用性规律；探讨企业财务能力、治理结构对体育企业研发强度的影响，揭示新常态下我国体育企业的自主创新行为规律。

（6）新常态下我国体育产业发展的创新驱动政策建议

基于新常态下支持我国体育产业创新发展的政策供给与实际支持情况分析以及新常态下我国体育产业创新发展的政策效应，提出新常态下我国体育产业发展的创新驱动政策建议。

### 1.3.2 研究方法

（1）文献资料法：在探讨新常态下我国体育产业创新发展的现实基础和理论基础时，采用文献资料法。

（2）内容分析法：在探讨新常态下支持我国体育产业创新发展的政策供给时，借助内容分析法解析国发〔2014〕46号文件及各地实施意见；探讨支持我国体育企业创新发展的实际政策时，以新三板体育企业年报为基础，运用内容分析法解析新三板体育企业实际享受的创新政策。

（3）多维尺度分析法：为探析新常态下支持我国体育产业创新发展的政策聚类、创新发展的任务聚类、我国体育企业实际享受创新驱动政策的聚类，借助多维尺度分析法进行解析。

（4）数据包络分析法：在探析新三板体育企业创新效率时，借助数据包络分析法进行效率评价。

（5）相关分析法：在探析新三板体育企业创新效率时，对投入与产出指标的筛选借助相关分析法。

（6）多元线性回归分析法：在探析创新驱动政策对新三板体育企业研发投入、创新效率的影响以及企业治理结构、财务能力对新三板体育企业研发强度影响时，借助多元线性回归分析法，通过假设检验来论证创新驱动政策对体育企业创新的影响。

（7）案例分析法：在探讨新常态下我国体育产业创新发展的现实基础以及应对经营风险的创新策略时，借助了案例分析法。

## 1.3.3　技术路线图

本项研究包括 6 个主要部分，这 6 个部分及其逻辑关系如图 1-1 所示。

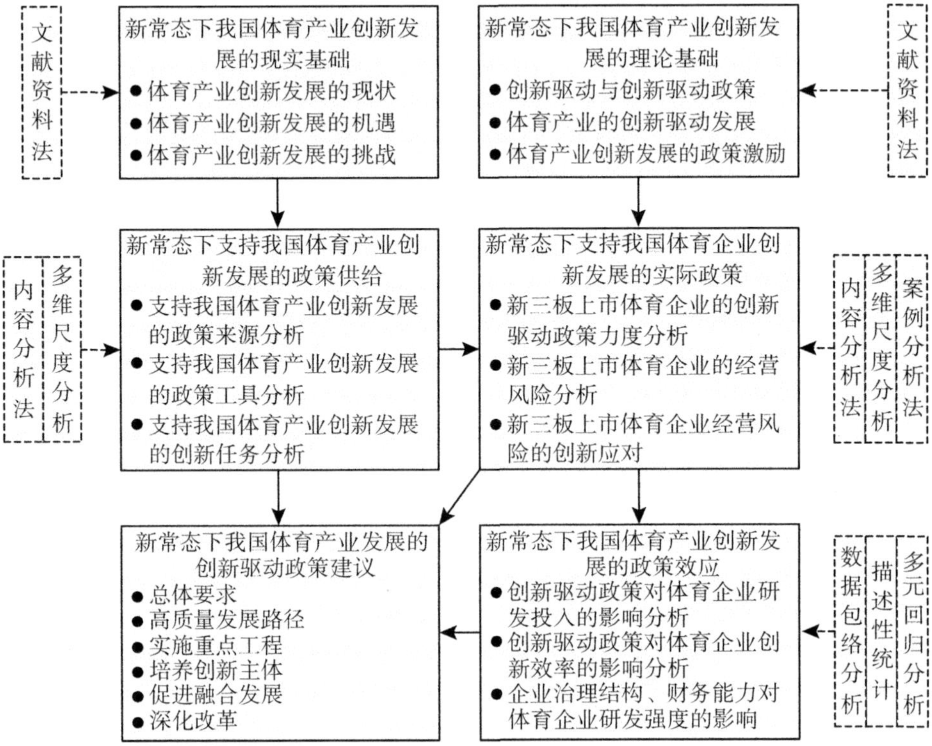


图 1-1　技术路线图

（1）新常态下我国体育产业创新发展的现实基础。重点探讨体育产业创新发展的现状、机遇与挑战，确定本研究的现实基础。

（2）新常态下我国体育产业创新发展的理论基础。重点阐释创新驱动与创新驱动政策、体育产业的创新驱动发展、体育产业创新发展的政策激励，构建本研究的理论基础。

（3）新常态下支持我国体育产业创新发展的政策供给分析。基于新常态下我国体育产业创新发展的现实基础和理论基础，以国发〔2014〕46号文件及各地实施意见为研究对象，通过内容分析，解析我国政府支持体育产业创新发展的政策工具以及鼓励体育领域开展的创新活动，全面阐释支持我国体育产业创新发展的政策边界。本部分研究可以解决三个问题：第一，理论上，我国体育企业可以享受哪些创新驱动政策；第二，理论上，现行政策支持体育领域开展哪些创新活动，这些创新活动如何形成体育产业创新发展路径；第三，创新驱动政策是适合于所有产业且内容丰富的普适性政策，相关政策工具是否全数用于支持体育产业发展，还有哪些政策工具尚未用于支持体育产业发展。

（4）新常态下支持我国体育产业创新发展的实际政策分析。基于新三板上市体育企业年报，进行全样本内容分析，解析我国体育企业实际享受到的创新驱动政策、所面对的经营风险，阐释我国体育企业经营风险的创新应对策略。本部分研究可以解决两个问题：第一，我国体育企业已经享受到哪些创新驱动政策；第二，我国体育企业采取了哪些创新策略以应对其经营风险。

（5）新常态下我国体育产业创新发展的政策效应。以新三板上市体育企业为例，探讨创新驱动政策对其研发投入和创新效率的影响，揭示创新驱动政策对于激励体育企业创新的有效性和适用性；探讨企业治理结构、财务能力对其研发强度的影响，揭示推进企业自主创新政策的有效性和适用性。本部分研究可以解决如下三个问题：第一，检验创新驱动政策的有效性；第二，探讨创新驱动政策的适用性，提出适宜于体育产业创新发展的政策措施；第三，探讨推进体育企业自主创新的相关政策建议。

（6）新常态下我国体育产业发展的创新驱动政策建议。政策建议的提出基于三个方面：第一，最大限度地解读国家创新驱动政策体系，确保体育产业得到更加广泛的创新驱动政策支持；第二，从适用性的视角出发，灵活应用创新驱动政策，确保对体育产业创新发展的激励效果最佳；第三，优化创新驱动政策实施举措，为体育产业高质量发展理清现实路径。

# 第2章　新常态下我国体育产业创新发展的现实基础

## 2.1　新常态下我国体育产业创新发展的现状

自2014年国务院《关于加快发展体育产业促进体育消费的若干意见》颁布以来，各地各部门陆续出台并实施相关支持政策。在这些政策的支持下，我国体育产业发展迎来重大机遇期，进入快速发展阶段，体育产业成为名副其实的“朝阳产业”。但由于我国体育产业的发展起步较晚，产业基础较为薄弱，消费市场尚不成熟，发展的体制机制尚不尽完善，与国际体育强国相比尚有较大差距。我国体育产业正快速发展，但是尚未实现均衡、高质量发展。在“经济增速换挡”“产业结构优化”“增长动力转化”等新常态特征下，我国体育产业发展现状呈现如下特点：

### 2.1.1　快速发展态势凸显

近年来，我国体育产业呈现出快速发展的态势。体育产业总规模不断扩大，全年增加值占GDP比重逐年上升，体育产业成为促进我国经济增长的新驱动力，也正在迈向国民经济的支柱性产业（如表2-1所示）。

从表2-1可知，2018年我国体育产业总规模（总产出）为26579.00亿元，增加值首次突破1万亿元，达到了10078亿元，占国内GDP的比重上升至1.1%。纵观2014年到2018年的体育产业数据，我国体育产业总规模大幅增长，体育产业增加值的增长率基本维持在0.1%左右，增加值不断上涨且增长趋势稳定，产业规模不断扩大。

表 2-1　**2014—2018 年中国体育产业数据统计①**

| 年份 | 产业总规模（亿元） | 同比增长（%） | 增加值（亿元） | 占 GDP 比重（%） |
|---|---|---|---|---|
| 2014 | 13574.71 | 23.4 | 4040.98 | 0.64 |
| 2015 | 17107.00 | 26.02 | 5949.4 | 0.8 |
| 2016 | 19011.30 | 11.1 | 6474.8 | 0.9 |
| 2017 | 21987.70 | 15.7 | 7811 | 1 |
| 2018 | 26579.00 | 20.88 | 10078 | 1.1 |

数据来源：国家统计局．2014—2018 年全国体育产业总规模和增加值数据公告［EB/OL］. http：//www.stats.gov.cn/.

虽然如此，但是与欧美体育强国相比，我国的体育产业发展尚有较大的差距。例如，2010 年，英国的体育产业总值占国民生产总值的 1.9%，超越汽车产业、电信产业、法律服务产业、会计出版广告与公共服务产业等，入列英国 15 大产业；2014 年，美国的体育产业增加值占 GDP 的比重达到 2.93%。这些实例表明，我国体育产业尚有较大的成长空间。特别是在我国人均居民可支配收入超过 3000 美元的新背景下，体育消费将显著增加，由此所带来的体育产业发展潜力也将更加明显。

### 2.1.2　平衡发展有待加强

我国体育产业已经步入了快速发展时期，但业态不平衡、区域不平衡、动力不平衡等问题影响了我国体育产业的创新发展和创新驱动政策支持体育产业发展的功效施展。因此，我国体育产业的平衡发展还有待加强。

（1）业态不平衡：与欧美等体育产业强国相比，我国体育服务业与体育制造业比例严重失衡，欧美等国家的体育产业以体育服务业为主，而我国以体育用品制造业为主（如表 2-2 所示）。2018 年我国体育用品及相关产品制造业的总产出约占体育产业总产出的 50%，增加值占 33.7%；体育竞赛表演活动和健身休闲活动产业的总产出占体育产业总产出的比重只有 5%，增加值仅占 5.7%，这表明，

① 国家统计局．2014—2018 年全国体育产业总规模和增加值数据公告［EB/OL］. http：//www.stats.gov.cn/.

在我国体育产业体系中，体育用品制造业占主导地位，我国体育产业的内部业态发展不平衡。

（2）区域不平衡：我国体育产业发展存在明显的地区差距，各地体育产业规模差距较大。以 2017 年公布的部分省市体育产业统计数据为例①，甘肃省与广东省体育产业的总规模差距极大；广东、福建和江苏位列 2017 年体育产业规模前三名，三省体育产业规模总量之和累计达到 1.1385 万亿元，约占全国体育产业总规模的 52%；东部沿海地区体育产业的规模总量明显高于中西部内陆地区。可见我国体育产业发展存在明显的区域不平衡。

（3）动力不平衡：①各地政策支持力度不同。在各地实施意见中，设立体育产业引导资金是一种常用的政策手段，但是各地体育产业引导资金规模、支持力度、补助方式大不相同，呈现明显的差异性。②各地市民健身热度不同。受经济发展水平、居民收入、城市宣传、体育产业发展基础、体育教育重视程度等因素的影响，不同地区群众体育参与度存在差异。经济发展较好的城市居民，健身热情更高；体育产业基础较好、基层设施较完善的城市，全民健身热情更高。

表 2-2　　**我国体育产业的发展概况**

| 体育产业类别名称 | 2017 年总产出（亿元） | 2017 年增长率 | 2016 年总产出（亿元） | 2016 年增长率（%） | 2015 年总产出（亿元） |
|---|---|---|---|---|---|
| 体育产业 | 21987.7 | 15.66 | 19011.3 | 11.13 | 17107 |
| 体育管理活动 | 504.9 | 75.86 | 287.1 | 25.32 | 229.1 |
| 体育竞赛表演活动 | 231.4 | 30.88 | 176.8 | 18.26 | 149.5 |
| 体育健身休闲活动 | 581.3 | 57.70 | 368.6 | 33.12 | 276.9 |
| 体育场馆服务 | 1338.5 | 24.85 | 1072.1 | 25.22 | 856.2 |
| 体育中介服务 | 81 | 28.16 | 63.2 | 34.47 | 47 |
| 体育培训与教育 | 341.2 | 15.19 | 296.2 | 19.63 | 247.6 |
| 体育传媒与信息服务 | 143.7 | 30.16 | 110.4 | 10.40 | 100 |

① 各省市陆续晒出体育产业数据单 五万亿之路再迈坚实步伐［EB/OL］. http://www.sports.cn/sj/qwsj/2019/0202/197998.html.

续表

| 体育产业类别名称 | 2017年总产出（亿元） | 2017年增长率 | 2016年总产出（亿元） | 2016年增长率（%） | 2015年总产出（亿元） |
|---|---|---|---|---|---|
| 其他和体育相关服务 | 501.6 | 15.84 | 433 | 44.82 | 299 |
| 体育用品及相关产品制造 | 13509.2 | 12.93 | 11962.1 | 6.44 | 11238.2 |
| 体育用品及相关产品销售、贸易代理与出租 | 4295.2 | 6.86 | 4019.6 | 14.57 | 3508.3 |
| 体育场地设施建设 | 459.6 | 106.93 | 222.1 | 43.11 | 155.2 |

### 2.1.3 发展质量有待提高

我国体育产业已经进入快速发展新阶段，市场环境不断优化，各种类型的体育产业发展模式不断涌现，体育产业创新发展空间不断拓展，但发展过程中仍然存在诸多不足，制约了我国体育产业的高质量发展。

（1）融合发展不充分。①融合载体的功能有待进一步挖掘：体育特色小镇、体育场地设施（体育场馆、健身步道、训练基地）、体育服务综合体等都是体育产业融合发展的重要载体。体育特色小镇是推进体育与旅游深度结合的有效载体，但产业功能还有待挖掘；体育场地设施可以提供多样化体育服务，满足群众健身需求，但其经济价值有待挖掘；体育服务综合体是推进体育与商贸、休闲娱乐等融合发展的新模式，但其品牌价值有待挖掘。②融合动力不足：体育产业融合发展趋势不断加强，各类“体育+”发展模式不断出现，体育旅游、文体融合、体教融合、体医结合、“互联网+体育”等都是体育产业融合发展的重要方向，然而受到体制机制约束和信息化程度不足等因素影响，这些领域的融合发展并不强劲。

（2）创新动力不强。虽然体育产业已经被纳入国家创新驱动政策支持范围，但是体育产业的创新动力仍显不足，具体表现在：①体育产业技术创新能力不足，导致体育产业资源整合效率不高、体育资源价值挖掘难度更大；②体育器材设施用品的技术水平不高、品牌不强、智能化程度不足等问题严重影响了体育产业的创新发展；③体育人才数量不足、质量不高、结构不合理等因素影响了体育产业的创新驱动发展。

（3）产业链融合不紧密。①体育赛事有偿直播的格局尚未建立：赛事转播是体育竞赛表演业的一个重要盈利点，但我国赛事转播体系还不够完善。赛事转播领域“百家争鸣”的格局尚未建立，导致体育赛事转播权交易难以开展，甚至体育赛事主办方需要反过来给转播平台支付费用。②体育彩票对体育赛事的营销作用尚未发挥。我国体育彩票销量在 2017 年就已经突破 2000 亿元，但购买体育彩票的大部分是低收入人群，大众购买目的与体育的联系并不密切，体育彩票尚未发挥出对体育赛事的营销作用（赵勇，2018）①。

## 2.2　新常态下我国体育产业创新发展的机遇

### 2.2.1　经济发展机遇

（1）国民经济稳健增长，发展环境持续改善。2018 年国内 GDP 约 920000 亿元，年增长率 6.6%，增速略有放缓但总体平稳，且增速远高于大多数国家和地区，人均 GDP 首破 10000 美元，经济总量稳居世界第二。近年来我国人均可支配收入持续稳步增长，2019 年超 30000 元，同比实际增长 5.8%②，人均消费实际增长率与收入大致持平，居住、教育、文化娱乐、医疗保健等生活性消费支出增长更快，消费结构不断完善。随着我国经济的转型升级，居民生活水平全面提升，群众体育消费观念逐渐改善，休闲健身意识不断增强，消费实力持续增长，体育产业发展前景良好。

（2）国家产业结构调整急需体育产业引领。体育大国向体育强国迈进是从数量向质量的转变，《体育强国建设纲要》明确提出到 2035 年把体育产业打造成为国民经济的支柱性产业，体育产业的发展上升到了国家战略层面，各项政策从体育产业供给、体育消费市场等方面助力体育产业发展。我国经济增长速度已经放缓，产业结构逐渐向合理化和高级化转变，急需找到新的增长点，助力社会经济

---

① 赵勇．新时代中国体育产业发展战略路径和对策措施研究［J］．体育文化导刊，2018（3）：1-7.

② 中国政府网．2019 年居民收入和消费支出情况［EB/OL］．（2020-12-09）．http：//www.gov.cn/xinwen/2020-01/17/content_5470095.html.

发展。2018 年我国体育产业增加值占 GDP 总量的 1.1%，体育用品消费规模不断扩大，参与型、娱乐型的体育消费市场也在稳步增长，群众体育消费观念正逐渐改善。

（3）相关产业融合发展，盘活多种业态资源。在经济多元化的市场环境下，多业态融合发展是一种大趋势，各类“体育+”和“+体育”的产业发展新模式正焕发新活力，充分盘活了体育产业的设施、场地资源，满足了群众多样化的体育消费需求。体育产业是一个高黏度产业，能够很好地与其他领域融合（易剑东，2019）①，可以和多种业态和谐共存，互为利好。“体育+”是近几年经济发展热点，体育与文化、旅游、教育、医疗、工商业、交通等行业高度融合，共同谋求新的发展方向，有利于拓展体育产业边界，创新产业发展新模式和新空间。

### 2.2.2　政策保障机遇

（1）创新驱动政策：创新驱动国家战略引领。2012 年党的十八大明确提出创新驱动发展战略，把科技创新放在国家发展的核心位置。作为民生产业，体育产业具有良好的发展空间和广阔的发展前景。2014 年国发〔2014〕46 号文件首次把体育产业纳入创新驱动政策支持范围，重点支持体育用品制造创新、企业创业孵化、创新创业人才扶持、无形资产开发、产学研协同创新、技术创新战略联盟、体育产业资源交易平台等。各地在落实国发〔2014〕46 号文件时所采取的创新驱动政策主要包含产品创新驱动政策、企业创新驱动政策和产业创新驱动政策（陈刚，2017）②，这为我国体育产业的创新发展和转型升级奠定了良好的政策基础。

（2）健康中国政策：全民健身上升为国家战略。国发〔2014〕46 号文件确定将全民健身上升为国家战略，并将“增强人民体质、提高健康水平”作为根本目标。2016 年 6 月国务院印发《全民健身计划（2016—2020 年）》，提出了到 2020 年群众身体素质明显增强，体育健身意识普遍增强的发展目标。2019 年 9 月国务院办公厅印发《关于促进全民健身和体育消费推动体育产业高质量发展的

① 易剑东．论体育产业的发展逻辑［J］．体育学研究，2019，2（4）：1-12.

② 陈刚．新常态下我国体育产业发展的创新驱动政策供给研究——基于国发〔2014〕46 号文件及各地实施意见［J］．体育成人教育学刊，2017，33（5）：31-35，95.

意见》（下文简称“国办发〔2019〕43 号”），提出努力建设和完善全民健身设施，打造“15 分钟健身圈”，推进百姓身边的健身组织发展，培养终身运动习惯。

（3）体育产业政策：体育产业成为经济发展新的驱动力。2016 年 7 月国家体育总局印发《体育产业发展“十三五”规划》，提出进一步完善体育产业体系；2019 年 1 月国家体育总局联合国家发改委颁布《进一步促进体育消费的行动计划（2019—2020 年）》，提出 2020 年全国体育消费总规模达 1.5 万亿元，积极引导群众体育消费，优化体育消费市场环境；为更好地发挥体育产业在满足人民群众日益增长的美好生活需要中的积极作用，2019 年 9 月国务院办公厅颁发国办发〔2019〕43 号文件，督促体育产业要尽快走上高质量发展的道路；2019 年 9 月国务院办公厅印发《体育强国建设纲要》，提出 2020 年体育产业的高质量发展要取得实质性进展，2035 年体育产业要成为国民经济的支柱性产业，2050 年全面建成社会主义现代化体育强国。

### 2.2.3　文化引领机遇

路跑热、骑行热、广场舞热等健身热引发市民消费革命。随着经济的不断发展，全民健身上升为国家战略。随着居民的生活水平不断提高，国民更加注重健康的生活方式，健身休闲消费已经越来越受到市民追捧。“马拉松热”持续发酵，厦门马拉松、上海马拉松、武汉马拉松等知名赛事出现“一票难求、每年的中签率持续走低”的现象；2018 年我国举办的 800 人以上马拉松赛事达 1581 场，其中认证赛事 339 场，非认证赛事 1242 场，累积参赛人数 583 万人，马拉松年度消费总额达到 178 亿元，赛事带动总消费额接近 300 亿元，年度产业总产出 700 多亿元。“广场舞热”风靡全国，公园内、广场上、楼道前等到处都有广场舞的影子，广场舞俨然成为我国全民健身的一个重要标志；舞蹈种类愈加丰富、歌曲选择更加符合现代人的审美观。广场舞的参与人群也逐渐多元化，从中老年女性拓展到中老年男性、大中小学学生，跳广场舞俨然成为一种市民健身休闲、调节心绪和交流互动的社交手段。马拉松热、广场舞热验证着健身热，也引领着市民健康生活方式的养成，助力体育消费观念的变革，促进新消费革命。

体育活动缔造文化新亮点：体育赛事活动作为城市名片，尽显地区文化特色，城市马拉松、冰雪旅游节、街头篮球争霸赛等体育赛事活动形成独特的体育文化新亮点。各地马拉松赛事对主题设计、赛道选址、服装和奖牌设计等进行全方面策划，全面彰显举办城市的价值理念和文化内涵，成为地方历史文化传承、城市营销的重要手段。各类冰雪文化节将体育与旅游相结合，通过滑雪、冰上拔河、溜冰等冰雪运动项目引领体育旅游新时尚，凸显地域特色。街头篮球争霸赛事作为一种篮球比赛新模式，因不受场地、参与人员的限制，迅速风靡各地，备受市民瞩目和篮球爱好者热捧。

### 2.2.4 技术溢出机遇

（1）“互联网 + 体育”拓展了体育产业发展空间。互联网时代，网络引领各行各业的改革，信息的及时传递、资源的有效整合都离不开互联网。“互联网 +”对传统产业的全面渗透，以及体育产业的蓬勃发展，都促使“互联网+体育”成为推进科技经济融合发展的重要方向。从体育管理、全民健身、竞赛表演、体育培训、康复医疗、场馆运营到体育用品的制造和销售，互联网元素已经渗入体育产业各个环节，改善了面向消费者的产品与服务供给，给整个体育产业发展带来创新思维、增添了创新活力。在新时代背景下，健身休闲产业也不再局限于传统的发展模式，通过互联网开启的新消费革命正逐步推进。例如，基于在线 App 或微信公众号的健身房预订新模式已经悄然形成，使消费者可以实时预约、实时消费，极大地提高了消费者的满意度。“网店”助力健身休闲产品营销，强大的线上购物平台为体育服装、器械等健身休闲产品的全方位展示和线上销售带来便利，减少了销售中间环节，降低了销售成本。

（2）VR 虚拟现实技术引发观赛新模式。一场比赛的观众席位有限，边角位置观赛效果也不佳，影响消费者观赛体验，而“VR 直播技术”的应用解决了这些问题。早在 2014 年 NBA 已经开始使用 VR 和 AR 进行比赛转播，提供给球迷最真实的画面和浓烈的赛场氛围。5G 移动技术的应用，增加了球迷的移动观赛新体验。2019 年武汉举办的第七届世界军人运动会也应用了“VR 全景直播”。近两年，“智慧场馆”也在应用 VR 技术为赛场外观众提供更加便捷、高效和真实的观赛新体验。将 VR 虚拟现实技术应用到赛事组织过程中，可以破解场地供给不足、场地空间限制等困境，给参与者以跨越时空且真实感超强的参赛新体验。此外，例如虚拟滑雪场、虚拟攀岩墙等都可以给消费者带来全新的参赛体验，也可以缓解真实滑雪场、攀岩墙供应不足的问题。

（3）“区块链”引领体育价值体系持续优化。区块链技术是人类信用史中新的里程碑，可以实现从信息互联网向价值互联网的转变（袁勇，王飞跃，2016）①。区块链技术去中心化、公开透明、不可篡改等特性可以很好地解决体育产业领域过度中心化、资源配置不当、价值界定不明确等问题。体育竞猜是培育品牌赛事和增加市民体育参与的重要手段，区块链技术在体育竞赛领域的应用将促进竞赛的公平化和竞猜的透明化，有效规避竞猜领域的违纪违法行为。区块链技术在体育领域的广泛应用，可以有效保护体育 IP、打击盗版以及防止体育版权被侵蚀、加强体育粉丝的管理与互动，有利于维护体育产业的生态平衡，开发更多的体育产业价值，更好地维护体育生产者与投资者利益，保障体育消费者合法权益。

（4）“新工艺”“新技术”“新材料”引领体育用品制造业革新。“智能装备”的广泛应用，助力体育用品制造手段革新，“增量制造”技术的广泛应用营造体育用品创新机制，使“分布式创新”“分布式制造”“分布式创业”成为现实，促进体育用品制造业技术上新台阶、质量上新水平、效率上新高度。“新材料”的广泛应用引领体育产品创新，例如，跑鞋气垫、缓震材料，羽毛球拍、网球拍、自行车等广泛用碳纤维复合材料；纳米材料技术已经应用到塑胶跑道、泳衣等领域，成为助力奥运破纪录的重要利器。智能运动手表（手环）、VR 眼镜等高科技装备正被逐渐应用到普通人群的日常锻炼，这些装备可以进行运动时长与运动强度的管理、身体状态数据（例如心率）的监测、真实比赛场景的模拟等，颠覆了传统的体育运动模式，引领了体育用品的技术革新。

（5）“物理治疗”引领康复技术新发展。物理治疗是体育运动与康复医学的学科交叉，它采用非侵入性、非药物性治疗来恢复身体原有的生理功能。运动处方被越来越多的人所熟知并广泛运用于临床康复治疗，获得了良好的效益。体育锻炼越来越多地被运用到各类损伤康复治疗当中，对患者的身体机能和心理健康恢复都起着积极的作用。

---

① 袁勇，王飞跃．区块链技术发展现状与展望［J］．自动化学报，2016，42（4）：481-494.

(6)“人机工程”诠释体育新内涵、新功能与劳作革命。把健身活动中输出的能量加以转化利用，将运动与劳动有机结合到一起，开创了一种体育与劳动结合的新生活方式变革。例如，瑞士一家健身房推出了健身研磨机，该设备一方面可以供居民健身，另一方面可以利用市民健身的动能对农产品进行研磨加工，实现健身与劳作两不误，进一步拓展了健身的价值。随着社会各界对职业病关注度的增强，如何预防劳动者的职业病，也是各类制造、服务企业关注的重要焦点。为了防范在制造、服务过程中劳动者职业病的形成，制造、服务企业在进行工艺设计时更加关注人机工程、人机结合过程中的劳动者健康、劳作过程中的健身以及劳作之余的健身。

## 2.3　新常态下我国体育产业创新发展的挑战

### 2.3.1　人才困境更加突出

高质量专业体育人才是推进体育产业高质量发展的实际行动者，是整个体育产业健康发展的中坚力量。但是，我国体育人才从培育到聘用仍存在问题。①体育人才数量不足。我国体育产业快速发展，体育产业从业人数不断增加，但从业人员质量参差不齐，体育工程技术人才匮乏，人才缺口较大。②缺乏体育复合型人才。我国正推进体育与商业、旅游、地产、休闲、医疗等行业融合发展。在这种背景下，更需要大量体育复合型人才来推进“体育+”，开创体育产业发展新空间。③体育人才质量不高。与欧美等国家相比，我国体育俱乐部管理、体育赛事营销、职业体育经理人等方面的体育人才还十分匮乏，从业者管理能力和市场敏锐力尚显不足。④体育人才选用机制尚未完善。除了体育教师、教练员、裁判员等有较为明确的社会就业岗位之外，市场上缺乏其他专业人才具体明确的就业岗位，例如社会体育指导员、研学导师、物理理疗师等都缺乏明确的市场岗位，影响相关专业人才的选聘。

### 2.3.2　信息瓶颈逐渐显现

在信息时代，互联网技术及其应用是引领科技创新的重要方向。但是，当前我国体育产业的智能化、信息化和自动化水平远低于其他产业，科技创新成效还不太显著。①体育场馆作为重要的公共设施，其智能化程度落后于博物馆、文化馆、火车站、飞机场等公共设施。与欧美等国家相比，我国现有体育场馆从数量到质量都有很大的发展空间，大多数体育场馆的设施陈旧，照明系统、音响系统、转播设备、通风系统、安全系统科技含量不高，场馆的智能化和信息化程度较低，影响线上消费者的观赛体验。②体育装备的信息化、智能化程度不及通信、医疗、通勤等日用设备。近年来，体育装备的科技含量不断提升，智能可穿戴设备、体育大数据、移动视频、VR 和 AR 技术等开始在体育领域得到应用，但是科技应用的普及程度仍然不高，还存在较大的发展空间。

### 2.3.3　资金缺口仍待破解

自国发〔2014〕46 号文件出台以来，体育产业一度引来投资热。阿里巴巴、乐视、腾讯、苏宁等互联网巨头纷纷开始投资体育产业。2015 年，阿里体育成立，并包揽 Pac-12 中国区常规赛的比赛直播和票务，还借助天猫国际平台销售 Pac-12 联盟球队的周边商品；不仅如此，阿里体育还入股广州恒大，与拜仁慕尼黑、皇家马德里等俱乐部、国际足联达成战略合作协议，获得世界杯独家冠名权。英国天空体育 2016 年购买了英国地区中超联赛独家转播权①；由安踏体育等组成的投资者财团收购 Amer Sports 所有股份②；2019 年，安踏体育与其他投资者完成对 Amer Sports 的收购③；乐视体育战略投资世界体育集团并获得其 20%的股份④。可见，体育产业一度成为社会资本关注的热点。但是这些投资的主旨在于抢占体育核心资源，扎根于体育产业基础研究、公共服务的社会投资尚欠缺。在这种背景下，政府投资和投资机制创新显得尤其重要。作为改善民生服

---

① 中国首个全球化体育 IP 的逆袭之路［EB/OL］. https：//www. sohu. com/a/120260563_513271.

② 安踏体育：收购 Amer Sport，全球化多品牌战略持续发力，维持“买入”评级，目标价 45. 6 港币［EB/OL］.（2018-12-12）. http：//finance. sina. com. cn/stock/hkstock/ggscyd/2018-12-12/doc-ihmutuec8492594. shtml.

③ 安踏体育 2019 年收益达 339. 3 亿元　FILA 贡献了 43. 5%［EB/OL］.（2020-3-25）. http：//www. sjfzxm. com/baby/202003-25-565504. html.

④ 投资拉加代尔体育亚洲　乐视体育成为新一代独角兽［EB/OL］.（2015-10-29）. https：//m. sohu. com/a/38547328_116136.

务的重要手段，政府应加强在体育公共服务领域的投资，推动体育领域的“新基建”，丰富体育公共服务供给；还应创新投资机制，引领投资体育核心资源的社会资本积极履行社会职责，强化创新投入，积极开展公共服务。具体而言，可以推动地产企业积极建设住宅区、景区和园区的体育基础设施。体育产业引导资金引导社会资本投资基础研究、公共服务的作用尚显不足。

### 2.3.4 体育产品创新不足

我国体育用品制造企业的创新能力尚显不足，研发投入低，缺乏具有全球竞争力的核心技术；生产工艺落后，自动化程度和智能制造水平低，尚无与富士康、比亚迪等智能化程度相当的代工工厂；体育用品技术含量低，缺乏创新，同质化严重，新材料和新技术的应用尚显不足；体育用品制造企业的产品设计创意性有待加强，设计新颖性不足，缺乏特色鲜明的核心产品以及持续有效的营销模式。近年来，我国体育消费者的消费偏好趋向于差异化、个性化和便捷化，这种消费趋势的新变化给体育用品创新提出了更高的要求。我国体育用品制造企业需要持续推进产品创新，在推进体育产品轻量化、样式时尚化、色彩鲜艳化、功能智能化、价格大众化的进程中保持核心竞争力；在促进体育用品制造过程自动化、生产效率更高、制造成本更低的进程中保持制造优势。

# 第3章　新常态下体育产业创新发展的理论基础

## 3.1　创新驱动与创新驱动政策

### 3.1.1　创新驱动发展的内涵

创新是把生产要素、生产条件再构为一种“新组合”并引到生产体系中而形成的一种新的生产函数（约瑟夫·熊彼特，1990）①。自21世纪以来，创新作为推动经济社会发展的根本力量，备受各国政府的重视。为了把创新驱动打造为经济社会发展的新动力，党的十八大提出要不断完善创新驱动政策，逐渐建立形成“以科技创新为核心，实现经济创新发展”的新格局。在全球化、信息化与国内经济社会发展进入新常态的背景下，作为经济发展的核心驱动力量，创新驱动日益改变着国家的经济增长方式和发展模式，是当前转变经济发展方式、实现产业结构升级、经济可持续增长的必由之路（张来武，2013）②。创新驱动发展是我国经济发展转向新的发展方式的重要标志（郑新立等，2015）③，要使创新成为推动经济增长的主动力，实现主要依靠科学技术创新带来效益并使其推动经济高质量增长（傅兆君，2012）④。

（1）创新驱动是一种“所有经济体的高效创新”的新发展阶段。经济沿要

① 约瑟夫·熊彼特．经济发展理论［M］．北京：商务印书馆，1990.

② 张来武．论创新驱动发展［J］．中国软科学，2013，28（1）：1-5.

③ 中国生产力学会课题组，郑新立，等．实施创新驱动发展战略和建设创新型国家的提出及现状分析［J］．经济研究参考，2015（14）：4-15.

④ 傅兆君．中国发展道路的创新驱动特征研究［J］．南京理工大学学报（社会科学版），2012（3）：24-29.

素驱动、投资驱动、创新驱动、财富驱动的路径发展，当前经济发展已经进入以创新能力、创新水平为驱动的主要动力的新经济发展阶段（迈克尔·波特，2002）①。经济发展在这一阶段，从之前的只依靠技术学习和模仿的阶段转变为主要依靠自主设计、研发和发明以及知识的生产和创造（刘志彪，2011）②；依靠知识资本、激励创新制度、人力资本等要素，实现“要素重新组合”；将科技成果应用和扩散到生产和商业上（洪银兴，2013）③。新的经济增长方式不仅解决了经济发展效率问题（郭英远，张胜，2018）④，而且还解决了创新效率和效益问题。

（2）创新驱动是一种“以创新为主要动力”的新发展机制。新出现的科学技术必然孕育新的发展机遇和拓展新的发展空间，例如：VR技术的出现，使观赛体验进入新的“三维”场景时代——赛场、视频、VR；新出现的市场机制带来更高的商业效率，实现价值创造与增值，并打破市场壁垒，拓展市场空间，例如淘宝、京东、唯品会等电子商务平台的出现极大地提高了商品交易效率；新出现的政府服务拓展了体育产业发展空间，使群众赛事举办、体育场馆投资建设与运营、体育社会组织发展等成为新的投资热点；新出现的对外开放机制为体育产业拓展了新思路与新契机，如“一带一路”建设给体育场馆建设的国际化、区域性体育赛事发展、体育用品与装备出口、区域体育旅游市场开发等经营活动带来新机遇（郭英远，张胜，2018）⑤。

（3）创新驱动是一种“推进生产要素组合”的新发展模式。创新驱动发展主要依靠技术进步、研发成果产业化以及组织、管理、制度等创新活动来推动，而非单纯依靠资本、人力、能源等生产要素投入来推动。利用企业的组织制度、商业模式、技术、知识等创新要素推动资本、物质资源、人力等传统要素进行有效的改造、组合与升级，改造物质资本、加强科学管理、提高劳动者创新力和素

① 迈克尔·波特．国家竞争优势［M］．北京：华夏出版社，2002.

② 刘志彪．从后发到先发：关于实施创新驱动战略的理论思考［J］．产业经济研究，2011（4）：1-7.

③ 洪银兴．论创新驱动经济发展战略［J］．经济学家，2013（1）：5-11.

④ 郭英远，张胜．创新驱动发展的内涵和标志［J］．科技管理研究，2018，38（6）：1-5.

⑤ 郭英远，张胜．创新驱动发展的内涵和标志［J］．科技管理研究，2018，38（6）：1-5.

质（郭英远，张胜，2018①；洪银兴，2013②），形成一种嵌入式创新驱动发展模式，实现经济内生增长，例如，电商平台改进体育产品与服务的营销模式，数字制造改进体育用品制造模式，新材料应用改进体育产品性能，等等。创造新的生产要素来促进经济发展，创新驱动是具有内生增长能力的科技创新（王海兵，杨蕙馨，2015③），这就是内涵式创新驱动发展模式。例如，智能机器人被引入体育竞赛、体育培训，形成新的消费体验。市场机制完善、政策法规改进以及体制机制创新等，引发了生产关系的变革，为生产要素新组合创造了动力，这就是外源式创新驱动发展模式（郭英远，张胜，2018）④。

（4）创新驱动是一种复杂动态的资源配置方式。稀缺资源实现优化配置是经济学基本问题。创新驱动是一种新的资源配置方式，该方式以资源价值开发为目的，引进一种新的生产函数，让生产要素和生产条件形成新的组合。创新驱动强调知识、技术、人力资本等创新要素在经济发展中的决定性作用，以科技创新、技术进步为主线通过新材料、新工艺、新产品、新服务、新能源、新商业模式等，替代旧产品、旧服务、旧工艺、旧材料、旧能源、旧商业模式，让生产条件和生产要素实现优化组合，创造消费新体验，提高资源价值、资源利用效率和全要素生产率，形成创新型驱动经济，达到环境友好、资源节约与可持续稳定发展的目标。创新驱动发展通过要素创新，推进生产要素新组合来推动创新发展，从而不断稳固创新资源要素在经济持续发展中的主导地位。创新驱动可以在降低资源消耗、提高物质资源利用率的基础上实现经济可持续增长（傅兆君，2012）⑤。

（5）创新驱动是一个开放的有机系统。从系统论维度看，创新驱动是一个由创新资源、创新主体、创新机制等环节进行结构性整合而构成的具有包容性、灵活性的体系。创新机制、创新资源、创新主体、创新环境之间有机联系，镶嵌于

① 郭英远，张胜．创新驱动发展的内涵和标志［J］．科技管理研究，2018，38（6）：1-5.

② 洪银兴．论创新驱动经济发展战略［J］．经济学家，2013（1）：5-11.

③ 王海兵，杨蕙馨．创新驱动及其影响因素的实证分析：1979—2012［J］．山东大学学报（哲学社会科学版），2015（1）：23-34.

④ 郭英远，张胜．创新驱动发展的内涵和标志［J］．科技管理研究，2018，38（6）：1-5.

⑤ 傅兆君．中国发展道路的创新驱动特征研究［J］．南京理工大学学报（社会科学版），2012，25（3）：24-29.

社会需求、基础研究、应用研究、成果转化和产业化、市场开拓等创新环节，实现创新环节与创新主体的紧密联结，促进各创新环节形成创新链，使知识创新、技术创新、市场创新相互协调，发挥整体创新功能，形成创新型驱动经济稳步发展的综合力量。知识、技术、信息、资本、劳动力等是创新活动的资源；企业、政府、科研院所、中介组织等是创新活动的行为主体；系统治理、市场机制和政府宏观调控等是调控创新主体行为、配置资源要素、提高创新效率的主要创新驱动机制；法律、政策、文化、信息网络、研发平台、科研设施等环境因素构成维系和促进创新活动的保障。因此，作为一个开放包容的创新合作体系，创新驱动具有多层次创新、多机制联动、多主体参与、多要素整合的特征；作为一种推动发展的战略布局，创新驱动普遍适用于各企业、各产业、各区域及整个国家。

### 3.1.2 创新驱动发展的特征

创新包括科学研究、试验开发、推广应用等环节活动，创新驱动的着力点覆盖从科学研究、试验开发到推广应用的创新全过程，以致创新驱动具有系统性、动态性和差异性的特点（张银银，黄彬，2015）①。

（1）创新驱动具有系统性。创新驱动是以技术、制度和管理创新等一系列科技创新活动推动资源高效合理配置的一种方式，是一个系统工程（王海兵，杨蕙馨，2015）②。从创新活动的视角解析，创新驱动包括知识创新、基础应用创新、商业模式创新、市场创新、科学技术创新、文化观念创新、制度机制创新、组织创新、产业创新、产品创新、战略创新和管理创新等一系列创新活动（张银银，黄彬，2015③；王玉民等，2016④；任保平，郭晗，2013⑤），创新驱动是多方面

① 张银银，黄彬．创新驱动产业结构升级的路径研究［J］．经济问题探索，2015（3）：107-112.

② 王海兵，杨蕙馨．创新驱动及其影响因素的实证分析：1979—2012［J］．山东大学学报（哲学社会科学版），2015（1）：23-34.

③ 张银银，黄彬．创新驱动产业结构升级的路径研究［J］．经济问题探索，2015（3）：107-112.

④ 王玉民，刘海波，靳宗振，等．创新驱动发展战略的实施策略研究［J］．中国软科学，2016（4）：1-12.

⑤ 任保平，郭晗．经济发展方式转变的创新驱动机制［J］．学术研究，2013（2）：69-75.

相结合的创新。其中，在微观层面上，创新驱动的核心为技术创新，组织创新是技术驱动的载体，技术创新和组织创新相互作用；在宏观方面上，制度创新使得经济主体的规则变化，为技术创新与组织创新提供了保障，这对微观方面的技术、组织创新都会产生较大影响；技术、组织和制度创新协同作用，促进现代化产业体系新演化（魏庆文等，2018）①；创新驱动发展战略是技术、产业、制度、知识等多种创新活动的综合协同，是一个复杂的系统工程（郑烨，2017）②。从创新主体的视角解析，创新驱动是通过政府、企业、科研院校、金融机构、中介组织等多主体协同，实现技术、服务、知识、市场、金融、制度等各层面创新力度提升，以此来推动经济社会可持续发展（刘姿媚，谢科范，2016）③。创新驱动战略是多主体参与的复杂系统工程，需要建立合作创新、利益诱导、人才激励、风险分散、文化促进等保障机制。

（2）创新驱动具有动态性。创新驱动是通过多主体协同、多要素整合、多机制联动、多外力共驱，实现知识、技术、制度、金融、服务和市场等方面创新能力的提升，推动经济社会长期协同可持续发展（刘姿媚，谢科范，2016④；郑烨，2017⑤）。所以，创新驱动是一个动态的发展过程，其动态发展的外生动力来源于市场牵引力、政府推动力和同行竞争压力。技术融合、创新扩散在推动现代产业体系发展中发挥着重要的作用（魏庆文等，2018）⑥。其中，创新扩散使得创新对经济发展的影响不限于企业层面，而是扩散并影响整个产业体系；技术融合是产业融合发展的基础，所创造的复合产品尽显市场活力，从而促进创新要素和产业资源在产业体系之间流动。政府通过法律法规、政策法规、规章制度等

---

① 魏庆文，杨蕙馨，王军．创新驱动对现代产业发展新体系演进的作用机理——基于生产函数的视角［J］. 天津财经大学学报，2018（7）：103-113.

② 郑烨．创新驱动发展战略与科技创新支撑：概念辨析、关系厘清与实现路径［J］. 经济问题探索，2017（12）：163-170.

③ 刘姿媚，谢科范．创新驱动的系统动力学模拟——以武汉东湖国家自主创新示范区为例［J］. 科技进步与对策，2016，33（14）：47-54.

④ 刘姿媚，谢科范．创新驱动的系统动力学模拟——以武汉东湖国家自主创新示范区为例［J］. 科技进步与对策，2016，33（14）：47-54.

⑤ 郑烨．创新驱动发展战略与科技创新支撑：概念辨析、关系厘清与实现路径［J］. 经济问题探索，2017（12）：163-170.

⑥ 魏庆文，杨蕙馨，王军．创新驱动对现代产业发展新体系演进的作用机理——基于生产函数的视角［J］. 现代财经（天津财经大学学报），2018，38（7）：103-113.

多层面的制度创新，采取人才、金融、税收、市场准入、公共采购、知识产权等多方面政策，推动企业、大学、科研机构的创新活动开展，形成政府推动力（刘姿媚，谢科范，2016）①。

（3）创新驱动具有异质性。我国各行业、各地区的生产要素和资源禀赋存在差异，特别是创新能力、创新资源和创新要素等方面的差异更加明显，而且产业结构又存在差异（张伟等，2016）②，因此，创新的策略选择还应建立在各地区异质性的产业体系基础之上（杨蕙馨等，2019）③。技术创新要素流动和技术创新扩散有利于新创企业和中小企业的技术创新。在技术创新活跃度高的产业中，技术创新要素更加丰富、流动更加频繁、扩散更加迅速，以致技术创新活动更有活力，例如，体育软件和媒体产业；在技术创新活跃度低的产业中，技术创新要素更稀少、流动性更差、技术扩散难度更大，以致技术创新活动不够活跃，而且进行技术创新的成本和风险更高，仅资产规模较大的企业能够承担技术创新成本、抗击技术创新风险，例如，健身培训产业、营地教育产业等。产业间的技术差异会影响知识在产业间的流动和扩散（王伟光等，2015）④，因此各产业创新驱动策略的选择应建立在产业间技术差异的基础之上。技术创新活跃度高的产业应该选择降低技术创新成本、提高创新效率、鼓励颠覆性技术创新等创新驱动策略。技术创新活跃度中等的产业应该选择通过促进技术融合推进产业技术创新、通过推进组织创新实现生产效率提升、通过技术创新和组织创新的有效结合实现商业模式创新等创新驱动策略。技术创新活跃度低的产业应选择把握技术嵌入契机实现企业突变发展、强化新组织模式与价值创造模式的应用与推广等创新驱动策略（杨蕙馨等，2019）⑤。

---

① 刘姿媚，谢科范．创新驱动的系统动力学模拟——以武汉东湖国家自主创新示范区为例［J］．科技进步与对策，2016，33（14）：47-54.

② 张伟，朱启贵，高辉．产业结构升级、能源结构优化与产业体系低碳化发展［J］．经济研究，2016，51（12）：62-75.

③ 杨蕙馨，邱晨，冯文娜，王军．创新驱动及其动能转换的策略选择与政策设计——基于构建现代产业发展新体系的视角［J］．山东社会科学，2019（2）：137-142.

④ 王伟光，马胜利，姜博．高技术产业创新驱动中低技术产业增长的影响因素研究［J］．中国工业经济，2015（3）：70-82.

⑤ 杨蕙馨，邱晨，冯文娜，王军．创新驱动及其动能转换的策略选择与政策设计——基于构建现代产业发展新体系的视角［J］．山东社会科学，2019（2）：137-142.

### 3.1.3　创新驱动发展的动力

创新已经以前所未有的深度和广度渗透于经济、社会、生活等各个领域，成为推动生产力发展的最重要因素。创新人才、研发投入是创新驱动发展的重要内在动力，市场需求、政府政策、创新环境是创新驱动发展的重要外部动力（杨阳，2017①；刘姿媚，谢科范，2016②）。

创新驱动的本质是人才驱动（盛楠等，2016）③，创新人才是实施创新驱动发展战略的第一推动力（陈曦，2013）④，创新人才的质量和数量是衡量国家科技创新能力的关键。新知识、新技术的产生都是凭借着大量人才来实现的，发明家、科学家等群体都经过了系统的训练，这在经济增长技术变革等方面可以起较为积极的作用（Romer，1986）⑤；在新学科的成立发展以及一种新产业的成长等方面，创新型人才的作用绝不可忽略（李建波，2011）⑥；在将创新链上下各方面的要素进行联通的过程中，创新人才是最为重要的一方面，其在促进新的产业形成、带动区域发展、改变世界的历程中发挥着重要的作用（杨阳，2017）⑦。由此可见，创新人才是创新驱动发展的核心要素、在自主创新中也起着不可替代的作用。从全球化大背景来看，企业、行业、国家的竞争主要取决于人才的数量和质量，主要是人才之间的竞争。所以，要将创新人才打造为体育产业创新发展的动力，采取人才引进机制，将一些懂新科技、新技术的人才大量引进体育产业。同时，还需要培养、开发和利用人才资源，让其为体育产业快速发展提供重要动力。

---

①　杨阳．新常态背景下中国创新驱动发展一般性理论模型研究——基于《科技创新论述摘编》分析［J］．华东经济管理，2017，31（2）：43-50.

②　刘姿媚，谢科范．创新驱动的系统动力学模拟——以武汉东湖国家自主创新示范区为例［J］．科技进步与对策，2016，33（14）：47-54.

③　盛楠，孟凡祥，姜滨，李维桢．创新驱动战略下科技人才评价体系建设研究［J］．科研管理，2016，37（S1）：602-606.

④　陈曦．创新驱动发展战略的路径选择［J］．经济问题，2013（3）：42-45.

⑤　Paul M Romer. Increasing returns and long-run growth［J］. Journal of Political Economy, 1986, 94（5）：1002-1037.

⑥　李建波．论创新型经济的含义、特征与发展趋势［J］．前沿，2011（7）：110-112.

⑦　杨阳．新常态背景下中国创新驱动发展一般性理论模型研究——基于《科技创新论述摘编》分析［J］．华东经济管理，2017，31（2）：43-50.

创新投入，特别是创新经费投入是创新驱动发展的最重要资源。创新投入同自主创新之间存在一种较长时间的平衡稳固的关系，而且研发投入（R&D）对知识革新和产业变革等方面起着明显的积极作用（North，Thomas，1977）①。创新投入对我国自主创新起着较为重要作用（陈春晖，曾德明，2009）②。但是，研发投资不足是当今最常见的现象。为了激励企业研发投入，强化政府的作用、加大研发投资常常也是创新驱动政策的重要内容。在创新全过程中，科学系统的创新投入，对于创新资源的多样化、创新能力改善、自主创新的灵敏度改变等可以产生较正面的影响；同时能够降低企业的技术创新成本进而提高企业技术创新效率。因此，应该将自主创新作为创新投入的一个优先部分，并将好的创新资源激活进而改变自主创新的“乘数效应”和“外溢效应”。

市场需求对创新的牵引力（刘姿媚，谢科范，2016）③。技术创新能让产业发展的边际成本减少，从而使得产业结构转型升级速度加快，促进产业集群融合发展，形成“外溢效应”。但是，这种“外溢效应”不能带来产业的持续增长。产业的持续增长还必须依赖于市场本身。因此，在知识扩散、技术扩散和产业融合过程中，市场需求起着较为重要的关键作用。市场需求对区域创新资源有凝聚作用，它可以使技术供给端的生产要素与产业发展方向快速匹配（储德银，张同斌，2013）④；市场需求决定了投资回报率和利润水平。高投资回报、高利润会产生极大的产业牵引力，并促进产业的快速发展（张贵，2014）⑤。企业作为主要的创新主体之一，在激烈的市场竞争之中，需要积极把握市场变化，满足顾客个性化需求，最大限度地实现经济效益，获得自身发展，因此企业必须通过概念创新和科技创新不断打造全新产品和提供全方位的服务，多样化地满足市场及顾客不断变化的需求，将市场需求化作创新的动力，这将在一定程度上对企业创新

① North D C., Thomas R P. The first economic revolution [J]. The economic history review, 1977, 30 (2): 229-241.

② 陈春晖，曾德明. 我国自主创新投入产出实证研究［J]. 研究与发展管理，2009，21（1）：18-23.

③ 刘姿媚，谢科范. 创新驱动的系统动力学模拟——以武汉东湖国家自主创新示范区为例［J]. 科技进步与对策，2016，33（14）：47-54.

④ 储德银，张同斌. 自主研发、技术引进与高新技术产业成长［J]. 科研管理，2013，34（11）：53-60，113.

⑤ 张贵. 创新驱动与高新技术产业发展［M]. 北京：社会科学文献出版社，2014.

的时间、内容、方式和收益等方面起决定性作用（刘姿媚，谢科范，2016）①。国家将创新驱动战略作为实现经济发展方式转型的战略部署。在创新驱动系统中，必须有政府的介入和推动才能引导创新主体将发展方式转变为创新驱动。政府通过制度创新，对企业、大学、科研机构的创新活动产生推动作用。制度创新涉及法律制度、制度文化、政策法规、规章制度等多层级、多方面内容。其中，对创新产生最直接影响的是政府针对创新制定的人才、金融、税收、市场准入、公共采购、知识产权等方面的制度、政策和措施，它们与市场机制相互配合，对创新驱动过程起着引导、支持和规范作用。

"创新平台"是一种共性结构，它可以生产研发出很多类似产品，是由界面和一种次级系统结合而形成的、重要的创新载体。从保障企业创新的层面来讲，提供创新要素的载体都属于创新平台，例如，提供技术市场讯息、展示、交易的公共平台，开展基础研究的实验室、软件中心、研发中心，提供通信、网络等公共服务的基础设施，以及提供员工培训、政策指导、投融资服务、市场推广等方面的公共服务体系和创新支撑体系（洪银兴，2013）②；从推动产业创新的层面来讲，以创新成果转化为主线引领创新的载体也是创新平台，例如，高新技术孵化园区，以科研院所、科技创新为主的科技研发园（魏江等，2015）③以及产学研战略联盟，等等。创新平台是自主创新的强大推动力。创新平台开展基础研究，通过技术开发与科学研究创造产业共性技术，丰富创新要素；通过技术标准化、技术创新成果、科技信息披露等方法，为创新要素流动、整合、产业共性技术扩散等提供便捷途径；促进科技产品上市与技术应用推广，为创新成果产业化提供良好的生存环境（杨阳，2017）④。

创新文化。思维方式、行为准则、精神氛围、价值理念四个要素是创新文化形成的基础条件。创新文化有利于培育创新发展的价值观，激励创新成果转化

---

① 刘姿媚，谢科范．创新驱动的系统动力学模拟——以武汉东湖国家自主创新示范区为例［J］．科技进步与对策，2016，33（14）：47-54.

② 洪银兴．论创新驱动经济发展战略［J］．经济学家，2013（1）：5-11.

③ 魏江，李拓宇，赵雨菡．创新驱动发展的总体格局、现实困境与政策走向［J］．中国软科学，2015（5）：21-30.

④ 杨阳．新常态背景下中国创新驱动发展一般性理论模型研究——基于《科技创新论述摘编》分析［J］．华东经济管理，2017，31（2）：43-50.

(郭传杰，2012)①。区域多文化融合程度、对不同民族和种群行为的包容程度以及对不同生活理念的整合程度是一个地区兴起创新的关键因素（Richard Florid，2003)②。创新文化不仅是自主创新生存发展的基础，而且能够助力新技术和新产业的萌芽。创新文化会激发全社会的创新热情，形成尊重原创行为、尊重知识创造、鼓励知识实践、自觉抵触知识产权侵权行为的社会创新价值观（杨阳，2017)③。

创新政策。构建良好的创新政策可以有效匹配体育产业发展的基本目标（刘刚，2014)④。不同层级的政府往往根据自身优势，利用特殊方式对社会创新资源进行调配来支持特定产业的发展，其中创新政策是稳定基础产业、扶持新兴产业、保护主导产业、确定支柱产业的有效政策工具（刘战豫，2014)⑤。为此，创新政策是体育产业发展的安全保障，创新政策不仅增强了产业之间的交互性，促进产业融合发展，还弥补了市场调节失灵的不足，对促进体育产业资源流通、整合发挥着积极作用。通过资源合理配置来实现体育产业价值增值和保障体育产业创新持续并获得收益（杨阳，2017)⑥。

知识产权保护能够有效刺激自主创新投入（郭春野，庄子银，2012)⑦，激发创新主体活力，提升自主创新质量，激发技术市场交易活力（马一德，2013)⑧，知识产权保护力度正向影响知识的吸收、发展、应用与扩散（宋河发等，2010)⑨。体育产业创新发展的动力机制见图 3-1。

---

① 郭传杰．科技协同创新的深层次思考［J］．中国高等教育，2012（20）：17-19.

② Richard Florida. The rise of the creative class［M］. New York：Basic Books，2003.

③ 杨阳．新常态背景下中国创新驱动发展一般性理论模型研究——基于《科技创新论述摘编》分析［J］．华东经济管理，2017，31（2）：43-50.

④ 刘刚．中国经济发展的新动力［J］．华东经济管理，2014（7）：1-7.

⑤ 刘战豫．区域产业发展的创新驱动关键影响因素及路径研究［J］．世界地理研究，2014，23（4）：70-76.

⑥ 杨阳．新常态背景下中国创新驱动发展一般性理论模型研究——基于《科技创新论述摘编》分析［J］．华东经济管理，2017，31（2）：43-50.

⑦ 郭春野，庄子银．知识产权保护与“南方”国家的自主创新激励［J］．经济研究，2012（9）：32-45.

⑧ 马一德．创新驱动发展与知识产权战略实施［J］．中国法学，2013（4）：27-38.

⑨ 宋河发，穆荣平，任中保．创新型国家特征、指标体系与建设目标研究［J］．科技促进发展，2010（1）：14-18.

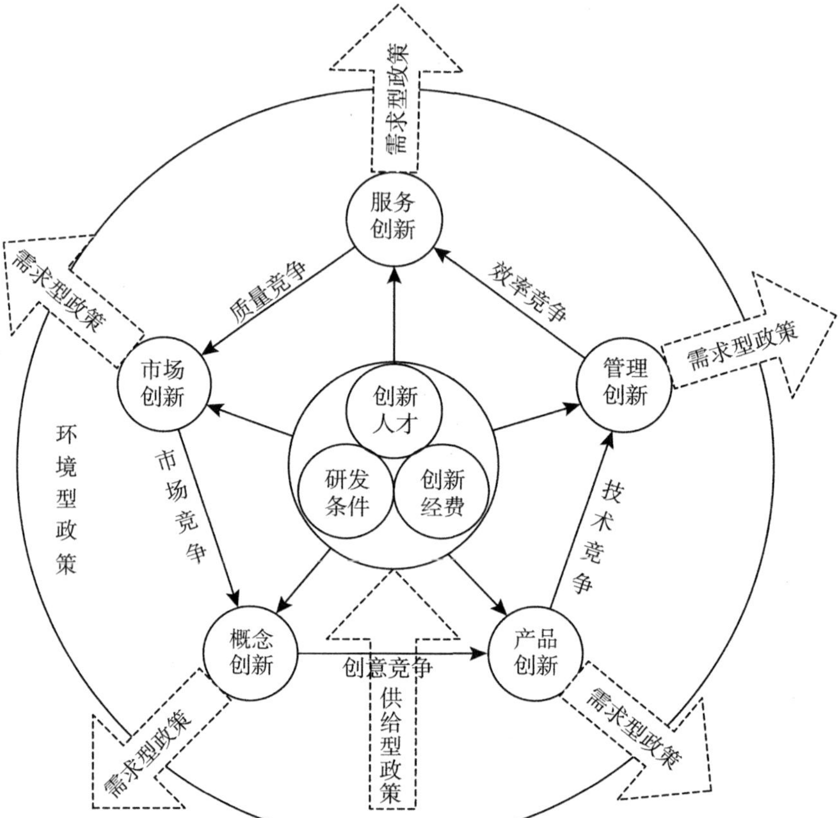


图 3-1　体育产业创新发展的动力机制

## 3.1.4　创新驱动政策的内涵

在国家创新驱动战略体系下，企业是最重要的创新主体。企业创新源于现有技术的领先水平、企业家精神的领导和富有创造性的员工，还源于市场需求和政府政策（张来武，2013）①。政府在国家创新驱动体系中的作用，不限于修补市场失灵、解决研发投资不足的问题，还需要创造市场和新的机会，更加有效地激

① 张来武．论创新驱动发展［J］．中国软科学，2013（1）：1-4.

发企业的内生创新动力（Mazzucato，2016）①。所以，创新驱动政策是指政府为了规范创新主体行为（陈劲，王飞绒，2005）②、提高创新效率、增强创新能力（刘凤巢，孙玉涛，2007）③ 而采取的各种直接或间接的政策措施（徐大可，陈劲，2004）④。

（1）创新驱动政策具有系统性。创新驱动政策是以创新理论为依据，支持科学、技术、产业等多维度、全过程创新活动的开展而制定，并且使科学、技术、产业相互促进、协同发展的政策（王超等，2017）⑤，涵盖经济、社会、科技和文化等各个方面（孙蕊等，2016）⑥，包含科技、产业、财政、税收和金融政策（刘凤巢，孙玉涛，2007）⑦。激励企业自主创新需要金融、财政、税收等不同政策的协调一致与有机配合（柳卸林，2007）⑧。各种创新政策协同发展对企业创新能力的提升至关重要（黄灿，2004）⑨。因此，政府施政的导向应面向市场需求，通过协调运用各政策工具，促进信息、资本、人才、知识、技术的自由流动，促进多要素协调推进创新型驱动战略的实施（李良成，2016）⑩。

（2）创新驱动政策具有目的性。创新驱动政策的实施是为了促进科学研究和技术开发以产生新知识、新技术，并推动新知识、新技术应用以引领经济发展、

① Mazzucato，M. From market fixing to market-creating：a new framework for innovation policy [J]. Industry & Innovation，2016，23（2）：140-156.

② 陈劲，王飞绒. 创新政策：多国比较和发展框架 [M]. 杭州：浙江大学出版社，2005.

③ 刘凤朝，孙玉涛. 我国科技政策向创新政策演变的过程、趋势与建议——基于我国289项创新政策的实证分析 [J]. 中国软科学，2007（5）：34-42.

④ 徐大可，陈劲. 创新政策设计的理念和框架 [J]. 国家行政学院学报，2004（4）：26-29.

⑤ 王超，许海云，董坤，方曙. 基于形式概念分析的创新政策内容结构研究方法 [J]. 中国科技论坛，2017（12）：41-52.

⑥ 孙蕊，吴金希，王少洪. 中国创新政策演变过程及周期性规律 [J]. 科学学与科学技术管理，2016，37（3）：13-20.

⑦ 刘凤朝，孙玉涛. 我国科技政策向创新政策演变的过程、趋势与建议——基于我国289项创新政策的实证分析 [J]. 中国软科学，2007（5）：34-42.

⑧ 柳卸林. 新时期我国促进自主创新的政策解读——以财政政策为例 [J]. 山西大学学报（哲学社会科学版），2007（3）：177-182，226.

⑨ 黄灿. 欧盟和中国创新政策比较研究 [J]. 科学学研究，2004（2）：212-217.

⑩ 李良成. 政策工具维度的创新驱动发展战略政策分析框架研究 [J]. 科技进步与对策，2016，33（11）：95-102.

社会进步和国际竞争力提升；是为了规范创新主体行为（陈劲，王飞绒，2005）①、提高创新效率、增强创新能力（刘凤巢，孙玉涛，2007）② 等；是为了建立与国家经济发展水平相适应的经济增长新方式，推进经济内生增长（肖文圣，侯梅，2017）③；是为了推进经济发展，增加社会整体福利水平和提升人民生活水平（郭英远，张胜，2018）④。因此，创新驱动政策不仅要优化创新体系，以提高经济竞争力，还必须引导经济社会发展的战略方向，引导变革，推进预期社会目标的实现（Weber，Rohracher，2012）⑤。

（3）创新驱动政策具有层次性。政策体系主要包括使命与战略、普适性政策、专项政策和产业政策四大层次（张学文等，2019）⑥，创新驱动政策会对不同层次的主体起作用，具有层次性和系统性（Fulvio Castellacci，2008）⑦。例如，韩国创新驱动政策涉及“战略与规划”“政策与机制”及“行动举措”三个层面（陈强等，2015）⑧。创新驱动政策既包括当前产业中存在的影响创新主体行为的技术标准、法律法规等具体制度，也包括影响创新主体对未来发展预期和判断的国家战略、公共政策、产业政策等宏观战略与公共政策（杨武，杨淼，2015）⑨。在国家层面，党的十八大提出要坚持走中国特色自主创新道路，实施创新驱动发

① 陈劲，王飞绒．创新政策：多国比较和发展框架［M］．杭州：浙江大学出版社，2005.

② 刘凤朝，孙玉涛．我国科技政策向创新政策演变的过程、趋势与建议——基于我国 289 项创新政策的实证分析［J］．中国软科学，2007（5）：34-42.

③ 肖文圣，侯梅．创新驱动战略对经济发展影响分析及路径——以江苏省为例［J］．青岛行政学院学报，2017（2）：50-56.

④ 郭英远，张胜．创新驱动发展的内涵和标志［J］．科技管理研究，2018，38（6）：1-5.

⑤ Weber，K. M.，Rohracher，H. Legitimizing research，technology and innovation policies for transformative change［J］. Research Policy，2012，41（6）：1037-1047.

⑥ 张学文，田华，陈劲．激发企业内生动力的创新政策：基于使命驱动型创新的视角［J］．技术经济，2019，38（7）：10-15.

⑦ Fulvio Castellacci. Technological paradigms，regimes and trajectories：manufacturing and service industries in a new taxonomy of sectoral patterns of innovation［J］. Research Policy，2008，37（6-7）：978-994.

⑧ 陈强，陈凤娟，刘园珍．韩国创新驱动发展的路径与特征分析［J］．科学管理研究，2015（3）：115-118.

⑨ 杨武，杨淼．基于产业创新系统的创新驱动发展案例研究［J］．科技进步与对策，2015，32（17）：67-72.

展战略。作为推进国家创新驱动发展战略的重要抓手，科技政策的内容被不断完善并拓展到科技创新的各个环节；管理创新也被纳入创新驱动政策的实施范围；科技金融政策、体制改革政策、科技人才政策等专业政策也影响产业创新；产业政策在推动产业升级方面发挥着重要作用，也是创新驱动政策的重要内容。

## 3.2 体育产业的创新驱动发展

### 3.2.1 体育产业的创新驱动发展机理

第一，创新驱动体育产业集群发展。产业集群不一定是地理上的集中，但必须是企业与相关机构通过经济利益形成的相互联系的网络（Shilbury David, 2000）①。体育产业集群不仅包括区域产业集群，而且还包括虚拟产业集群。其中，区域产业集群多适合于体育用品制造业，区位优势、政府支撑、产品价值链、技术创新是影响体育产业区域集群形成的关键因素（巢旭，2010）②。技术创新促进了体育用品制造基地的形成（Cristiano, Christian, 2005）③。虚拟产业集群多适合于体育服务业，虚拟集群是一种基于网络的、以现代信息和通信技术为主要交流手段，以共同主导、发展、创新和利用技术标准为内容和目的的相互关联的企业与组织在虚拟空间的聚集（孙耀吾，贺石中，2005）④。在网络空间中，社会认同成为知识转移产生及组建成网的根本原因（Bond, etc., 2008）⑤，

---

① Shilbury David, Considering future sport delivery systems [J]. Sport Management Review, 2000, 3 (2): 199-221.

② 巢旭. 基于结构方程的体育产业集群影响因素模型研究 [D]. 上海：上海体育学院硕士学位论文，2010.

③ Critiano Ciappei, Christian Simoni. Drivers of new product success in the Italian sport shoe cluster of Montelluna [J]. Journal of Fashion Marketing and Management, 2005, 9 (1): 20-30.

④ 孙耀吾，贺石中. 论技术标准合作与高技术企业集群虚拟化发展 [J]. 软科学，2005 (5): 80-82.

⑤ Bond III E. U., Houston M. B., Tang Y. H., Establishing a high-technology knowledge transfer network: the practical and symbolic roles of identification [J]. Industrial Marketing Management, 2008, 37 (6): 641-652.

社会网络结构形态成为影响集群成员行为的重要因素（Liu，2010）①，集群公共网络治理的协调机制就显得更加重要（Cristofoli，etc.，2012）②。

创新驱动是推进产业集群升级的核心机制（王来军，2014）③。贸易协会和当地政府对产业集群的构建具有重要作用（Hashino，Otsuka，2013）④。当前，我国政府主要通过体育服务综合体建设、运动休闲小镇建设、体育产业示范基地建设来推进体育产业集群发展。截至 2020 年 3 月，国家体育总局已经认定 57 个国家体育产业示范基地。随着国家体育产业示范基地规模的持续扩大，它们已经成为全国体育产业发展的引领者和示范区。2017 年，国家体育总局初步在全国选定了 96 个运动休闲特色小镇建设试点项目，掀起运动休闲特色小镇建设热潮，它们在新型城镇化和健康中国建设、脱贫攻坚中发挥着重要作用。2013 年，国家体育总局等八部委联合印发《关于加强大型体育场馆运营管理改革创新提高公共服务水平的意见》，掀起把体育场馆打造为体育服务综合体的建设热潮。这些举措是制度创新、战略创新、政策创新、服务创新、业务创新的成果集成，对吸引政府支撑、确定项目区位优势、优化产品价值链等都有积极的作用。

在信息技术广泛应用的背景下，体育企业的聚集不再限于同一空间区域内，也可能发生在网络空间中。体育虚拟产业集群建设有赖于体育领域“互联网+”工程的推进。体育产业要结合自身优势和特色，在不同领域内找到与互联网结合的突破口，培育和提升其竞争优势。基于闫俊周（2016）⑤ 的观点，可以通过“互联网+体育产业”找到新的经济增长点，形成新的商业模式，可以通过互联网为体育产业注入新的活力，抢占产业发展的制高点，构筑体育产业竞争新

① Liu C. H. The effects of innovation alliance on network structure and density of cluster [J]. Expert Systems with Applications，2010，38（1）：299-305.

② Cristofoli D，Markovic J，Meneguzzo M. Governance，management and performance in public networks：how to be successful in shared-governance networks [J]. Journal of Management & Governance，2012（10）：254-265.

③ 王来军. 基于创新驱动的产业集群升级研究 [D]. 北京：中共中央党校博士学位论文，2014.

④ Hashino T. Otsuka K. Cluster-based industrial development in contemporary developing countries and modern Japanese economic history [J]. Journal of the Japanese and International Economies，2013（30）：19-32.

⑤ 闫俊周. 新常态下战略性新兴产业创新驱动发展的路径选择 [J]. 企业经济，2016（5）：147-151.

优势。

第二，创新驱动体育产业融合发展。作为一种新的经济现象，产业融合是市场经济作用和信息技术变革的必然产物（辛欣，2013）①。产业融合是不同产业或同一产业内的不同业态在技术融合、产品融合、市场融合或者组织融合的基础上相互交叉、相互渗透，逐渐融为一体，形成新的产业属性或新型产业形态的动态发展过程。在技术层面上，产业融合是在技术驱动的作用下，新科学技术的应用跨越传统的行业界限，实现技术共享，并使用通用技术共同成长的过程（Bierly，Chakrabarti，1999）②；产业融合在产品层面上是指以产品为基础形成的互补性融合与替代性融合（Nils Stieghtz，2003）③，是将各自独立的产品采用数字技术进行的整合（Yoffie，1997）④；产业融合从市场视角度看是指产业在市场准入障碍消除和产业界限的汇合与流通现象（Lind，2005）⑤。产业融合伴随着现有价值链的解体、产业边界的变化及新竞争空间的创造（Haeklin etc.，2005）⑥。产业融合不仅发生在体育旅游产业，而且在以信息技术为核心的高新技术快速发展和扩散背景下，产业融合发生在体育产业的所有领域，既有体育产业内的融合，也有体育产业与其他关联产业的融合。产业融合具有创新性优化效应、竞争性结构效应、组织性结构效应、竞争性能力效应、消费性能力效应、区域效应（胡汉辉，邢华，2003）⑦，对推进体育产业高质量发展具有深刻的意义。

在国家创新体系中，企业是最重要的创新主体。对于企业而言，技术创新改

① 辛欣．文化产业与旅游产业融合研究：机理、路径与模式［D］．开封：河南大学硕士学位论文，2013.

② Bierly，P.，& Chakrabarti. A. K. Managing through industry fusion［M］//Brockhoff，K. The dynamics of innovation：strategic and managerial implications. Berlin：Springer，1999：7-26.

③ Nils Stieghtz. Industrial convergence：the evolution of the handheld computers market［M］. Aldershot：Edward Elgar Publishing Limited，2003.

④ Yoffie D B. Introduction：chess and competing in the age of digital convergence［C］. Yoffie D B. Competing in the age of digital convergence. Boston，1997.

⑤ Lind Jonas. Ubiquitous Convergence：market redefinitions generated by technological change and the Industry Life Cycle［R］. Paper for the DRUID Academy Winter 2005 Conference，2005.

⑥ Haeklin F.，Niklas Adamsson，Christian Marxt，Margareta NorelL. Design for convergence：managing technological partnerships and competencies across and within industries［R］. International Conference on Engineering Design ICED 2005 Melbourne，2005（8）：15-18.

⑦ 胡汉辉，邢华．产业融合理论及其对我国发展信息产业的启示［J］．中国工业经济，2003（2）：16-21.

变传统产业边界（Bernd，2001）①，是体育产业融合的主要动力；观念创新通过技术进步和管制放松来使产业跨过边界实现融合成为现实，也是体育产业融合不可忽视的动力。与此同时，来自企业外部的市场作用力，也是推动体育产业融合的重要动力。具体而言，管制放松会导致体育产业融合发展环境改变并最终促进体育产业融合；经济全球化背景下日益激烈的市场竞争环境加速体育产业要素在全球范围内的重新配置，从而推动了体育产业融合的出现和体育产业组织的创新；体育产业融合通过融合后的新产品和新服务来满足人们对更高层次体育产品与服务的市场需求和心理需求（Bernd，2001）②。

第三，创新驱动体育产业结构升级。创新是促进体育产业结构优化升级的重要推动力量，是有效汲取、掌控和革新现有技术，实现产业发展的过程（Uttethack，1994）③；是实现价值增值的过程；也是持续探寻、了解和发挥创新要素，获取创新动力，引发市场功能结构变化的动力（Charles，etc.，2001）④。通过优化创新生态环境，树立科学的创新理念和思维，可以推进理念创新、技术创新、产品创新、工艺创新、制度创新、组织创新、生产要素创新、管理模式创新等，提高生产技术水平、产品质量和竞争力，刺激成果转化与完善的技术供给，提高产品的科学技术含量和产业的科技使用率，推动产业高端化，最终实现产业结构优化升级（张先进，2017）⑤。通过科技创新促进技术进步和新旧产业更替；通过需求创新促进新兴消费市场形成；通过管理创新促进要素市场结构再平衡和企业资源再整合；通过发展循环经济促进绿色经济发展，实现体育产业结构优化升级。产业创新是在产业发展过程中不断吸收、选择、整合创新资源的过程，以实现产业价值提升、促进产业结构高度化。产业科技创新由市场需求、创

① Bernd W. Wirtz. Reconfiguration of value chains in converging media and communications media and communications market [J]. Long Range Planning，2001，34（4）：489-456.

② Bernd W. Wirtz. Reconfiguration of value chains in converging media and communications media and communications market [J]. Long Range Planning，2001，34（4）：489-456.

③ Uttethack J. M. Mastering the dynamics of innovation [M]. Boston：Harvard Business School Press，1994：36-82.

④ Charles W. L. Hill，Gareth R. Jones，Melissa A. S. Strategic management：theory：an integrated approach [M]. Boston：Houghton Mifflin Company，2001.

⑤ 张先进．创新驱动：中国供给侧结构性改革的动力与保障 [J]. 改革与战略，2017，33（5）：12-15.

新组织和竞争环境构成（惠宁等，2014）①。

第四，创新驱动是体育产业发展的动力源泉。创新驱动是产业发展的复杂动态系统。创新驱动可以开拓新的产业，扩充产业链，扩大产业规模，提高产业结构，促进经济快速发展。技术革新是创新驱动的中心因素，是促进旧产业和新产业交换的重要因素（P. A. Geroski，1995）②。技术创新推动了新产品研发、生产工艺改进，相关成果的市场化应用，推动落后技术的淘汰和新兴产业的形成（Uttethack J. M.，1994）③。通过科技创新实现技术进步，生产出技术含量更高的、新颖性更强的新产品，并通过其产业化和市场化，满足市场的需求，培育新产业；新技术的产业化和市场化逐步促进产业规模扩张，加剧了新旧产业市场竞争和新旧技术更替，推动产业发展和产业升级（Kleeper S.，2002④）。通过新产业链的革新，能够推动体育产业链有效延伸，带动上游、下游产业发展；通过技术创新的溢出效应，增强市场竞争和技术交换动能，为新产业发展创造条件；通过产业科技创新，扩大新产品的市场认识以及体育产业发展的市场空间。

产业发展取决于技术进步的推动作用，产业革命必须以技术革命为前提（陈爱容，1986）⑤。科技创新和体育产业的发展互相影响。科学技术创新是体育产业结构升级的推动力。通过科学技术和市场需求的供给，体育产业链可以扩展到具有高技术内容和高附加值的领域，以实现体育用品和服务升级。体育产业结构升级也对科学技术革新提出了新要求。以创新为主导的体育产业结构升级，是技术研发的开始和技术成果工业化的发展过程。在该过程中，科技创新和产业升级要求的科技创新能力，基本上决定了体育产业升级水平。体育产业结构升级还为科学技术革新提供了高技术基础和工业条件，并不断形成循环累积效应，以促进

---

① 惠宁，仇萌，李勃昕．论产业创新驱动的关联体系、构建内容及实现路径［J］．西北大学学报（哲学社会科学版），2014，44（5）：5-13.

② P. A. Geroski. What do we know about entry?［J］. International Journal of Industrial Organization，1995，13（4）：421-440.

③ Uttethack J. M. Mastering the dynamics of innovation［M］. Boston：Harvard Business School Press，1994：36-82.

④ Kleeper S. Firm survival and the evolution of oligopoly［J］. The RAND Journal of Economics，2002，33（1）：37-61.

⑤ 陈爱容．科学革命、技术革命、产业革命的相互作用及其社会效益［J］．现代哲学，1986（3）：55-58.

体育产业的高效和结构优化。

### 3.2.2　体育产业的创新驱动发展路径

我国体育产业发展起步较晚、创新投入不足、竞争力不强。因此，应在体制上予以重视，扩大研发投入，推进体育产业创新。通过科学技术进步提高体育资源利用效率、体育产业生产效率，拓展体育产业价值链与提高体育产业价值，促进我国体育产业发展，改变体育产业供给结构不合理、供给质量不高、供给效率低下的局面（刘若霞，李宇飞，2015）①。

（1）构建体育产业协同创新体系，加强创新驱动机制建设

政产学研用协同创新是指企业、科研院所和高等学校投入各自的优势资源和能力，在政府、中介机构、金融机构、消费者等相关主体的协同支持下，协同开展创新活动。政产学研用协同创新可以有效整合各种创新资源，加快创新成果转化，提高创新效率（闫俊周，2016）②，是推进体育产业创新发展的有效手段。在创新驱动体育产业发展过程中，要确立体育企业在体育创新过程中的主体地位，让体育企业成为体育项目的创新主体以及体育产业创新投入和创新成果产业化的关键载体；要通过体制机制创新、政策引导，鼓励科研院所、体育社会组织、政府机构、金融机构、媒体机构等围绕体育产业关键技术开展深度合作，构建协同创新战略联盟，打造体育产业创新链。其中重点工作如下：①建立健全我国体育产业创新决策和管理创新体系，加强对体育创新工作的组织领导和统筹协调，加快体育产业各级技术中心平台建设，建成政产学研用体系；②制定有利于创新驱动体育产业发展的顶层规划和政策体系，进一步完善体育产业支撑体系，通过政策引导和提升政产学研用合作水平，形成创新驱动体育产业发展的合力（闫俊周，2016）③；③优化体育产业内外部科技资源配置，加快构建支持创新、鼓励创新、保护创新的模式与机制，强化重点领域创新投入，促进体育创新成果

---

①　刘若霞，李宇飞．我国新能源产业创新驱动发展路径研究［J］．科技进步与对策，2015，32（17）：73-77.

②　闫俊周．新常态下战略性新兴产业创新驱动发展的路径选择［J］．企业经济，2016（5）：147-151.

③　闫俊周．新常态下战略性新兴产业创新驱动发展的路径选择［J］．企业经济，2016（5）：147-151.

的转化与应用；④培育体育产业创新人才，注重人才培养和引进相结合（张蕾，2013）①。打造人才激励氛围，吸引国内外一流人才进入体育产业以破解体育技术难题，抓住重点领域并培养一批具有自主创新能力的体育产业技术创新领军人才。

（2）强化体育产业创新力度，加大创新投入

通过创新推动转型升级是解决体育产业发展深层次问题的根本途径。在“健康中国”与“体育强国”战略要求下，开展技术创新是破除资源和环境约束、改善体育服务的现实需要。通过科技、财税等政策的引导，激励企业增加研发投入力度，提升自主创新能力。在体育产业的各细分行业内，应大力实施技术创新，大力发展各种运动康复技术，大力发展体育装备制造业、体育媒体业；应完善体育产业创新驱动机制，强化人力、物力和资金的投入：①逐步确立以企业为主、政府为辅的创新机制（张蕾，2013）②，以市场需求为研发导向，政产学研用结合，以体育企业为投入主体，推进我国体育产业技术创新；②建立体育产业技术创新基金，定向支持体育产业技术创新，鼓励体育企业自主创新，激发体育企业创新能动性；③发挥各类国家级重点实验室和综合研究平台的作用，集中优势力量开展体育领域关键技术难题攻关，让体育产业早日成为具有国际领先水平的支柱产业，引领竞技体育再创辉煌；④增加体育行业的创新投资，形成科学、可持续的科技投资体系，调整和优化体育创新驱动投资的结构体系，加大体育康复、智能设备等领域的研发投资，加强数字制造和信息技术应用。

（3）促进体育产业集群建设，完善产业链结构

体育产业集群是指在一定区域内，体育产业高度集中并形成体育产业链的现象。体育产业集群可充分发挥产业的规模效应和聚集效应，通过技术创新、模式创新和管理创新，实现体育资源高效开发、体育价值深度挖掘；通过专业化的分

① 张蕾．中国创新驱动发展路径探析［J］．重庆大学学报（社会科学版），2013，19（4）：107-111.

② 张蕾．中国创新驱动发展路径探析［J］．重庆大学学报（社会科学版），2013，19（4）：107-111.

工与合作推进集群式创新，降低创新成本，提升创新效率（闫俊周，2016）①。在体育产业集群中，通过信息链、产业链、流通链、资本链、技术链与人才链，形成集群内的关联关系，产生创新能力的放大效果。为了实现体育产业的创新驱动发展，必须建立体育产业的完整创新链：①着力推进体育装备制造相关产业的技术革新，以智能装备、数字制造为主要突破口，推进体育用品制造业提档升级和体育场馆智能化，为体育产业发展提供硬件支撑；②强化体育赛事转播、直播技术创新，促进体育赛事 IP 价值开发，推进有偿观赛、有偿转播与直播，从根本上理顺体育赛事价值链，促进体育赛事的价值开发，形成一体化的体育产业创新链；③通过体育企业的战略性调整与重组，推动体育企业跨地区、跨所有制兼并与联合，发展一批核心竞争力明显、主导产品优势突出、具有生态型商业模式的大型体育企业集团；④以政府规划引领资源整合，以创业孵化推进产业聚集，以示范表彰和赛事举办推进提质增效，抓实运动休闲小镇、体育产业示范基地、体育旅游示范区建设，推进体育服务综合体建设。

（4）加强体育产业国际合作，建立长效合作交流机制

体育产业国际合作是以体育交流、体育文化为基础，覆盖产业合作、人才合作、技术合作等内容的全方面合作。应从以下方面推进体育产业国际合作：①以运动项目为载体，建立以体育协会为主导力量的国际体育交流体系，提高国际体育话语权，促进民族传统体育项目的国际传播与交流，建立以民族传统体育项目推广、交流为载体的新话语体系；②进一步丰富体育外交的价值，体育外交不限于国际体育文化交流，应以国际体育文化交流为核心，突破体育本体，致力于推进文化的输出、价值的输出、产品的输出、品牌的输出、技术的输出、服务的输出，形成以体育为载体的“带货”出口新渠道和国际产业经济协同新平台；建立政府主导的体育产业标准、组织性合作和交换机制，并从成熟的经验、科技创新和产业模式中借鉴学习。根据需要，中国体育产业博览会可以通过支持技术采购，加强海外合并与收购，通过共同开发以得到产业发展所需的主要技术。以赛事版权交易、国际球员转会、国际体育大会、国际代言、国际体育论坛等重要内容支撑体育服务产业的国际合作。

① 闫俊周．新常态下战略性新兴产业创新驱动发展的路径选择［J］．企业经济，2016（5）：147-151.

（5）创造有利于体育产业创新的体制机制，营造有利于产业创新的环境

通过强化创新管理来实现创新管理理念和制度，突破体制机制约束，优化体育产业创新网络体系，为体育产业的发展营造良好的创新发展环境（闫俊周，2016）①。营造有利于体育产业创新的环境，重点在于进一步明确政府职能和行为定位，提升其公共服务能力和水平。对于体育主管部门而言，政府采购、产业扶持等方面应向创新产品、创新企业倾斜，特别是对创新创业的扶持应该纳入体育产业引导资金的扶持范围；体育场馆建设、体育服务综合体建设、体育小镇建设、全民健身工程建设等应积极推动创新产品的应用，把体育基础设施建设打造成为新产品、新基建、新技术、新工艺应用的示范平台。创新驱动的实施离不开良好的创新环境，仅依靠私人组织或非营利机构无法保障创新的可持续性。比利时、法国、德国、美国等国的经验表明（Brown，etc.，2016②；Czarnitzki，Hussinger，2018③；Hottenrott，Lopes-Bento，2014④；Shin，Kim，2010⑤），政府是推进创新的重要主体。政府致力于改善创新基础设施，培育创新市场环境，有效地促进市场作用的发挥，尤其需要进一步发挥政府的创新引导功能，提升公共服务能力与水平，营造公平有序的创新环境，推动产业创新主体之间的有效协同，实现协同创新（吴建南等，2015）⑥。

### 3.2.3 体育产业的创新驱动发展平台

作为推动创新理论走向实践的重要途径（邓衢文等，2009）⑦，创新平台是

---

① 闫俊周．新常态下战略性新兴产业创新驱动发展的路径选择［J］．企业经济，2016（5）：147-151.

② Brown，J. R.，Martinsson，G.，Petersen，B. C. What promotes R&D? Comparative evidence from around the world［J］. Research Policy，2016，46（2）：447-462.

③ Czarnitzki，Hussinger. Input and output additionality of R&D subsidies［J］. Applied Economics，2018，50（12）：1324-1341.

④ Hanna Hottenrott，Cindy Lopes-Bento.（International）R&D collaboration and SMEs：the effectiveness of targeted public R&D support schemes［J］. Research Policy，2014，43（6）：1055-1066.

⑤ Inyong Shin，Hyunho Kim. The effect of subsidy policies on the product quality improvement［J］. Economic Modelling，2010，27（3）：687-696.

⑥ 吴建南，郑烨，徐萌萌．创新驱动经济发展：美国四个城市的多案例研究［J］．科学学与科学技术管理，2015，36（9）：21-30.

⑦ 邓衢文，李纪珍，褚文博．荷兰和英国的创新平台及其对我国的启示［J］．技术经济，2009（8）：11-16，103.

指以产业为切入点，汇聚整合知识、信息、技术、政策等创新资源与要素，充分利用和激活各类创新资源，推进技术创新的重要载体。创新平台包括产业集群创新平台和国际合作创新平台。产业集群创新平台、公共服务创新平台、科技创新投融资平台是实施创新驱动发展战略的重要平台（陈曦，2013）①，这些平台也是体育产业发展的重要载体，在推进创新要素集聚、激活创新资源、促进创新成果转化等方面发挥着重要的作用，为体育产业转型升级和可持续发展提供物质支撑和有力保障。

1. 体育产业集群创新平台

体育产业集群创新平台是指在体育产业聚集地区建立有针对性的服务于本地区体育相关企业，供其拓展生存空间、解决发展问题的公共服务体系。例如，体育产业园区、体育产业基地、体育特色小镇、体育服务综合体等都是重要的体育产业集群创新平台，这些平台有利于促进创新要素的集成、协同和整合，促进创新成果扩散，推进创新成果商品化、产业化和国际化，为体育产业升级创造良好的条件。其中，高科技园区、高新技术产业园区等对体育产业创新发展、实现体育产业转型升级的贡献更加突出，这些园区借助高科技产业化运行机制，包括清晰的产权制度、科学的产学研合作制度、风险投资制度和完善的市场竞争制度，能够有效推进知识、人才、信息、技术等创新要素在一定区域内聚集，并为创新要素价值开发提供了良好的空间载体。

2. 体育公共服务创新平台

相对于体育产业集群创新平台，体育公共服务创新平台不受地域、产业的限制，甚至可以通过网络构建虚拟平台。体育公共服务创新平台是以政府为主导，企业、高校、科研院所、行业协会等共同参与，依托第三方机构建立起来的共享服务平台，主要为技术资源、研究开发、技术转移共享等提供技术性服务。体育产业研究基地（例如，清华大学体育产业研究基地、北京大学体育产业研究基地等）、体育技术创新联盟（例如，中国体育科技创新产业联盟、公共体育设施产业技术创新战略联盟、新型健身器材产业技术创新战略联盟、国家运动员大健康

---

① 陈曦．创新驱动发展战略的路径选择［J］．经济问题，2013（3）：42-45.

产业技术创新战略联盟)、体育博览会（例如，体育用品博览会、体育文化博览会）等都是重要的体育公共服务创新平台，这些平台为技术交换和技术交易提供服务，提高体育技术市场的信息服务水平，进一步完善体育产业孵化功能，营造良好的创新培育环境，有利于体育创新成果扩散、体育资源整合、体育产学研合作等。

3. 体育创新投融资平台

在创新过程中，研发资金一直是创新驱动的主要短板和瓶颈，为此，体育创新投融资平台在推进体育企事业单位创新发展方面具有极其重要的作用，是推进创新资源与金融资源有效对接的重要载体。但是，当前我国体育创新投融资平台建设尚显不足。虽然国家体育总局已经与中国工商银行等六家金融机构签订了合作协议，为体育产业增加了银行授信额度，支持建造健身和休闲设施、打造体育产业园区、运动休闲特色小镇、体育服务综合体，打造全新的体育赛事和活动，培育体育产业市场主体等。但是引导体育创新成果转化、孵化和产业化运作还需要被纳入金融支持的重点领域；政府也应加大对体育创新的投入，奖励体育科创企业；扶持高新技术和重点技术的创新创业应该被纳入体育产业引导资金的重点支持领域。

通过减少企业创新活动的风险，政府的创新政策可以提高企业的积极性，提高企业的创新能力。企业创新能力主要包括经营决策能力、人才培养能力、科技成果转换能力、研发能力、生产制造能力、市场开发能力（连燕华，1999)①。创新政策支持是激励企业进行创新活动并为这些创新活动提供保障的影响因素，正是政府创新政策促进着企业长期开展创新活动。

## 3.3 体育产业创新发展的政策激励

### 3.3.1 体育产业创新发展的政策激励机制

创新活动对于国家的重要性不限于提升技术能力，更在于改善经济、促进文

① 连燕华. 技术创新政策体系的目标与结构 [J]. 科学学研究，1999，17 (3)：30-36.

化进步与教育发展。创新驱动政策支持、引导、激励企业开展创新活动，对激励企业创新、提升创新能力、引领创新潮流具有极其重要的意义。创新政策由科技政策与产业政策结合而成（Rothwell，Zeveld，1985）①，是政府提高创新能力最有力的政策工具（汪凌勇，杨超，2010）②。科技政策包括教育投入、专利保护、学科基础设施建设等政策，产业政策包括税收激励、鼓励投资、市场开放、行业准入、行业标准等相关政策（Rothwell，Dodgson，1992）③。从政策工具的视角看，创新驱动政策包括需求面政策、供给面政策和环境面政策（陈宝明，2013④；Rothwell，Zegveld，1981⑤）。供给面政策、需求面政策、环境面政策对推动创新、营造环境、促进需求等具有重要作用（Shyu，etc.，2001）⑥。机制就是一种系统运行的、动态的、带规律性的模式（许萧迪，王子龙，2003）⑦。体育产业创新发展的政策激励机制是指政府通过一系列创新驱动政策工具驱使体育产业创新系统内各主体要素、各子系统之间相互联系的原理和方式。

### 3.3.1.1　需求面政策的作用机制

需求面政策是影响企业创新活动的直接因素。需求面政策工具主要作用于市场，通过公共采购与服务外包、首件采购、价格补贴、对外承包、贸易管制、海外机构管理与外贸服务、消费补贴、鼓励跨域合作（侯继虎，2019）⑧、技术标准等政策工具，降低创新成果进入市场所面临的风险，激励市场主体的创新需

---

① Rothwell R.，Zegveld W. Reindustrialization and technology [M]. Essex：Londman Group Limited，1985.

② 汪凌勇，杨超．国外创新政策评估实践与启示 [J]. 科技管理研究，2010（15）：28-31.

③ Rothwell R.，Dodgson M. European technology policy evolution：convergence towards SMEs and regional technology transfer [J]. Technovation，1992，12（4）：223-238.

④ 陈宝明．进一步引导北京企业成为创新主体的对策研究 [J]. 科学管理研究，2013（6）：71-74.

⑤ Rothwell R.，Zegveld W. Industrial innovation and public policy：preparing for the 1980s and the 1990s [M]. London：Frances Pinter，1981.

⑥ Shyu J Z.，Chiu Y C.，You C C. A cross-national comparative analysis of innovation policy in the integrated circuit industry [J]. Technology in Society，2001，23（2）：227-240.

⑦ 许萧迪，王子龙．技术创新的动力机制研究 [J]. 科技与管理，2003（5）：131-133.

⑧ 侯继虎．江浙沪创新驱动发展的政策文本研究——基于政策工具与创新过程双重视角 [J]. 科学管理研究，2019，37（2）：93-98.

求，从而拉动企业技术创新和新产品开发，形成创新驱动的市场拉动力（张韵君，2012）①。政府首件购买政策、政府购买公共服务政策、政府购买技术服务政策等，借助激励驱动机制，对企业技术创新活动带来的需求导向作用推动企业开展创新（周海泰，林映华，2016）②。

政府采购是指对一个设计或生产尚不存在的，且需进一步技术开发的产品或服务的购买（Edquist，Hommen，2000）③，主要包括支持中小企业自主创新的政府采购政策、首购和订购政策、绿色创新产品采购政策和支持自主创新的技术标准政策等，R&D 采购和创新产品采购是其重要内容（宋河发，张思重，2014）④。政府采购具有激励自主创新的作用（吴静等，2011）⑤，一方面其可以解决政府的技术、产品与服务需求问题，另一方面可以拉动新产品、新技术的市场需求，激励企业创新活动的开展（杨东奇等，2009）⑥。作为一种宏观政策调控手段，政府采购可以刺激高技术产品需求，影响创新产品的市场需求量（王铁山，冯宗宪，2008）⑦。政府的侧重性选择可以控制企业的研发产品结构，并发布市场信号，迫使企业不断改进，以满足政府的需求，促进国家关键高科技产业的发展，改善我国高科技企业的竞争力（叶伟巍，郑锦宜，2007）⑧。政府采购对创新的最重要作用在于公共部门作为用户能够有效降低供方的创新风险（王

---

① 张韵君．政策工具视角的中小企业技术创新政策分析［J］．中国行政管理，2012（4）：43-47.

② 周海泰，林映华．政府支持企业科技创新市场主导型政策构建研究［J］．科学学与科学技术管理，2016，37（5）：3-16.

③ Edquist C.，Hommen L. Public technology procurement and innovation theory［M］// Edquist C.，Hommen L.，Tsipouri L. Public technology procurement and innovation. Boston：Kluwer Academic Publishers，2000（16）：5-70.

④ 宋河发，张思重．自主创新政府采购政策系统构建与发展研究［J］．科学学研究，2014，32（11）：1639-1645.

⑤ 吴静，周曼，白志远．政府采购扶持自主创新研究文献综述［J］．中国政府采购，2011（4）：75-78.

⑥ 杨东奇，朱建新，刘茂长，等．高新技术企业自主创新环境研究［M］．北京：科学出版社，2009.

⑦ 王铁山，冯宗宪．政府采购对产品自主创新的激励机制研究［J］．科学学与科学技术管理，2008（8）：126-130.

⑧ 叶伟巍，郑锦宜．激发高技术企业自主创新的政府采购制度研究［J］．科学学研究，2007（A01）：101-105.

俊，2010①）。此外，政府采购新产品可以大大改善新产品的人气和影响，引导其他社会实体的采购行为，形成资源导向机制，使企业、个人投资者和消费者购买创新产品（周海泰，林映华，2016）②。体育是民生、绿色产业，更是新兴产业，其产业特征决定了支持中小企业自主创新的政府采购政策、首购和订购政策以及绿色创新产品采购政策等对体育产业创新发展尤其适用和重要。

技术标准化能够促进创新成果的应用扩散，进而影响着企业能够在技术进步中获取到的利益（李再扬，杨少华，2003）③；能够提高技术水准，促进企业在研发、生产、销售等环节从严把关，进而促进企业的创新活动，提升其创新产出；能够降低企业的生产成本，提高企业工艺水平、服务水准，为企业规模生产提供保障，间接提升其他产品的利润；技术性贸易壁垒已经逐渐成为发达国家保护本国企业的主要手段（Porter，1990）④，政府可以通过扩大贸易出口来推进企业的创新活动，提高创新成果，提高企业的国际竞争力；提升技术标准能够使政府引领市场需求向高端化、精致化、时尚化、超强体验感的方向发展，迫使企业采用更严的技术标准，进而拉动企业的创新活动。在世界贸易一体化的背景下，特别是中国加入 WTO 之后，在一定程度上要求谨慎使用政府购买政策以回避贸易保护之嫌。为此，适应中国国民人口学特征、民族传统体育发展的需要，构建中国特色的公共体育服务标准是当前优化需求面创新政策的重要突破口。强化公共体育服务标准建设，对于推进体旅融合、体教融合、体医融合、文体融合等具有极其重要的意义；对于提升国家体育话语权，促进体育文化输出具有极其重要的意义。

#### 3.3.1.2　供给面政策的作用机制

供给面政策是影响企业创新活动的直接因素。供给面政策工具主要作用于企

① 王俊．R&D 补贴对企业 R&D 投入及创新产出影响的实证研究［J］．科学学研究，2010，28（9）：1364-1374.

② 周海泰，林映华．政府支持企业科技创新市场主导型政策构建研究［J］．科学学与科学技术管理，2016，37（5）：3-16.

③ 李再扬，杨少华．GSM：技术标准化联盟的成功案例［J］．中国工业经济，2003（7）：89-95.

④ Porter M. E. The competitive advantage of nations［J］. Harvard Business Review，1990.

业，通过财政支持、人才培养、信息支持、科研基础设施建设（信息、仪器资源交流使用平台、产业园）、科研投入、公共服务、产业化资金支持、人才激励奖励、科技中介补贴奖励等（童毛弟，童业冬，2015）①，为企业的技术研发提供人才、资金、平台（包括科技创新与转化平台建设、数据库建设）等创新要素支持，从而丰富企业的创新资源，提高企业的创新能力，促进企业成功创新（李良成，于超，2018②；侯继虎，2019③）。研发补贴、科研经费支持、税收减免等创新政策借助激励驱动机制，能够在解决企业融资困难、风险担保、实现利润最大化等方面发挥直接作用，形成影响企业创新行为的推动力（周海泰，林映华，2016）④。

财政补贴是通过财政贴息、奖励金、研发补贴等方式给予企业直接的资金支持，特点是直接、便捷，具有提前性，政府研发补贴、政府引导资金、专项资助、信用担保等都属于其范畴（刘俊杰，2009）⑤。财政支持的重点聚焦在战略性、高风险、前沿性、应用性前沿技术项目（李左峰，张铭慎，2012）⑥以及高风险、高投入、投资周期长、高溢出等基础技术领域及重大公共性技术难题（杨立岩，潘慧峰，2003）⑦。政府资助能促进产品渐进性创新和新产品的开发式创新活动（Nola，Roper，2010）⑧。金融支援政策直接增加企业的研究与发展投资，

① 童毛弟，童业冬．金融深化、科技创新对产业结构升级的影响研究：基于江苏省1984—2013年的数据［J］．求索，2015（9）：88-91.

② 李良成，于超．基于内容分析法的广东省科技创新人才开发政策研究［J］．科技管理研究，2018（5）：50-56.

③ 侯继虎．江浙沪创新驱动发展的政策文本研究——基于政策工具与创新过程双重视角［J］．科学管理研究，2019，37（2）：93-98

④ 周海泰，林映华．政府支持企业科技创新市场主导型政策构建研究［J］．科学学与科学技术管理，2016，37（5）：3-16.

⑤ 刘俊杰．大庆高新技术企业自主创新环境评价及SD分析［D］．哈尔滨：哈尔滨工程大学博士学位论文，2009.

⑥ 李左峰，张铭慎．政府科技项目投入对企业创新绩效的影响研究——来自我国95家创新型企业的数据［J］．中国软科学，2012（12）：123-132.

⑦ 杨立岩，潘慧峰．人力资本、基础研究与经济增长［J］．经济研究，2003（4）：72-78.

⑧ Hewitt-Dundas Nola，Stephen Roper. Output additionality of public support for innovation：evidence for Irish manufacturing plants［J］. European Planning Studies，2010，18（1）：107-122.

共担企业创新的风险，刺激企业的创新欲望，提高企业的创新输出；对企业的财政支持可以吸引和带动社会、金融机构对企业创新活动的关注和支持，拓宽企业在创新方面的融资渠道，从而激励企业创新产出；通过提升科研院所的基础性研究产出，经过技术扩散与传播，为企业创新活动提供良好的技术支持，间接促进企业提升其工艺水平、新产品生产能力，增强其市场竞争力。通过公共研发支持可以提高企业的研发投入动力（Hoff，Stiglitz，1998）①，促进企业创新活动（Gullec，et al.，2003②；刘凤朝等，2013③），增强企业的自主创新能力，提高企业创新产出（Grupp，1997）④。

税收优惠实际上起到间接给予企业资金补助的作用（柳光强等，2015）⑤，其对企业的创新影响具有一定的滞后性，是一项能够激励企业研发活动的普适性政策工具，其作用机理在于政府一方面可以通过税收优惠减轻企业在创新活动早期的税务负担，间接给企业让渡利益，确保企业有更多的资金可用于创新活动，进而提升其创新投入（Bloom，et al.，2002）⑥；另一方面企业创新具有较大的风险，这样的风险会降低企业的创新意愿，而政府税收优惠能够分担企业的部分创新风险，激励其创新动力。所得税优惠与流转税优惠对上市公司技术创新投入有显著的激励效应（程曦，蔡秀云，2017）⑦，税收优惠政策对高新技术企业的

① Hoff K.，Stiglitz J. E. Moneylenders and bankers：price-increasing subsides in a monopolistically competitive market [J]. Journal of Development Economics，1998，55（2）：485-518.

② Guellec D.，Van Pottelsberghe De La Potterie B. The impact of public R&D expenditure on business R&D [J]. Economics of Innovation and New Technology，2003，12（3）：225-243.

③ 刘凤朝，姜滨滨，孙玉涛．基于机构-过程的公共 R&D 投入技术创新效应机理分析 [J]. 管理学报，2013，10（3）：420-428.

④ Grupp H. The links between competitiveness，firms' innovative activities and public R&D support in Germany：an empirical analysis [J]. Technology Analysis & Strategic Management，1997，9（1）：19-34.

⑤ 柳光强，杨芷晴，曹普桥．产业发展视角下税收优惠与财政补贴激励效果比较研究——基于信息技术、新能源产业上市公司经营业绩的面板数据分析 [J]. 财贸经济，2015（8）：38-47.

⑥ Bloom，Griffiths，Reenen. The Economics of Regulation of High Technology Industries [M]. Oxford：Oxford University Press，2002：207-223.

⑦ 程曦，蔡秀云．税收政策对企业技术创新的激励效应——基于异质性企业的实证分析 [J]. 中南财经政法大学学报，2017（6）：94-102.

研发效率有着显著的正影响（李彦龙，2018）①。企业创新过程中人力投入、科技投入、资金投入是最重要的三个环节，税收政策通过支持人力投入、科技投入和资金投入来推动企业整体的创新活动（方重，2010）②。税收政策通过向几个主要产业提供补贴和税收救济来实现创新引领作用，引导企业实施创新活动（周海泰，林映华，2016）③。

基础研发、人才环境、信息平台等是企业创新的重要环境因素，缺乏这些辅助资源可能导致创新失败（刘雯雯等，2009）④。政府可以通过中小规模的体育企业获取互补创新资源，并通过这些服务支持来提高创新效率（Qian，Chen，2011）⑤。高素质人才是企业提升创新能力的核心要素（徐彪等，2011）⑥。政府提供的人才教育、引进、培训等服务对改善创新能力有积极作用（李习保，2007⑦；徐彪等，2011⑧）；政府通过加大教育培训投入来培养更多的创新型人才，提升企业高水平创新人才的可获得性，为企业的创新活动开展营造了良好的人才环境（刘凤朝，冯婷婷，2011）⑨，进而激励了企业的创新产出。人才是创新的关键要素，引进高技术人才参加企业科技创新，可以不断实现现有技术的创新与更新，将知识转化为实用专利，所以人才激励政策对于提升企业创新专利数

① 李彦龙．税收优惠政策和高新技术产业创新效率［J］．数量经济技术经济研究，2018（1）：60-76.

② 方重．企业自主创新与税收政策相关性研究［D］．合肥：合肥工业大学博士学位论文，2010.

③ 周海泰，林映华．政府支持企业科技创新市场主导型政策构建研究［J］．科学学与科学技术管理，2016，37（5）：3-16.

④ 刘雯雯，杨震宁，王以华．科技园区差异性创新环境：地域要素的主效应和交互效应［J］．科学学研究，2009（4）：629-638.

⑤ Qian Q L.，Chen Y B. Technological Innovation and Regional Environment：The Case of Guangdong，China［J］. Procedia Earth and Planetary Science，2011，2（4）：327-333.

⑥ 徐彪，李心丹，张珣．区域环境对企业创新绩效的影响机制研究［J］．科研管理，2011，32（9）：147-156.

⑦ 李习保．区域创新环境对创新活动效率影响的实证研究［J］．数量经济技术经济研究，2007（8）：13-24.

⑧ 徐彪，李心丹，张珣．区域环境对企业创新绩效的影响机制研究［J］．科研管理，2011（9）：147-156.

⑨ 刘凤朝，冯婷婷．国家创新能力形成的系统动力学模型——以发明专利为能力表征要素［J］．管理评论，2011，23（5）：30-38.

的影响更大（邬龙，张永安，2013）①。当前，聚焦人体科学的相关工程专业人才培养不足，智能装备、运动医疗、大数据管理等工程技术人员相对较少，在一定程度上制约了体育产业创新发展能力，影响了体育企业创新能力。

企业的创新除了需要技术的发展，还依赖于服务体系、智力资本、销售渠道等创新资源的支持。许多具备高发展潜力的中小微企业正是由于无法获取及时且有效的社会化、专业化服务，最终可能错失市场机会（朱岩梅，吴霁虹，2009）②。政府作为支援中小企业的资金筹措实施机关，制定了以银行等金融机构为主体的优待金融政策，通过降低企业融资成本、优化融资渠道来破解体育企业创新资金融资难问题。较好的金融环境能够提升企业的创新能力进而影响企业成长（Brown，et al，2004）③。对企业的专利研发补助金政策，其效率高于新产品补助政策；新产品所得税减免政策，其效率又高于专利补助政策。主要原因是企业要用政府补助金来平衡创新成本，减少企业的研发风险，提高企业的研发人才热情。因此，专利的数量大幅增加，并且证明了企业在革新初期阶段补助金的作用是最大的（唐德祥等，2008）④；因为税收优惠数额被直接包含在企业的利益里，所以不能进入研究发展和创新活动（李晨光，张永安，2014）⑤。

#### 3.3.1.3　环境面政策的作用机制

环境是影响企业创新活动的间接因素。为了创造激励企业创新的成长环境，保障创新主体的创新活动，通过加强基层设施建设、完善中介服务、强化知识产权保护、优化法规管理、推行策略性措施、推进企业运行规范、提供金融支持、

---

① 邬龙，张永安．基于SFA的区域战略性新兴产业创新效率分析：以北京医药和信息技术产业为例［J］．科学学与科学技术管理，2013（10）：95-102.

② 朱岩梅，吴霁虹．我国创新型中小微企业发展的主要障碍及对策研究［J］．中国软科学，2009（9）：23-31.

③ Brown J D.，Earle J S.，Lup D. What makes small firms grow? Finance，human capital，technology assistance，and the business environment in Romania［R］. IZA Discussion Paper Series，2004.

④ 唐德祥，李京文，孟卫东．R&D对技术效率影响的区域差异及其路径依赖：基于我国东、中、西部地区面板数据随机前沿方法（SFA）的经验分析［J］．科研管理，2008（2）：115-121.

⑤ 李晨光，张永安．区域创新政策对企业创新效率影响的实证研究［J］．科研管理，2014（9）：25-35.

强化科技服务业激励与监管（侯继虎，2019）① 等环境面政策工具，引导企业良性竞争，从而激励更多技术创新、新产品开发与推广，形成政策对技术创新的影响力（李良成，于超，2018②；郭秀强，孙延明，2019③）。环境面政策工具影响科技创新的外部环境，通过营造有利于科技创新的外部环境，为技术创新、产品创新、服务创新、市场创新等科技活动提供有利的政策环境。环境面政策工具不涉及创新要素支持，也不涉及市场开发，但会间接激励、诱发和引导创新活动（李良成，2016）④。

企业创新活动存在资金筹措、资源整合、技术价格等方面的问题。为了解决这些问题，政府将通过改善金融机构和企业的合作基础，引导金融机构进入企业创新活动的资本市场、构建完善的创新保险体系等措施，增强企业自主创新能力。金融支持政策的作用机理在于一方面通过金融支持政策，从资本市场入手促进金融支持体系建设（秦军，2011）⑤，完善融资环境、拓宽融资渠道，为企业营造良好的融资环境；另一方面通过构建完善的创新保险体系，为企业规避和化解创新风险提供金融工具和制度安排（黄国平，孔欣欣，2009）⑥。科技保险政策通过支撑保障机制激励企业创新（周海泰，林映华，2016）⑦。

交通、通信和信息网络等基础设施为企业创新提供了基础条件（徐彪，李心丹，张珣，2011）⑧。基础设施建设政策的作用机理在于政府通过加大基础设施

---

① 侯继虎．江浙沪创新驱动发展的政策文本研究——基于政策工具与创新过程双重视角［J］．科学管理研究，2019，37（2）：93-98.

② 李良成，于超．基于内容分析法的广东省科技创新人才开发政策研究［J］．科技管理研究，2018（5）：50-56.

③ 郭秀强，孙延明．广东珠三角地区创新政策分析——基于科技型中小企业技术创新视角［J］．科技管理研究，2019（11）：55-62.

④ 李良成．政策工具维度的创新驱动发展战略政策分析框架研究［J］．科技进步与对策，2016，33（11）：95-102.

⑤ 秦军．科技型中小企业自主创新的金融支持体系研究［J］．科研管理，2011，32（1）：79-88.

⑥ 黄国平，孔欣欣．金融促进科技创新政策和制度分析［J］．中国软科学，2009（2）：28-37.

⑦ 周海泰，林映华．政府支持企业科技创新市场主导型政策构建研究［J］．科学学与科学技术管理，2016，37（5）：3-16.

⑧ 徐彪，李心丹，张珣．区域环境对企业创新绩效的影响机制研究［J］．科研管理，2011，32（9）：147-156.

建设，提高交通的便利性、网络通信的普及性，完善信息流通、货物流通、人员流通的机制，促进创新资源流动配置，增强企业创新能力，为企业创新活动的开展提供资源保障，激励企业的创新活动，增加企业的创新产出。

完备的知识产权保护制度能够促进市场环境规范化，保证企业的创新收益，提高企业前沿技术、核心技术的壁垒，进而提升企业的创新投资热情（Koh，Narasimhalu，Tan，2005）①、提高企业创新积极性（陈剑平，盛亚，2013）②。知识产权制度不仅为体育企业的技术创新提供了一种内在动力，而且还为体育企业创造了一个公平竞争的法治环境，对其技术创新具有重要的促进作用（罗晖，程如烟，2006）③。知识产权保护通过支撑保障机制，形成激励，减弱创新风险，推动企业技术创新活动进程（周海泰，林映华，2016）④。

科技中介一方面为企业的产学研合作提供信息、技术、金融、管理等资源支持；另一方面为企业科技成果转化提供知识产权、法律、产品示范等方面的帮助。科技服务政策的作用机理在于一方面支持科技中介组织的发展，为企业与市场之间进行知识交换和技术转移提供平台，促进科技成果产生与实现产业化；另一方面通过搭建政产学研用合作平台，为企业创新提供信息、技术、管理、金融支持等资源，有效降低企业的创新成本；此外，为企业的科技成果转化提供知识产权、法律等方面的帮助，化解企业创新风险，加快科技成果转化速度（杜军，2011）⑤。

### 3.3.2 体育产业创新发展的政策激励特征

创新驱动发展政策是一套复杂的系统，涉及政策工具维度、政策主体维度和

---

① Koh W T H., Narasimhalu D A., Tan W L. Innovation policies and technology management in Asia: lessons learnt and future challenges [J]. Technological Forecasting and Social Change, 2005, 72 (3): 249-254.

② 陈剑平，盛亚. 创新政策激励机理的多案例研究——以利益相关者权利需求为中介[J]. 科学学研究，2013，31（7）：1109.

③ 罗晖，程如烟. 加大基础研究和人才投资提高长远竞争力：《美国竞争力计划》介绍[J]. 中国软科学，2006（3）：158-160.

④ 周海泰，林映华. 政府支持企业科技创新市场主导型政策构建研究［J］. 科学学与科学技术管理，2016，37（5）：3-16.

⑤ 杜军. 黑龙江省装备制造企业自主创新支持系统研究［D］. 哈尔滨：哈尔滨工程大学博士学位论文，2011.

发展阶段维度，其中政策工具维度包括供给面政策、需求面政策和环境面政策；政策主体维度包括政府、企业、高校与研发机构、中介组织等；发展阶段维度包括基础研究、技术研究与开发、产业化与商业化等阶段（李良成，2016）①。在国家创新驱动发展战略体系下，创新驱动政策具有普适性，对各经济部门、各业态、各业务都会产生影响。在企业创新过程中，股东、竞争者、高管、员工、合作者、顾客、供应商等利益相关者对创新的需求存在异质性，因此，创新驱动政策对其影响也不尽相同。创新驱动政策效应形成的本质在于通过政策差异性地影响利益相关者的需求，来实现对利益相关者的创新激励。

#### 3.3.2.1 激励主体的异质性

需求面政策是政府通过采购与贸易管制等措施减少创新产品的市场不确定性，积极开拓新技术应用市场，从而拉动企业创新（Rothwell 和 Zegveld，1985）②。需求面政策措施以市场为载体，集中影响企业（股东）、竞争者与合作者（政府、科研院所以及海外机构等）等利益相关者。需求面政策通过影响股东、竞争者、合作者的“利益-权力”需求进而影响其创新投入行为（陈剑平，盛亚，2013）③。政府采购能对企业创新起到长期激励作用，提高其创新收益、降低其创新风险（Rothwell 和 Zegveld，1985）④。承接国际服务外包促进了承接企业的创新投入，并提高其创新能力，进而提升其绩效水平（崔萍，2010）⑤。东道主国企业的研发能力越强，其创新发言权越大，外商直接投资管制的技术溢出效应越显著，东道主国企业的自主创新绩效与其创新能力的提升也越快（王

① 李良成．政策工具维度的创新驱动发展战略政策分析框架研究［J］．科技进步与对策，2016，33（11）：95-102.

② Rothwell R.，Zegveld W. Reindustrialization and technology［M］. Essex：Londman Group Limited，1985.

③ 陈剑平，盛亚．创新政策激励机理的多案例研究——以利益相关者权利需求为中介［J］．科学学研究，2013，31（7）：1109-1120，1059.

④ Rothwell R.，Zegveld W. Reindustrialization and technology［M］. Essex：Londman Group Limited，1985.

⑤ 崔萍．承接服务外包对企业技术创新的影响——基于我国 IT 行业上市公司面板数据的实证研究［J］．国际经贸探索，2010，26（8）：47-51.

升，2008)①。为了普及创新成果，获得创新资源，企业要发挥技术转移、技术开发、基础研究的基本功能，设立海外研发机构，提高企业和合作伙伴的创新能力（柯银斌，康荣平，沈泱，2011)②。

供给政策是指政府通过人才、信息等的支援，改善技术创新相关要素的供给状况，从而推动技术创新和新产品开发（Rothwell 和 Zegveld，1985)③。技术创新是由各种利益相关者组成的革新网络的共同活动，一般的创新资源在广泛的利益相关者之间分散，通过所有利益相关者的资源投入行动，企业内的协调性革新最终形成。因此，有效的供给政策必然会对广泛分布的利益相关者集团产生影响。通过人才培养、资金支持、户籍落地等政策激励企业人力资源的创新热情，促进企业可持续创新（刘凤朝，孙玉涛，2007)④；加大对企业研究发展补贴力度有助于降低企业风险，促进企业加大创新投入，从而提高其创新能力（王俊，2010)⑤；通过提供共同研究、设备，引进顾问和信息平台，可以有效减少产业、大学和研究所之间的信息不对称性，扩大产学研究的效率（汤易兵，2006)⑥。所以，供给政策通过影响股东、竞争者、高管、员工与合作者的“利益-权力”需求进而影响其创新投入行为（陈剑平，盛亚，2013)⑦。

环境政策通过影响股东、竞争者的“利益-权力”需求进而影响其创新投入行为（陈剑平，盛亚，2013)⑧。环境政策是指政府通过金融、税制、法令等政

① 王升．FDI 影响我国企业模仿或自主创新机制分析［J］. 科学学研究，2008，25(A02)：492-499.

② 柯银斌，康荣平，沈泱．中国企业海外研发的功能与定位［J］. 经济界，2011（6）：22-31.

③ Rothwell R.，Zegveld W. Reindustrialization and technology［M］. Essex：Londman Group Limited，1985.

④ 刘凤朝，孙玉涛．我国科技政策向创新政策演变的过程，趋势与建议——基于我国 289 项创新政策的实证分析［J］. 中国软科学，2007（5）：34-42.

⑤ 王俊．R&D 补贴对企业 R&D 投入及创新产出影响的实证研究［J］. 科学学研究，2010，28（9）：1368-1374.

⑥ 汤易兵．促进产学合作政策工具：英，美与中国比较研究［J］. 科学学研究，2006，23（12）：131-135.

⑦ 陈剑平，盛亚．创新政策激励机理的多案例研究——以利益相关者权利需求为中介［J］. 科学学研究，2013，31（7）：1109-1120，1059.

⑧ 陈剑平，盛亚．创新政策激励机理的多案例研究——以利益相关者权利需求为中介［J］. 科学学研究，2013，31（7）：1109-1120，1059.

策影响技术开发的环境因素。它为产业提供了良好的革新政策环境，间接促进创新（Rothwell 和 Zegveld，1985）①。因此，环境政策目标以产业层面的利益相关者（股东和竞争者）为焦点。科学合理的税率、贴现率、固定资产折旧率、其他财政和征税政策是提高企业独立创新能力的重要因素，并进一步影响企业创新投资（范柏乃，班鹏，2008）②。专利制度通过提高模仿成本，减少企业研发风险、提高其创新收益，从而鼓励企业技术创新活动的开展，但是也会抑制技术扩散（张鹏，李新春，2002）③。合理的专利许可制度可以提高受让企业的技术创新能力（王元地，刘凤朝，潘雄锋，2012）④。

#### 3.3.2.2 激励效果的异质性

第一，政策激励效果随政策工具的不同而呈现差异化。与供给面政策不同，需求面政策更加充分地体现了政府与市场的相互嵌入（郭雯，刘爱，王胜光，2015）⑤。这个嵌入关系提供了市场信号和政府政策相互传达的机制。这使得政府能够随机做出决定，并且市场显示出政府和市场的共同进化，以应对政策开发的需要。供给方政策和环境政策可以促进企业提高创新能力，但需求方对其不具有重要影响（程华，李冬琴，杨永凤，等，2013）⑥。不同政策工具的影响程度排序为：研发补贴>人才激励>税收优惠>政府采购>服务外包（宋晨晨，张永安，王燕妮，等，2018）⑦。

---

① Rothwell R.，Zegveld W. Reindustrialization and technology [M]. Essex：Londman Group Limited，1985.

② 范柏乃，班鹏. 基于 SD 模拟的企业自主创新财税政策激励研究 [J]. 自然辩证法通讯，2008，30（3）：49-56.

③ 张鹏，李新春. 专利制度与技术创新之间关系的思考 [J]. 自然辩证法研究，2002（6）：1821-1830.

④ 王元地，刘凤朝，潘雄锋. 专利技术许可与中国企业创新能力发展 [J]. 科学学研究，2012，29（12）：1821-1828.

⑤ 郭雯，刘爱，王胜光. 创新驱动的市场形成与需求侧政策 [J]. 中国科学院院刊，2015（5）：626-631.

⑥ 程华，李冬琴，杨永凤，等. 技术创新政策力度对企业创新绩效的影响研究 [J]. 浙江理工大学学报，2013（5）：770-773.

⑦ 宋晨晨，张永安，王燕妮，等. 区域科技创新政策响应机理分析与仿真研究——基于中关村国家自主示范区数据 [J]. 科技进步与对策，2018（11）：126-133.

政府采购政策与财政激励政策、风险资本政策、专利保护政策等是同样重要的创新政策工具（陈劲，2013）①。政府采购政策的创新激励效果比供给面政策更有效（Geroski，1990）②，这得益于政府采购政策具有严谨的制度设计、有效的激励机制和严格的执行措施（Rolfstam，2007③）。政府采购对创新的激励具有长期性（Rothwell，1984）④，是一个比研发投入更为有效的创新激励工具（多恩布什，2003）⑤。拥有政府补助比只享受税收优惠的企业在科技成果的市场转化上更易取得成功（Berube，Mohnen，2009）⑥。

税收优惠、财政补贴、融资优惠和政府服务等四种手段均能促进中小微企业提升创新水平，但它们的激励效果具有差异。其中，财政补贴和政府服务对企业创新的激励效果相当，但优于融资优惠和税收优惠。优质公正的公共服务、完善的人才政策、协同创新平台等政府服务越来越受到中小微企业的青睐，服务型政府职能转型成为优化供给面创新政策的新突破口。在融资扶持方面，财政补贴对企业创新的激励效果最好，税收优惠对企业创新的激励效果次之，融资优惠对企业创新的激励效果更差。然而，财政补贴存在非平衡性，影响了其激励效果的普惠性，也就是无法让尽量多的企业受惠；当前，普惠性融资仍然缺乏，影响了其对企业创新的激励效果。为此，需加强普惠性融资政策供给，推进服务型政府职能转型：由过去财税支持体系逐渐向政府服务体系转变（陈越，于润，2019⑦；伦晓波，刘颜，杨竹莘，2017⑧）。

---

① 陈劲．科学、技术和创新政策［M］．北京：科学出版社，2013.

② Geroski P. A. Procurement policy as a tool of industrial policy［J］. International Review of Applied Economics，1990（2）：182-198.

③ Rolfstam. The utilities directive and how it might affect innovation：the case of innovative procurement of maritime radio technology［J］. Journal of Public Procurement，2007：435-460.

④ Rothwell R. Technology based small firms and regional innovation potential：the role of public procurement［J］. Journal of Public Policy，1984（4）：307-332.

⑤ 多恩布什．新制度经济学前沿：从新制度经济学角度透视［M］．北京：经济科学出版社，2003.

⑥ Berube，Mohnen. Are firms that receive R&D subsidies more innovative?［J］. Canadian Journal of Economics，2009，42（1）：207-223.

⑦ 陈越，于润．中小微企业创新的政府扶持研究——基于江苏 4980 家中小微企业数据的实证分析［J］．经济体制改革，2019（4）：110-118.

⑧ 伦晓波，刘颜，杨竹莘．我国中小微企业制度供给分析［J］．上海经济研究，2017（5）：71-75.

财政资助可以弱化企业的研发投资约束，激励其开展更多的创新活动，特别是在早期阶段的创新项目扶持中财政资助的作用是不可替代的（熊维勤，丁谦，2012）①。相比财政补贴政策，政府采购政策对企业创新激励效果更加明显（Geroski，1990）②。

政策采购和服务外包都可以优化企业资源配置，提高企业新产品收益，但是对提升企业专利数的贡献并不明显（张永安，耿喆，李晨光，王燕妮，2016）③。政府增加的专利保护对企业的研究发展投资没有重要的激励效果，但对企业的创新输出具有重要的激励效果。这表明通过加强专利保护，可以引导企业注意专利的价值，然后帮助企业通过较少的创新投资获得更大的利益（邢斐，2009）④。

第二，政策激励效果随企业规模的不同而呈现差异化。我国政府财政补助对大中型工业企业研发投入有显著的促进作用（朱平芳，徐伟民，2003）⑤。大型和中型创新企业的金融补贴可以打破企业的财政约束，因此它们可以着重于基础研究（李左峰，张铭慎，2013）⑥。中小微企业的创新活动往往面向市场而非基础研究性研发，而这些创新活动常常受到资金匮乏的影响，以致政府补助对小微企业的创新激励效果更为显著。由于税收优惠的作用是事后激励，具有滞后性，难以成为中小微企业创新的直接动机，相对于大中型企业，中小微企业的决策者更倾向于保守策略，从而偏好选择财政补贴。政府采购和大学知识溢出对企业创新都有激励作用，并且政府采购对于一些欠发达地区中小企业创新激励效果更加

---

① 熊维勤，丁谦．早期阶段创新项目的财政资助政策研究［J］．科研管理，2012（6）：24-30.

② Geroski A. Procurement policy as a tool of industry policy［J］. International Review of Applied Economics，1990，4（2）：182-198.

③ 张永安，耿喆，李晨光，王燕妮．区域科技创新政策对企业创新绩效的影响效率研究［J］．科学学与科学技术管理，2016，37（8）：82-93.

④ 邢斐．加强专利保护对我国创新活动影响的实证研究［J］．科学学研究，2009，27（10）：1495-1499.

⑤ 朱平芳，徐伟民．政府的科技激励政策对大中型工业企业 R&D 投入及其专利产出的影响——上海市的实证研究［J］．经济研究，2003（6）：45-52.

⑥ 李左峰，张铭慎．政府科技项目投入对企业创新绩效的影响研究——来自我国 95 家创新型企业的证据［J］．中国软科学，2013（12）：123-132.

明显（Aschhoff 和 Sofka，2009）①。

第三，政策激励效果随企业属性的不同而呈现差异化。对于上市高新技术企业，税收激励比政府补助对研发投入的激励作用更大（马伟红，2011）②。政府补贴相比税收优惠对高新技术企业创新绩效具有更明显的积极作用（郑春美，李佩，2015）③。税收激励和服务外包在降低研究发展风险、优化资源分配、促进高新技术企业的经济利益和创新性能方面发挥重要作用（李晨光，张永安，2014）④。财政补贴对内资企业、外资企业的创新激励都有效，但是对内资企业的激励效果更加明显（江静，2011）⑤。政府科技项目投入对研究发展强度不同的企业创新效率的激励效应不同（李左峰，张铭慎，2012）⑥。企业自主创新能力越强，金融对企业自主创新能力的影响越大，金融体系的完善程度已经成为促进企业创新活动的重要因素（秦军，2011）⑦。

### 3.3.2.3　激励措施的耦合性

多种创新政策共同作用促进企业创新能力的提升（黄悦胜，2002⑧；武欣，2010⑨）。引导性政策和强制性政策的混合使用效果更好（张雅娴，苏竣，

① Aschhoff B.，Sofka W. Innovation on demand-can public procurement drive market success of innovation? [J]. Research Policy，2009，38（8）：1235-1247.

② 马伟红．税收激励与政府资助对企业 R&D 投入影响的实证研究——基于上市高新技术企业的面板数据［J］. 科技进步与对策，2011（17）：111-114.

③ 郑春美，李佩．政府补助与税收优惠对企业创新绩效的影响——基于创业板高新技术企业的实证研究［J］. 科技进步与对策，2015（16）：83-87.

④ 李晨光，张永安．区域创新政策对企业创新效率影响的实证研究［J］. 科研管理，2014（9）：25-35.

⑤ 江静．公共政策对企业创新支持的绩效——基于直接补贴与税收优惠的比较分析［J］. 科研管理，2011，32（4）：1-8.

⑥ 李左峰，张铭慎．政府科技项目投入对企业创新绩效的影响研究——来自我国 95 家创新型企业的数据［J］. 中国软科学，2012（12）：123-132.

⑦ 秦军．科技型中小企业自主创新的金融支持体系研究［J］. 科研管理，2011，32（1）：79-88.

⑧ 黄悦胜．中国中小企业技术创新政策与创新模式研究［D］. 长沙：中南大学博士学位论文，2002.

⑨ 武欣．国内外创新政策研究的评述［J］. 经济研究参考，2010（42）：45-53.

2001)①。承接国际服务外包促进了承接企业的创新投入，并提高其创新能力，进而提升其绩效水平，而政府补助在此过程中具有显著的促进作用（崔萍，2010)②。创新平台方针和组织系统方针是影响高科技地带创新驱动力的内部条件。为了适应创新发展不同阶段的要求，供给面政策、需求面政策、环境面政策措施要相互配合使用而非彼此替代（常静，2012)③。创新政策不能只注重供给方政策，而忽视需求方政策，两种政策应该均衡使用、协同发展。科技政策组合的一致性和均衡性仍然存在阶段性问题（刘宇佳，李春艳，孟维站，2019④)。创新驱动政策在激励产业创新发展过程中存在耦合效应，这就要求更多地关注“政策组合”。

“政策组合（policy mix）”揭示不同政策之间存在互动作用与相互依赖性，这些互动作用可以影响预期政策结果的落实程度（彭纪生，仲为国，孙文祥，2008⑤)。出自不同部门的政策进行组合对国家创新系统有着重要作用，多种政策组合供给效果优于某类单独政策（郭元源，葛江宁，程聪，段姗，2019)⑥。创新政策行动者、工具、机构之间的互动模式，使创新政策组合概念化，提出“谈判”和“妥协”等软政策通常能够更好地促进政策实施（Kieron，Elvira 和 Manuel，2011⑦)。科学技术革新政策总是提供创新的力量，或者起到补充作用。同时，在初期提供财政支持，减少企业研发资金负担，推进技术研究与发展，在

① 张雅娴，苏竣．技术创新政策工具及其在我国软件产业中的应用［J］．科研管理，2001（4）：65-72.

② 崔萍．承接服务外包对企业技术创新的影响——基于我国 IT 行业上市公司面板数据的实证研究［J］．国际经贸探索，2010，26（8）：47-51.

③ 常静．重视“需求侧”创新政策，完善新时期创新政策［J］．科技管理研究，2012（22）：31-34.

④ 刘宇佳，李春艳，孟维站．我国科技政策对高技术产业成长能力影响研究——基于单一政策和政策组合特征的分阶段实证检验［J］．工业技术经济，2019，38（6）：105-113.

⑤ 彭纪生，仲为国，孙文祥．政策测量、政策协同演变与经济绩效：基于创新政策的实证研究［J］．管理世界，2008（9）：25-36.

⑥ 郭元源，葛江宁，程聪，段姗．基于清晰集定性比较分析方法的科技创新政策组合供给模式研究［J］．软科学，2019（1）：45-49.

⑦ Kieron Flanagan，Elvira Uyarra，Manuel Laranja. Reconceptualising the “policy mix” for innovation［J］. Forthcoming in Research Policy，2011，40（5）：702-713.

中期通过加快商业化、税收激励等为促进工业化提供支援（周海泰，林映华，2016）①。技术创新政策正逐渐摆脱单纯依靠行政措施或其他单一政策措施实现政策目标的做法，而转向通过各种政策的协同来推动技术能力的提升（彭纪生，孙文祥，仲为国，2008）②。所以，“政策组合”激励企业创新成为一种新态势。

### 3.3.3 体育产业创新发展的政策激励效应

#### 3.3.3.1 创新驱动政策影响体育企业研发投入

（1）企业内在特征与研发投入

企业员工规模、发展年限、资产规模等企业内在特征决定其研发投入（Brown，Martinsson 和 Petersen，2017③；Huergo，Trenado 和 Ubierna，2016④）。与发达国家的大企业相比，我国体育产业是新兴产业，且新创企业、小企业和无形资产较少的企业占比较大。我国体育产业还面临着巨大的市场开发挑战和融资难的问题，这些抑制了企业的研发投入。对于规模较小、年轻化和技术密集型企业这些问题尤为突出（Atanassov，2015⑤；Brown，Martinsson 和 Petersen，2012⑥；Yung，2016⑦），所以我国体育企业更容易受到这些问题的影响。在此，

---

① 周海泰，林映华．政府支持企业科技创新市场主导型政策构建研究［J］．科学学与科学技术管理，2016，37（5）：3-16.

② 彭纪生，孙文祥，仲为国．中国技术创新政策演变与绩效实证研究［J］．科研管理，2008（4）：134-150.

③ Brown，J. R.，Martinsson，G.，Petersen，B. C.，What promotes R&D? Comparative evidence from around the world［J］. Research Policy，2017，46（2）：447-462.

④ Huergo E.，Trenado M.，Ubierna A. The impact of public support on firm propensity to engage in R&D：Spanish experience［J］. Technological Forecasting & Social Change，2016，113（PB）：206-119.

⑤ Atanassov，J. Arm's length financing and innovation：evidence from publicly traded firms［J］. Management Science，2015，62（1）：128-155.

⑥ Brown，J. R.，Martinsson，G.，& Petersen，B. C. Do financing constraints matter for R&D?［J］. European Economic Review，2012，56（8）：1512-1529.

⑦ Chris Yung. Making waves：to innovate or be a fast second?［J］. Journal of Financial and Quantitative Analysis，2016（51）：415-433.

基于前人文献成果，探讨财务约束、资产负债率、资产规模、人才规模和高新技术企业资质等企业内在特征对研发投资的影响。

财务约束会使企业研发投资远远低于社会最优投资水平，特别是在高科技行业（Brown，Martinsson 和 Petersen，2017）①。研发活动的投资回报周期长、投资风险高，且投资回报率具有高度不确定性。此外，研发成果容易过时或贬值。研发成果无法充当抵押物，且企业与外部投资者之间容易在研发过程及结果方面形成信息不对称。所以，企业很难通过外部渠道（债务和股权融资）筹集研发项目资金（Holmstrom，1989）②，内部现金流是支持企业研发活动的主要资金来源（Brown，Fazzari，Petersen，2009③；Stephen，Måns，2013④）。来自比利时、法国、德国、英国（Bond，et al.，2003）⑤、土耳其、波兰（Szczygielski，et al.，2017）⑥ 和中国（黄艺翔，姚铮，2015）⑦ 等地的实证结果表明研发投资与内部现金流之间存在相关性。减小企业财务约束会促进技术创新（Amore，et al.，2013）⑧。

资产负债率（ALR）和流动比率（CurR）是两个常用的内部现金流指标，

---

① Brown，J. R.，Martinsson，G.，& Petersen，B. C. What promotes R&D? Comparative evidence from around the world [J]. Research Policy，2017，46（2）：447-462.

② Holmstrom，B. Agency Costs and Innovation [J]. Journal of Economic Behavior and Organization，1989（12）：305-327.

③ Brown J. R.，Fazzari S. M.，Petersen B. C. Financing innovation and growth：cash flow，external equity，and the 1990s R&D boom [J]. The Journal of Finance，2009，64（1）：151-185.

④ Stephen R. Bond，Måns Söderbom. Conditional investment-cash flow sensitivities and financing constraints [J]. Journal of the European Economic Association，2013（11）：112-136.

⑤ Bond S.，Julie Ann Elston，Jacques Mairesse，Benoî，t Mulkay. Financial factors and investment in Belgium，France，Germany，and the United Kingdom：a comparison using company panel data [J]. Review of Economics and Statistics，2003，85（1）：153-165.

⑥ Krzysztof Szczygielski，Wojciech Grabowski，Mehmet Teoman Pamukcu，Vedat Sinan Tandogan. Does government support for private innovation matter? Firm-level evidence from two catching-up countries [J]. Research Policy，2017，46（1）：219-237.

⑦ 黄艺翔，姚铮．风险投资对上市公司研发投入的影响——基于政府专项研发补助的视角 [J]. 科学学研究，2015，33（5）：674-682，733.

⑧ Mario Daniele Amore，Cédric Schneider，Alminas Žaldokas. Credit supply and corporate innovation [J]. Journal of Financial Economics，2013，109（3）：835-855.

分别反映了企业的长期偿债能力和短期偿债能力（Jiang, et al., 2018①；Wu, 2017②）。私营部门的低现金流对企业的创新活动具有持续的负向影响，并降低了研发密集型企业的创新成功率（Howell, 2016）③。内部流动性不足会抑制公司开展研发的能力（Oliviero, Carboni, 2017）④。研发支出与负债率和杠杆率负相关（Bhagat 和 Welch, 1995）⑤。基于以上分析，可以推断财务约束会抑制我国体育企业的研发投资。

除了财务约束外，企业规模是决定其研发投入的另一个关键因素。企业规模可以通过企业年度报告中的总资产（Ass）来评估（Jiang, et al., 2018⑥；Wu, 2017）⑦。不同规模企业的经济实力和抗风险能力明显不同（Liu, et al., 2018）⑧。大中型企业通常对现金流的可用性不那么敏感（Schiantarelli 和 Sembenelli, 2000）⑨。大企业更具竞争力，拥有更多资源，能够产生更多创新

---

① Haiyan Jiang, Yuanyuan Hu, Honghui Zhang, Donghua Zhou. Benefits of downward earnings management and political connection: evidence from government subsidy and market pricing [J]. International Journal of Accounting, 2018, 53 (4): 255-273.

② Aihua Wu. The signal effect of government R&D subsidies in China: does ownership matter? [J]. Technological Forecasting & Social Change, 2017 (117): 339-345.

③ Anthony Howell. Firm R&D, innovation and easing financial constraints in China: does corporate tax reform matter? [J]. Research Policy, 2016, 45 (10): 1996-2007.

④ Oliviero, A., Carboni. The effect of public support on investment and R&D: an empirical evaluation on European manufacturing firms [J]. Technological Forecasting and Social Change, 2017, 117 (C): 282-295.

⑤ Sanjai Bhagat, Ivo Welch. Corporate research & development investments international comparisons [J]. Journal of Accounting and Economics, 1995, 19 (2-3): 443-470.

⑥ Haiyan Jiang, Yuanyuan Hu, Honghui Zhang, Donghua Zhou. Benefits of downward earnings management and political connection: evidence from government subsidy and market pricing [J]. International Journal of Accounting, 2018, 53 (4): 255-273.

⑦ Aihua Wu. The signal effect of Government R&D Subsidies in China: does ownership matter? [J]. Technological Forecasting & Social Change, 2017 (117): 339-345.

⑧ Liu, D., Chen, T., Liu, X., & Yu, Y. Do more subsidies promote greater innovation? Evidence from the Chinese electronic manufacturing industry [J]. Economic Modeling, 2018 (80): 441-452.

⑨ Fabio Schiantarelli, Alessandro Sembenelli. Form of ownership and financial constraints: panel data evidence from flow of funds and investment equations [J]. Empirica, 2000, 27 (2): 175-192.

(Przychodzen 和 Przychodzen，2018①；Zhang 和 Guan，2018②)，还能够降低生产成本，实现更高的组织效率（Trianni, et al.，2016)③。企业规模越大，研发活动的成本越低，企业发展速度也越快（Ahmedova，2015)④。

研发能力是企业和行业快速增长、可持续发展和获取竞争优势的重要依据(Dong 和 Gou，2010)⑤。研发人员反映企业的员工素质，直接决定企业的创新能力（Zhao，et al.，2018)⑥。研发人员是指实际负责实施研发活动的劳动力人数，他们构成了企业创新的基础。因此，企业的员工规模和素质通常被视为研发活动（Wu，2017)⑦ 和创新绩效（Gruber，et al.，2013⑧）的决定变量。研发人数在一定程度上反映了企业整体员工素质，对企业的技术能力有着重要的影响（Zhao，et al.，2018)⑨，即技术能力水平低的企业在危机时期会大幅减少

① Wojciech Przychodzen，Justyna Przychodzen. Sustainable innovations in the corporate sector— the empirical evidence from IBEX 35 firms [J]. Journal of Cleaner Production，2018，172 (20)：3557-3566.

② JingJing Zhang，Jiancheng Guan. The time-varying impacts of government incentives on innovation [J]. Technological Forecasting & Social Change，2018 (80)：441-452.

③ Andrea Trianni，Enrico Cagno，Stefano Farné. Barriers，drivers and decision-making process for industrial energy efficiency：a broad study among manufacturing small and medium-sized enterprises [J]. Applied Energy，2016，162 (15)：1537-1551.

④ Sibel Ahmedova. Factors for increasing the competitiveness of small and medium- sized enterprises (SMEs) in Bulgaria [J]. Procedia - Social and Behavioral Sciences，2015，195 (3)：1104-1112.

⑤ Jing Dong，Yan-nan Gou. Corporate governance structure，managerial discretion，and the R&D investment in China [J]. International Review of Economics and Finance，2010，19 (2)：180-188.

⑥ Zhao，S.，Xu B.，& Zhang W. Government R&D subsidy policy in China：an empirical examination of effect，priority，and specifics [J]. Technological Forecasting & Social Change，2018，135：75-82.

⑦ Aihua Wu. The signal effect of Government R&D Subsidies in China：does ownership matter? [J]. Technological Forecasting & Social Change，2017 (117)：339-345.

⑧ Marc Gruber，Dietmar Harhoff，Karin Hoisl. Knowledge recombination across technological boundaries：scientists vs. Engineers [J]. Management Science，2013，59 (4)：837-851.

⑨ Shukuan Zhao，Baoda Xu，Weiyong Zhang. Government R&D subsidy policy in China：an empirical examination of effect，priority，and specifics [J]. Technological Forecasting & Social Change，2018 (135)：75-82.

研发投入，但即使面临良好的机遇，研发投入也往往不足（Kang，et al.，2017）①。

我国政府对高新技术企业的研发费用、研发人员数量和知识产权有最低要求，只有满足相关条件的企业方可获得高新技术企业资质。“高新技术企业”资质的评审可以促进企业增加研发人员、研发经费投入，强化研发活动。另外，高新技术企业资质也是企业具有良好研发能力的一个重要体现（Zhang 和 Guan，2018）②，高科技企业更容易获得政府支持和社会投资。因此，高新技术企业的资质是影响 R&D 投入的重要因素。基于以上理论分析，引发出研究问题 1-1：

体育企业的内在特征是否会影响其研发投入？

为了尝试回答该问题，在此提出如下研究假设：

假设 1-1：财务约束影响研发投入

假设 1-2：企业总资产规模促进研发投入

假设 1-3：企业研发人员规模促进研发投入

假设 1-4：相比其他企业，高科企业拥有更多研发投入

研究问题 1-1 探究了影响企业研发投入的企业内在特征。为论证假设 1-1、假设 1-2、假设 1-3 和假设 1-4，在此提出了如下回归模型：

$$\mathrm{RDinv}_t = \lambda_1 \mathrm{Ass}_t + \lambda_2 \mathrm{RD\ Staff}_t + \lambda_3 \mathrm{CurR}_t + \lambda_4 \mathrm{ALR}_t + \lambda_5 \mathrm{High\text{-}tech}_t + \psi_1 \tag{3-1}$$

在式（3-1）中，$\mathrm{RDinv}_t$ 表示体育企业在 $t$ 年内的研发投入；$\mathrm{Ass}_t$ 是企业在 $t$ 年内的总资产；$\mathrm{RDStaff}_t$ 是企业在 $t$ 年内的总研发人员数量；$\mathrm{CurR}_t$ 是企业在 $t$ 年内的流动率指标；$\mathrm{ALR}_t$ 是企业在 $t$ 年内的资产负债率指标；$\mathrm{High\text{-}tech}_t$ 是虚拟变量，表示企业在 $t$ 年内的高科资历状况。

（2）创新政策与研发投入

政府常常实施创新政策来解决研发投资不足的问题，例如税收减免、研发补

① Kang T.，Baek，C.，& Lee，J. The persistency and volatility of the firm R&D investment：revisited from the perspective of technological capability [J]. Research Policy，2017，46（9）：1570-1579.

② JingJing Zhang，Jiancheng Guan. The time-varying impacts of government incentives on innovation [J]. Technological Forecasting & Social Change，2018（135）：132-144.

贴和监管规定（Brown, et al., 2017①; Oliviero 和 Carboni, 2017②）。税收优惠和政府研发补贴是最常见的公共研发政策。政府补贴和税收减免对私人研发投资的影响极其复杂（Dimos 和 Pugh, 2016）③，因此，相关研究大多数集中在财政政策对研发活动和生产率的直接影响上（Klette, et al., 2000）④。

政府补贴是指政府支付给企业，用于支持其开展创新活动的补助款（Dai 和 Cheng, 2015⑤; Liu, et al., 2018⑥; Zhang 和 Guan, 2018⑦）。企业可以利用政府补贴缓解或克服财务约束，从而刺激其研发投资（Oliviero 和 Carboni, 2017⑧; Bronzini 和 Iachini, 2014⑨; Henningsen, et al., 2014⑩）。政府补贴也有助于企业扩大外部合作，促使企业能够获得更多创新所需的额外知识和支持

① Brown, J. R., Martinsson, G., & Petersen, B. C. What promotes R&D? Comparative evidence from around the world [J]. Research Policy, 2017, 46 (2): 447-462.

② Oliviero, A., Carboni. The effect of public support on investment and R&D: an empirical evaluation on European manufacturing firms [J]. Technological Forecasting and Social Change, 2017, 117 (C): 282-295.

③ Christos Dimos, Geoff Pugh. The effectiveness of R&D subsidies: a meta-regression analysis of the evaluation literature [J]. Research Policy, 2016, 45 (4): 797-815.

④ Klette, T. J., Møen, J., & Griliches, Z. Do subsidies to commercial R&D reduce market failures? Microeconometric evaluation studies [J]. Research Policy, 2000, 29 (4-5): 471-495.

⑤ Dai, X., & Cheng, L. The effect of public subsidies on corporate R&D investment: an application of the generalized propensity score [J]. Technological Forecast Social Change, 2015, 90 (B): 410-419.

⑥ Liu, D., Chen, T., Liu, X., & Yu, Y. Do more subsidies promote greater innovation? Evidence from the Chinese electronic manufacturing industry [J]. Economic Modeling, 2018 (80): 441-452.

⑦ JingJing Zhang, Jiancheng Guan. The time-varying impacts of government incentives on innovation [J]. Technological Forecasting & Social Change, 2018, 80: 441-452.

⑧ Oliviero, A., Carboni. The effect of public support on investment and R&D: an empirical evaluation on European manufacturing firms [J]. Technological Forecasting and Social Change, 2017, 117 (C): 282-295.

⑨ Raffaello Bronzini, Eleonora Iachini. Are Incentives for R&D Effective? Evidence from a regression discontinuity approach [J]. American Economic Journal: Economic Policy, 2014, 6 (4): 100-134.

⑩ Henningsen, M., Hægeland, T., & Møen, J. Estimating the additionality of R&D subsidies using proposal evaluation data to control for research intentions [J]. The Journal of Technology Transfer, 2014, 40 (2): 227-251.

(Chapman, et al., 2018)①, 以解决私人研发投资中的市场失灵问题 (Choi 和 Lee, 2017②; Wu, 2017③)。政府补贴的主要目的是帮助企业解决研发初期的融资问题，补贴金额不受研发成果或其市场前景的影响 (Du 和 Mickiewicz, 2016)④。政府补贴降低了企业的财务风险，显示了政府对这些企业创新的支持态度 (Lee, et al., 2014)⑤。政府补贴产生了刺激研发投资的溢出效应 (廖添土，肖锦生，2018)⑥。此外，由于研发活动具有高风险性，即使政府有补贴，企业也可以选择将其私人资本分配给风险较小的活动，如生产、市场开发和推广、资本运营等 (Görg 和 Strobl, 2007⑦; Wallsten, 2000⑧)。因此，政府研发补贴可能会排挤企业在研发方面的私人资本投资 (Görg 和 Strobl, 2007⑨; Peneder 和 Worter, 2014⑩)。

政府为支持企业研发活动而实施的税收减免政策通常包括高新技术企业的所

① Gary Chapman, Abel Lucena, Sergio Afcha. R&D subsidies & external collaborative breadth: differential gains and the role of collaboration experience [J]. Research Policy, 2018, 47 (3): 623-636.

② Joonhwan Choi, Jaegul Lee. Repairing the R&D market failure: public R&D subsidy and the composition of private R&D [J]. Research Policy, 2017, 46 (8): 1465-1478.

③ Aihua Wu. The signal effect of government R&D subsidies in China: does ownership matter? [J]. Technological Forecasting & Social Change, 2017 (117): 339-345.

④ Jun Du, Tomasz Mickiewicz. Subsidies, rent seeking and performance: being young, small or private in China [J]. Journal of Business Venturing, 2016 (31): 22-38.

⑤ Edward Lee, Martin Walker, Cheng Zeng. Do Chinese government subsidies affect firm value? [J]. Accounting, Organizations and Society, 2014 (39): 149-169.

⑥ 廖添土，肖锦生．所得税优惠对企业 R&D 投入的激励效应——基于福建省上市高新技术企业的数据 [J]．福建农林大学学报（哲学社会科学版），2018, 21 (6): 49-54.

⑦ Görg H., Strobl E. the effect of R&D subsidies on private R&D [J]. Economica, 2007 (74): 215-234.

⑧ Scott J. Wallsten. The effects of government-industry R&D Programs on private R&D: the case of the small business innovation research program [J]. The RAND Journal of Economics, 2000, 31 (1): 82-100.

⑨ Görg H., Strobl E. The effect of R&D subsidies on private R&D [J]. Economica, 2007 (74): 215-234.

⑩ Michael Peneder, Martin Woerter. Competition, R&D and innovation: testing the inverted-U in a simultaneous system [J]. Journal of Evolutionary Economics, 2014, 24 (3): 653-687.

得税减免和研发费用的税前扣除（Zhang 和 Guan，2018）①。我国高新技术企业的所得税税率为 15%，比一般企业低 10%。因此，高新技术企业所得税减免可以按其净利润的 10%来衡量（廖添土，肖锦生，2018）②。此外，一些符合条件的体育公司还能够获得研究、开发和设计费用税前扣除政策的支持（Oliviero 和 Carboni，2017）③。研发费用的税前扣除金额与研发费用总额直接相关。如果研发活动未完成或失败，且先前投入的研发费用未形成无形资产，则可从企业所得税中扣除研发费用的 75%。此外，如果研发费用产生了无形资产，可以从所得税中扣除研发费用的 175%。研发费用税前扣除金额可以直接从上市体育公司的年报中获取。企业的研发活动极容易受到与研发相关的税收政策的影响（Howell，2016④；Lee，2018⑤；Mukherjee，et al.，2017⑥）。税收优惠不仅有助于减少企业的研发支出，而且有助于引导企业找到正确的研发方向（Peng 和 Liu，2018）⑦。因此，税收减免可以在一定程度上激励企业的研发活动（Hiroyuki，et al.，2014）⑧，所得税的减免有望对企业的研发投入产生积极影响。

近年来，我国通过实施创新驱动战略，强化先进设备和技术的应用、研发人

① JingJing Zhang，Jiancheng Guan. The time-varying impacts of government incentives on innovation [J]. Technological Forecasting & Social Change，2018（135）：132-144.

② 廖添土，肖锦生．所得税优惠对企业 R&D 投入的激励效应——基于福建省上市高新技术企业的数据 [J]. 福建农林大学学报（哲学社会科学版），2018，21（6）：49-54.

③ Oliviero，A.，Carboni. The effect of public support on investment and R&D：an empirical evaluation on European manufacturing firms [J]. Technological Forecasting and Social Change，2017，117（C）：282-295.

④ Anthony Howell. Firm R&D，innovation and easing financial constraints in China：does corporate tax reform matter? [J]. Research Policy，2016，45（10）：1996-2007.

⑤ Lee. D. Impact of the excise tax on firm R&D and performance in the medical device industry：evidence from the Affordable Care Act [J]. Research Policy，2018，47（5）：854-871.

⑥ Abhiroop Mukherjee，Manpreet Singh，Alminas Žaldokas. Do corporate taxes hinder innovation? [J]. Journal of Financial Economics，2017（117）：282-295.

⑦ Huatao Peng，Yang Liu. How government subsidies promote the growth of entrepreneurial companies in clean energy industry：an empirical study in China [J]. Journal of Cleaner Production，2018（188）：508-520.

⑧ Hiroyuki Kasahara，Katsumi Shimotsu，Michio Suzuki. Does an R&D tax credit affect R&D expenditure? The Japanese R&D tax credit reform in 2003 [J]. Journal of The Japanese and International Economies，2014，25（8）：72-97.

员培养、实施技术改造等来支持企业的研发活动（Yu, et al., 2019）①。创新驱动战略具有普适性，普遍适用于大多数行业，对拥有丰富创新资源的企业尤其有效。我国体育产业发展尚处于初级阶段，近几年聚集了许多新创企业。新创企业因为资源基础薄弱、融资能力有限，主要专注于建立一个适合其发展的体系（Khelil, 2016）②。因此，创新驱动政策对我国体育产业的适应性和有效性须进行实证检验。此外，由于公共补贴对私人投资的溢出效应和挤出效应并存，创新政策对企业创新活动的影响是不确定的（Paul, et al., 2000）③。这引发研究问题 1-2：

创新驱动政策是否影响体育企业的研发投入？如何影响？是激励研发投入还是抑制研发投入？

探讨研究问题 1-2 可以从如下研究假设来展开：

假设 1-5：政府研发补贴对企业的研发投入起积极作用

假设 1-6：研发费用税前扣除对企业的研发投入起积极作用

假设 1-7：对高新技术企业的所得税减免对企业的研发投入起积极作用

在国内，创新驱动政策包括高新技术企业所得税减免、研发费用税前扣除、政府研发补贴。由于政府补贴通常在下半年才发放，还应该研究政府补贴的时滞效应。哪些创新驱动政策影响体育企业的研发投资可通过下式探究

$$\begin{cases} \text{RDinv}_t = \gamma'_1\text{Sub}_{t-1} + \gamma'_2\text{Higt}_t + \gamma'_3\text{Pret}_t + \Psi'_2 \\ \text{RDinv}_t = \gamma_1\text{Sub}_t + \gamma_2\text{Higt}_t + \gamma_3\text{Pret}_t + \Psi_2 \end{cases} \tag{3-2}$$

式（3-2）中，$\text{Pret}_t$是指在第 $t$ 年研发费用税前减免额；$\text{High}_t$是指在第 $t$ 年高新技术企业所得税减免额；$\text{Sub}_t$和 $\text{Sub}_{t-1}$分别是指在第 $t$ 年和 $t-1$ 年的政府研发补贴。

研究问题 1-2 探究了创新驱动政策对于体育企业研发投入影响的有效性。以

① Yu Bai, Siyi Song, Jianling Jiao, Ranran Yang. The impacts of government R&D subsidies on green innovation: evidence from Chinese energy-intensive firms [J]. Journal of Cleaner Production, 2019 (233): 819-829.

② Nabil Khelil. The many faces of entrepreneurial failure: insights from an empirical taxonomy [J]. Journal of Business Venturing, 2016, 31 (1): 72-94.

③ Paul A. David, Bronwyn H. Hall, Andrew A. Toole. Is public R&D a complement or substitute for private R&D? A review of the econometric evidence [J]. Research Policy, 2000 (29): 497-529.

下两项回归模型用以检验该问题：

$$RDinv_t = \gamma_1 \times Sub + \gamma_2 \times Higt_t + \gamma_3 \times Pret_t + \gamma[\ Attributes\ ] + \Psi \quad (3\text{-}3)$$

式（3-3）中，Sub 来自 $Sub_{t-1}$ 或 $Sub_t$，具体选择由式（3-2）的检验结果确定。[Attribute] 是式（3-3）的控制变量，是基于式（3-1）的回归分析结果确定的与研发投资紧密相关的企业内在特征变量。若系数估计为正，则存在投资杠杆效应；若系数估计为负，则存在投资挤出效应。

（3）创新政策的异质性

关于创新政策对企业技术创新的影响，现有文献持有不同的见解。政府研发补贴可以弥补企业创新资金不足，降低其遵守环境法规的风险（Yu，et al.，2019）①；也能释放一些重要信号，借此信号可以吸引更多的社会资源对受补贴企业的创新努力给予支持（Kleer，2010）②，受补贴企业会由于得到更多的市场关注而降低其市场风险（Liu，et al.，2019）③，从而提高企业获得外部融资的可能性（Meuleman 和 De Maeseneire，2012④；Feldman 和 Kelley，2006）⑤；政府补贴可以降低技术创新的金融风险，改善企业的发展条件，提高企业的抗风险能力（Liu，et al.，2019）⑥。风险越低，企业的创新主动性就越高（David，et al.，

① Yu Bai，Siyi Song，Jianling Jiao，Ranran Yang. The impacts of government R&D subsidies on green innovation：Evidence from Chinese energy-intensive firms [J]. Journal of Cleaner Production，2019（233）：819-829.

② Kleer，R.，Government R&D subsidies as a signal for private investors [J]. Research Policy，2010（39）：1361-1374.

③ Dayong Liu，Tong Chen，Xiaoyang Liu，Yongze Yu. Do more subsidies promote greater innovation? Evidence from the Chinese electronic manufacturing industry [J]. Economic Modelling，2019（80）：441-452.

④ Meuleman，M.，De Maeseneire，W.，Do R&D subsidies affect SMEs' access to external financing? [J]. Research Policy，2012（41）：580-591.

⑤ Feldman，M. P.，Kelley，M. R. The ex ante assessment of knowledge spillovers：government R&D policy，economic incentives and private firm behavior [J]. Research Policy，2006（35）：1509-1521.

⑥ Dayong Liu，Tong Chen，Xiaoyang Liu，Yongze Yu. Do more subsidies promote greater innovation? Evidence from the Chinese electronic manufacturing industry [J]. Economic Modelling，2019（80）：441-452.

2000)①。因此，创新政策可以通过多渠道影响企业创新行为（Liu, et al., 2019)②。这也导致创新政策对企业 R&D 投资呈现异质性。

企业资金流动性不足限制了企业的创新活动，并且这种影响因企业和行业而存在差异（David 和 Hall, 2000)③。不同规模的企业面临的财务约束不同，对自主创新的承诺以及对政府的依赖程度也不同。大型企业可以克服固定成本壁垒，有更多的机会从事研发活动（Wu, 2017④；Zhang 和 Guan, 2018⑤)。相反，规模较小的企业更容易受到财务约束的影响，以致它们对研发补贴的需求高于很多老牌企业（Wu, 2017)⑥。税收减免对于财务杠杆率较高企业的创新具有更加显著的激励作用（Hiroyuki, et al., 2014)⑦。

在企业不同的发展阶段，其内在特征不尽相同（Peng 和 Liu, 2018)⑧，企业在核心竞争力、技术创新能力、管理体制、产权关系等方面也存在较大差异（Bao 和 Peng, 2016)⑨。这些特征影响政府研发补贴和税收减免额度（Zhao, et

① David, P. A., Hall, B. H., Toole, A. A., Is public R&D a complement or substitute for private R&D? A review of the econometric evidence [J]. Research Policy, 2000 (29): 497-529.

② Dayong Liu, Tong Chen, Xiaoyang Liu, Yongze Yu. Do more subsidies promote greater innovation? Evidence from the Chinese electronic manufacturing industry [J]. Economic Modelling, 2019 (80): 441-452.

③ David, P. A., & Hall, B. H. Heart of darkness: modeling public-private interactions inside the R&D black box [J]. Research Policy, 2000, 29 (9): 1165-1184.

④ Wu, Aihua. The signal effect of government R&D subsidies in China: does ownership matter? [J]. Technological Forecasting & Social Change, 2017 (117): 339-345.

⑤ Zhang, J., & Guan, J. The Time-varying impacts of government incentives on innovation [J]. Technological Forecasting & Social Change, 2018 (135): 132-144.

⑥ Wu, Aihua. The signal effect of government R&D subsidies in China: does ownership matter? [J]. Technological Forecasting & Social Change, 2017 (117): 339-345.

⑦ Hiroyuki K., Katsumi S., & Michio S. Does an R&D tax credit affect R&D expenditure? The Japanese R&D tax credit reform in 2003 [J]. Original Research Article Research Policy, 2014, 25 (8): 72-97.

⑧ Peng H., & Liu, Y. How government subsidies promote the growth of entrepreneurial companies in clean energy industry: an empirical study in China [J]. Journal of Cleaner Production, 2018 (188): 508-520.

⑨ Bao, H., & Peng, Y. Effect of land expropriation on land-lost farmers' entrepreneurial action: a case study of Zhejiang province [J]. Habitat International, 2016 (53): 342-349.

al.，2017)①。此外，对于不同技术能力的企业，政策对研发的激励效果也不相同（Zhou 和 Wu，2010)②，企业研发的公共支持应根据企业的技术能力确定(Kang，et al.，2017)③。不同规模的企业面临不同程度的环境法规和不同类型的研发补贴政策（Yu，et al.，2019)④。然而，研发补贴的需求企业和受益企业之间的不匹配导致了政策的低效率（Jun，et al.，2017)⑤。对于规模较小、财务约束更大的企业而言，创新政策对其研发的刺激效应更为显著（Liu，et al.，2016)⑥。

基于以上分析，创新政策对企业研发投资的影响具有异质性。为了确定哪些体育企业更容易受到创新政策的影响，在此引入一个交互变量，即创新驱动政策和企业内在特征的乘积。该变量对企业研发投资的影响既包括创新驱动政策与企业内在特征的独立效应，也包括创新驱动政策与企业内在特征对研发投资的交互作用。这就引出了研究问题 1-3：

创新驱动政策对中国体育企业研发投入的影响是否存在异质性？

研究问题 1-3 探讨创新驱动政策对研发投资影响的异质效应。式（3-4）用来解答该研究问题，并考虑了关键企业内在特征与创新驱动政策之间的相互影响作用。

$$RDinv_t = [\delta_{ijt}][Attributes_t] \times [Policy] + \vartheta[Attributes_t] \tag{3-4}$$

式（3-4）中，[Policy] 指的是创新驱动政策，是由式（3-3）的检验结果确

① Shukuan Zhao, Baoda Xu, Weiyong Zhang. Government R&D subsidy policy in China: an empirical examination of effect, priority, and specifics [J]. Technological Forecasting & Social Change, 2017 (135): 75-82.

② Kevin Zheng Zhou, Fang Wu. Technological capability, strategic flexibility, and product innovation [J]. Strategic Management Journal, 2010, 31 (5): 547-561.

③ Taewon Kang, Chulwoo Baek, Jeong-Dong Lee. The persistency and volatility of the firm R&D investment: revisited from the perspective of technological capability [J]. Research Policy, 2017, 46 (9): 1570-1579.

④ Yu Bai, Siyi Song, Jianling Jiao, Ranran Yang. The impacts of government R&D subsidies on green innovation: evidence from Chinese energy-intensive firms [J]. Journal of Cleaner Production, 2019 (233): 819-829.

⑤ Seung-Pyo Jun, Sang-Gook Kim, Hyun-Woo Park. The mismatch between demand and beneficiaries of R&D support programs for SMEs: evidence from Korean R&D planning programs [J]. Technological Forecasting & Social Change, 2016 (116): 286-298.

⑥ Xiaolu Liu, Xiaoyu Li, Honglin Li. R&D subsidies and business R&D: evidence from high-tech manufacturing firms in Jiangsu [J]. China Economic Review, 2016 (41): 1-22.

定并与研发投资显著相关的政策变量。与式（3-2）相同，［$Attribute_t$］在此特指控制变量。

表 3-1 总结了所有因变量。从上市体育企业的年报中可以获取 RDinv、Sub、Pret、High-tech、Ass、CurR、ALR 和 RDStaff 等数据。若企业利润为负，则 Higt 为零。High-tech 表示是否为高新技术企业的二进制指标。

表 3-1　　**创新驱动政策、企业内在特征和研发活动等指标**

| 因素 | 指标 | 缩写 | 参考文献 | 单位 |
|---|---|---|---|---|
| 研发活动 | 研发投资总额 | RDinv | Zhang 和 Guan，2018<br>Peng 和 Liu，2018 | 千元人民币 |
| 创新驱动政策 | 研发补贴 | Sub | Zhang 和 Guan，2018<br>Liu，et al.，2018 | |
| | 高新技术企业减税 | Higt | Zhang 和 Guan，2018 | |
| | 研发费用加计扣除 | Pret | 廖添土和肖锦生，2018 | |
| 企业内在特征 | 企业资产规模 | Ass | Zhang 和 Guan，2018 | |
| | 流动比率 | CurR | Jiang，et al.，2018 | |
| | 资产负债率 | ALR | Wu Aihua，2017 | |
| | 研发员工总数 | RDStaff | Wu，2017 | 人 |
| | 高新企业资助 | High-tech | | 0 或者 1 |

### 3. 3. 3. 2　创新驱动政策影响体育企业创新效率

（1）企业创新效率及其 DEA 评估

创新的投入产出效率对技术创新至关重要（Yun，2011）①。创新效率是指一家企业从一组给定投入中获得的创新产出最大化的程度（Cruz-Cázares，et al.，

① Lin Yun. The efficiency study of regional technological innovation: based on the provinces level［J］. Energy Procedia，2011（5）：1579-1583.

2013①；Lee, et al., 2016②）。使用DEA评估创新效率在学术界已经形成了广泛共识（如Cruz-Cázares, et al., 2013③；Diaz-Balteiro, et al., 2016④；Feng, et al., 2011⑤；Hashimoto和Haneda, 2008⑥；Luo和Sun, 2010⑦；潘雄锋，杨越，2014⑧；Wei和Tang, 2013⑨）。然而，创新投入和产出指标的选择在不同的行业和企业中会有很大的差异。例如，Song等（2015）⑩以研发成本和技术人员为输入变量，以总资产收益率、主营业务利润率、技术资产比率和销售收入增长率为输出变量测算了民营上市企业创新效率。Lin等（2018）⑪选取专利申请

---

① Cruz-Cázares, C., Bayona-Sáez, C., & García-Marco, T. You can't manage right what you can't measure well: technological innovation efficiency [J]. Research Policy, 2013, 42 (6): 1239-1250.

② Lee, J.-S., Park, J.-H., & Bae, Z.-T. The effects of open innovation on innovation productivity: focusing on external knowledge search [J]. Knowledge Management Research, 2016, 17 (1): 49-72.

③ Cruz-Cázares, C., Bayona-Sáez, C., & García-Marco, T. You can't manage right what you can't measure well: technological innovation efficiency [J]. Research Policy, 2013, 42 (6): 1239-1250.

④ Diaz-Balteiro, L., Herruzo, A. C., Martinez, M., & Gonzalez-Pachon. An analysis of productive efficiency and innovation activity using DEA: An application to Spain's wood-based industry [J]. Forest Policy and Economics, 2016 (8): 762-773.

⑤ Feng, Z. X., Wang, Q., & Hou, X. H. Government investment, degree of marketization and technological innovation efficiency of China's industrial enterprises [J]. The Journal of Quantitative & Technical Economics, 2011 (4): 3-17.

⑥ Hashimoto, A. & Haneda, S. Measuring the change in R&D efficiency of the Japanese pharmaceutical Industry [J]. Research Policy, 2008 (37): 1829-1836.

⑦ Luo, F. K. & Sun, F. Industrial enterprises technology sources and technical innovation efficiency [J]. Journal of Industrial Technological Economics, 2010 (12): 3-9.

⑧ 潘雄锋，杨越．剔除环境因素影响的中国工业企业技术创新效率评价研究［J］．运筹与管理，2014，23（6）：244-251.

⑨ Ping Wei, Hui-quan Tang, Yao CHEN, Xiao-hong CHEN. Measuring technical efficiency of Chinese nonferrous metals enterprises on a background of industry consolidation [J]. Transactions of Nonferrous Metals Society of China, 2013, 23 (9): 2797-2806.

⑩ Song, M., Ai, H., & Li, X. Political connections, financing constraints, and the optimization of innovation efficiency among China's private enterprises [J]. Technological Forecasting & Social Change, 2015 (92): 290-299.

⑪ Lin, Y., Deng, N., & Gao, H. Research on technological innovation efficiency of tourist equipment manufacturing enterprises [J]. Sustainability, 2018 (10): 4826.

数量、销售利润率和劳动生产率总量作为产出变量，以研发人员强度和研发投资强度为输入变量，测度了旅游装备制造企业技术创新效率。Kim 和 Shin (2019)① 以销售额为产出因子，员工人数和创新活动成本为输入因子，测算了韩国物流企业的创新效率。Wang 等（2019)② 选取研发支出和研发人员作为投入指标，以新产品销售和有效专利数量作为产出指标，衡量了石油企业创新效率。这些例子表明，企业创新是一个复杂的过程，该过程的投入和产出缺乏一致性界定（Wang, et al. , 2016③)。

内部研发人员和内部研发经费是企业创新的最重要资源（Lin, et al. , 2018)④，反映了企业的创新能力和潜力（Song, et al. , 2015)⑤，并对创新绩效具有显著影响（Kang 和 Park, 2012)⑥。学术界普遍认为，研发人员和研发投资是最重要的企业创新投入因素（Ahuja 和 Katila, 2001⑦；Goto 和 Suzuki,

① Changhee Kim, Won Sug Shin. Does information from the higher education and R&D institutes improve the innovation efficiency of logistic firms? [J]. The Asian Journal of Shipping and Logistics, 2019, 35 (1): 70-76.

② Wang, Y. , Zhu, Z. , & Liu, Z. Evaluation of technological innovation efficiency of petroleum companies based on BCC-Malmquist index model [J]. Journal of Petroleum Exploration and Production Technology, 2019 (9): 2405-2416.

③ Wang Q. , Hang Y. , Sun L. & Zhao Z. Two-stage innovation efficiency of new energy enterprises in China: a non-radial DEA approach [J]. Technological Forecasting and Social change, 2016 (112): 254-261.

④ Lin, Y. , Deng, N. , & Gao, H. Research on technological innovation efficiency of tourist equipment manufacturing enterprises [J]. Sustainability, 2018 (10): 4826.

⑤ Malin Song, Hongshan Ai, Xie Li. Political connections, financing constraints, and the optimization of innovation efficiency among China's private enterprises [J]. Technological Forecasting & Social Change, 2015 (92): 290-299.

⑥ Kyung-Nam Kang, Hayoung Park. Influence of government R&D support and inter-firm collaborations on innovation in Korean biotechnology SMEs [J]. Technovation, 2012, 32 (1): 68-78.

⑦ Gautam Ahuja, Riitta Katila. Technological acquisitions and the innovation performance of acquiring firms: a longitudinal study [J]. Strategic Management Journal, 2001, 22 (3): 197-220.

1989①；Griliches，1980②；Li，et al.，2018③；Lin，et al.，2018④；Song，et al.，2015⑤；Wang，et al.，2016⑥；Wang，et al. ⑦）；然而，如前所述，虽然输出指标的选择存在差异，但是学者常常选择研发支出（Inv）和全职研发人数（RDS）作为衡量创新的投入指标（如 Cruz-Cázares，et al.，2013⑧；Goto 和 Suzuki，1989⑨；Griliches，1980⑩），因为这两个指标反映了企业技术创新的投入规模。另外还有两个常用的投入指标——研发人员强度（RDP）和研发投资强度（RDE）（Lin，et al.，2018）⑪。研发人员强度是指研发人员占企业员工总数

① Goto，A.，& Suzuki，K. R&D capital，rate of return on R&D investment and spillover of R&D in Japanese manufacturing industries [J]. The Review of Economics and Statistics，1989，71 (4)：555-564.

② Griliches，Z. R&D and the productivity slowdown [J]. The American Economic Review，1980，70 (2)：343-348.

③ Hui Li，Jingxiao Zhang，Chao Wang，Yujie Wang，Vaughan Coffey. An evaluation of the impact of environmental regulation on the efficiency of technology innovation using the combined dea model：a case study of Xi'an，China [J]. Sustainable Cities and Society，2018 (42)：355-369.

④ Lin，Y.，Deng，N.，& Gao，H. Research on technological innovation efficiency of tourist equipment manufacturing enterprises [J]. Sustainability，2018 (10)：4826.

⑤ Malin Song，Hongshan Ai，Xie Li. Political connections，financing constraints，and the optimization of innovation efficiency among China's private enterprises [J]. Technological Forecasting & Social Change，2015 (92)：290-299.

⑥ Qunwei Wang，Ye Hang，Licheng Sun，Zengyao Zhao. Two-stage innovation efficiency of new energy enterprises in China：a non-radial DEA approach [J]. Technological Forecasting & Social Change，2016 (112)：254-261.

⑦ Wang，S.，Fan，J.，Zhao，D.，& Wang，S. Regional innovation environment and innovation efficiency：the Chinese case [J]. Technology Analysis & Strategic Management，2016，28 (4)：396-410.

⑧ Cruz-Cázares，C.，Bayona-Sáez，C.，& García-Marco，T. You can´t manage right what you can't measure well：technological innovation efficiency [J]. Research Policy，2013，42 (6)：1239-1250.

⑨ Goto，A.，& Suzuki，K. R&D capital，rate of return on R&D investment and spillover of R&D in Japanese manufacturing industries [J]. The Review of Economics and Statistics，1989，71 (4)：555-564.

⑩ Griliches，Z. R&D and the productivity slowdown [J]. The American Economic Review，1980，70 (2)：343-348.

⑪ Lin，Y.，Deng，N.，& Gao，H. Research on technological innovation efficiency of tourist equipment manufacturing enterprises [J]. Sustainability，2018 (10)：4826.

的比例；研发投资强度是指研发投入占企业总收入的比例。

针对不同行业或企业，企业管理者和研究者所关注的创新产出指标不同。综合 Song 等（2015）①、Lin 等（2018）②、Kim 和 Shin（2019）③、Wang 等（2019）④ 的研究成果，发现创新产出指标涉及新增专利数（Pat）、销售总额（Sale）、利润总额（Prof）、劳动生产率（Prod）、总资产收益率（Roa）、主营业务利润率（Prom）、技术资产比率（IntR）、销售收入增长率（GRS）等指标。在创新指标选择方面，尚缺乏统一的标准（Dong，et al.，2014⑤）。

创新是经济成长的动力。目前体育创新主要集中在产品创新和服务创新上。企业管理者和学者已经开始讨论体育创新过程。体育企业的管理创新是一个重要的问题，需要对其有效性进行研究。基于上述理论分析，从而引出问题 2-1：

哪些输入和输出因素会影响体育企业的创新效率？可否借助 DEA 模型评价这种效率？

为了回答这个问题，需要选择最合适的输入变量和输出变量。根据 Lin 等（2018）⑥ 的建议，所选的投入和产出变量之间应该存在显著的关系。为此，可以提出以下假设来探讨研究问题 2-1：

研究假设 2-1：创新输出变量（Pat、Sale、Prof、Prod、Roa、Prom、IntR 和 GRS）与创新输入变量（研发投资总额、研发人员数）存在显著正相关关系。

---

① Song, M., Ai, H., & Li, X. Political connections, financing constraints, and the optimization of innovation efficiency among China's private enterprises [J]. Technological Forecasting & Social Change, 2015 (92): 290-299.

② Lin, Y., Deng, N., & Gao, H. Research on technological innovation efficiency of tourist equipment manufacturing enterprises [J]. Sustainability, 2018 (10): 4826.

③ Kim, C., & Shin, W. S. Does information from the higher education and R&D institutes improve the innovation efficiency of logistic firms [J]? The Asian Journal of Shipping and Logistics, 2019, 35 (1): 70-76.

④ Yanqiu Wang, Zhiwei Zhu, Zhenbin Liu. Evaluation of technological innovation efficiency of petroleum companies based on BCC-Malmquist index model [J]. Journal of Petroleum Exploration and Production Technology, 2019, 9 (3): 2405-2416.

⑤ Dong X. Q., Zhao J., & Yuan P. W. Research on innovation efficiency loss of state-owned enterprises: an empirical Analysis in China based on DEA [J]. Computer Modelling & New Technologies, 2014, 18 (12C): 883-889.

⑥ Lin, Y., Deng, N., & Gao, H. Research on technological innovation efficiency of tourist equipment manufacturing enterprises [J]. Sustainability, 2018 (10): 4826.

研究假设2-2：创新输出变量（Pat、Sale、Prof、Prod、Roa、Prom、IntR 和 GRS）与创新输入变量（研发投资强度、研发人员强度）存在显著正相关关系。

问题2-1探讨了如何评估我国体育企业的创新效率。为了回答这个问题，必须选择最重要的输入变量和输出变量。研究假设2-1和假设2-2提供了两种不同的建议。接下来，可以通过相关分析检查这些变量，根据Lee和Pai（2011）①的观点，采用Pearson系数检验来验证输入变量和输出变量之间的相关性。如果输入增加但输出减少，则相关输出变量应被剔除。

基于显著相关的输出变量和输入变量，可以使用数据包络分析（DEA）模型来评估体育企业的创新效率。近年来，DEA已成为评估创新绩效的重要方法（Zhang, et al., 2019）②。DEA是一种行之有效的方法，可以评测一组具有多输入和多输出变量的决策单位（DMU）的相对效率（Farrell, 1957）③。DEA的主要优点是它不需要任何关于输入和输出因素之间关系和权重的先验信息（Seiford和Thrall, 1990）④，而且它可用于决策单元的排序和识别效率低下的原因（Golany和Roll, 1989）⑤。

假定 $n$ 个决策单位 $DMU_j(1 \leqslant j \leqslant n)$，每一个决策单元DMU都有 $m$ 个输入变量 $x=(x_1, x_2, \cdots, x_m)^T$ 和 $s$ 个输出变量 $y=(y_1, y_2, \cdots, y_s)^T$。对于决策单元 $DMU_{j0}$，每个输入变量（$x_{j0}$）都比任何其他决策单元 $DMU_j$ 的值要小，同时每一个输出变量（$y_{j0}$）都比任何其他决策单位 $DMU_j$ 的值要大。然后，设定一个输出合集 $T$：$T=\left\{(x_{j0}, y_{j0}) \mid \sum_{j=1}^{n} x_j\lambda_j \leqslant x_{j0}, \sum_{j=1}^{n} y_j\lambda_j \geqslant y_{j0}, \sum_{j=1}^{n} \lambda_j \leqslant 0, j=1,\right.$

① Lee, Z., & Pai, C. Operation analysis and performance assessment for TFT-LCD manufacturers using improved DEA [J]. Expert Systems with Applications, 2011 (38): 4014-4024.

② Zhang, B., Luo, Y., & Chi, Y. Efficiency evaluation of China's high-tech industry with a multi-activity network data envelopment analysis approach [J]. Socio-Economic Planning Sciences, 2019 (66): 2-9.

③ Farrell, M. J. The measurement of productive efficiency [J]. Journal of the Royal Statistical Society: Series A, 1957, 120 (3): 253-290.

④ Seiford L. M., & Thrall R. M. Recent developments in DEA: the mathematical programming approach to frontier analysis [J]. Journal of Econometrics, 1990, 46 (1-2): 7-38.

⑤ Golany B., & Roll Y. An application procedure for DEA [J]. Omega, 1989, 17 (3): 237-250.

2，…，$n\}$

因此，根据 Charnes 等（1978）① 的观点，$C^2R$ 模型可以表示为：

$$\min\left[\theta - \varepsilon(s^- + s^+)\right]$$

$$\text{s. t.} \begin{cases} \sum_{j=1}^{n} x_{ij}\lambda_j + s^- = \theta x_{ij0},\ i = 1,\ 2,\ \cdots,\ m \\ \sum_{j=1}^{n} y_{rj}\lambda_j - s^+ = y_{rj0},\ t = 1,\ 2,\ \cdots,\ s \\ \lambda_j \geqslant 0,\ j = 1,\ 2,\ \cdots,\ n \\ s^+ \geqslant 0;\ s^- \geqslant 0 \end{cases} \tag{3-5}$$

在式（3-5）中，$x_{ij}$和$y_{rj}$分别代表决策单元$DMU_j$的 $i$ 输入变量和 $r$ 输出变量；$x_{ij0}$和$y_{rj0}$分别代表决策单元$DMU_{j0}$的 $i$ 输入变量和 $r$ 输出变量；$s^+$和$s^-$指代松弛变量；$\varepsilon$ 是一个无限小数，即 $\varepsilon = 10^{-10}$；$\lambda_j$ 是决策单元$DMU_j$输入变量和输出变量的系数；$\theta$ 指代决策单元$DMU_j$的综合创新效率（CIE），如果 $\theta = 1$，则它的相对决策单元$DMU_j$的综合创新是有效的；如果 $\theta < 1$，那么决策单元$DMU_j$的综合创新不完全有效。

决策单元$DMU_j$的纯技术效率可以从式（3-6）中求得：

$$\min\left[\sigma - \varepsilon(s^- + s^+)\right]$$

$$\text{s. t.} \begin{cases} \sum_{j=1}^{n} x_{ij}\lambda_j + s^- = \sigma x_{ij0},\ i = 1,\ 2,\ \cdots,\ m \\ \sum_{j=1}^{n} y_{rj}\lambda_j - s^+ = y_{rj0},\ t = 1,\ 2,\ \cdots,\ s \\ \sum_{j=1}^{n} \lambda_j = 1;\ \lambda_j \geqslant 0,\ j = 1,\ 2,\ \cdots,\ n \\ s^+ \geqslant 0;\ s^- \geqslant 0 \end{cases} \tag{3-6}$$

式（3-6）是一个 $BC^2$模型。其中 $\sigma$ 指决策单元$DMU_j$的纯技术效率（PTE）。如果 $\sigma = 1$，那么决策单元$DMU_j$在技术上是完全有效的；如果 $\sigma < 1$，那么决策单

① Charnes, A., Cooper, W. W., & Rhodes, E. Measuring the efficiency of decision-making units [J]. European Journal of Operation Research, 1978 (2): 429-444.

元 $DMU_j$在技术上并不完全有效。决策单元 $DMU_j$的规模创新效率（SIE）可以从公式 $\phi=\theta/\sigma$ 中求得。如果 $\theta=\sigma$，则表明决策单元的规模回报是不变的。如果 $\theta=\sigma$ 和 $\sum_{j=1}^{n}\lambda_j>1$ 均存在于 $C^2R$ 模型中，那么决策单元的规模回报正在递减；如果 $\theta\neq\sigma$ 和 $\sum_{j=1}^{n}\lambda_j<1$ 均存在于 $C^2R$ 模型中，那么决策单元的规模回报正在递增。

（2）创新驱动政策影响企业创新效率

政府对创新活动的支持主要体现在资金、税收优惠、专项贷款和类似政策的实施上（Li, et al., 2018①；Guan 和 Yam，2015②）。当前我国支持体育产业发展的最重要、最可量化的创新驱动政策包括：①对部分被认定为高新技术企业的企业给予所得税减免（Higt）：对被认定为“高新技术企业”的体育企业减按15%的税率征收企业所得税，这比一般企业低 10%。因此，高新技术企业所得税减免额等于总利润乘以 10%。②一些符合条件的体育公司还获得了政府补贴（Sub），这些补贴是基于其承担特定科研项目、完成特定科研任务而发放的。③有些体育企业还得到了研发费用加计扣除（Pret）的支持（Carboni，2017③；Zhang 和 Guan，2018④）。

此外，政府赞助可以降低企业的研发活动成本，并通过激励额外的私人研发支出来产生进一步的创新（Guellec 和 Potterie，2003⑤）。政府研发资金也会改变

① Hui Li, Jingxiao Zhang, Chao Wang, Yujie Wang, Vaughan Coffey. An evaluation of the impact of environmental regulation on the efficiency of technology innovation using the combined DEA model: a case study of Xi'an, China [J]. Sustainable Cities and Society, 2018 (42): 355-369.

② JianCheng Guan, Richard C. M. Yam. Effects of government financial incentives on firms' innovation performance in China: evidences from Beijing in the 1990s [J]. Research Policy, 2015, 44 (1): 273-282.

③ Carboni, O. A. The effect of public support on investment and R&D: an empirical evaluation on European manufacturing firms [J]. Technological Forecasting & Social Change, 2017 (117): 282-295.

④ Zhang, J., & Guan, J. The time-varying impacts of government incentives on innovation [J]. Technological Forecasting & Social Change, 2018 (135): 132-144.

⑤ Dominique Guellec, Bruno van Pottelsberghe de la Potterie. The impact of public R&D expenditure on business R&D [J]. Economics of Innovation and New Technology, 2003, 12 (3): 225-243.

受援企业的行为，并影响其创新（Hsu，et al.，2009①）。单独使用或与税收优惠一起使用的直接补贴加强了中小企业的研发导向（Radas，et al.，2015）②。因此，政府研发补助金在促进创新产出方面发挥了积极作用（Kang 和 Park，2012③）。弹性金融政策还可以激励企业积极利用低成本通道获取外交金融资本来支持企业创新，从而促进企业创新效率的提高（范圣然，陈志斌，沈磊，2018）④。

公共干预的主要目的是降低研发的有效成本，激励企业的研发投资，从而提高创新活动的效率（Farrell，1957⑤；González 和 Pazó，2008⑥；Kang 和 Park，2012⑦）。企业创新活动对研发相关税收的变化非常敏感（Howell，2016⑧；Lee，2018⑨；Mukherjee，et al.，2017⑩），其中减税可以激励它们的研发活动（Hiroyuki，et al.，2014）⑪。

现有文献已经关注到制度环境、政府优惠政策、金融支持等如何制约创新效

① Hsu，F. M.，Horng，D. J.，& Hsueh，C. C. The effect of government-sponsored R&D programmes on additionality in recipient firms in Taiwan [J]. Technovation，2009，29（3）：204-217.

② Radas，S.，Anić，I. D.，Tafro，A.，& Wagner，V. The effects of public support schemes on small and medium enterprises [J]. Technovation，2015（38）：15-30.

③ Kang，K. N.，& Park，H. Influence of government R&D support and inter-firm collaborations on innovation in Korean biotechnology SMEs [J]. Technovation，2012，32（1）：68-78.

④ 范圣然，陈志斌，沈磊. 企业财务柔性政策对创新效率的影响——来自经济新常态背景下的经验证据 [J]. 东北大学学报（社会科学版），2018，20（1）：36-43.

⑤ Farrell，M. J. The measurement of productive efficiency [J]. Journal of the Royal Statistical Society：Series A，1957，120（3）：253-290.

⑥ González，X.，& Pazó，C. Do public subsidies stimulate private R&D spending? [J]. Research Policy，2008，37（3）：371-389.

⑦ Kang，K. N.，& Park，H. Influence of government R&D support and inter-firm collaborations on innovation in Korean biotechnology SMEs [J]. Technovation，2012，32（1）：68-78.

⑧ Howell，A. Firm R&D，innovation and easing financial constraints in China：does corporate tax reform matter [J]? Research Policy，2016，45（10）：1996-2007.

⑨ Lee，D. Impact of the excise tax on firm R&D and performance in the medical device industry：evidence from the Affordable Care Act [J]. Research Policy，2018，47（5）：854-871.

⑩ Mukherjee，A.，Singh，M.，& Zaldokas，A. Do corporate taxes hinder innovation? [J]. Journal of Financial Economics，2017，124（1）：195-221.

⑪ Hiroyuki K.，Katsumi S.，Michio S. Does an R&D tax credit affect R&D expenditure? The Japanese R&D tax credit reform in 2003 [J]. Journal of the Japanese and International Economies，2014（31）：72-97.

率（Song, et al., 2015）①。关于创新驱动政策对创新效率的影响，众说纷纭。例如，Okamuro 和 Nishimura（2015）提出，政府资助能够抵消市场失灵，并通过抑制机会主义提高创新效率②；然而，Anokhin 和 Schulze（2009）③、Boubakri 等（2009）④、Görg 和 Strobl（2007）⑤，Hong 等（2016）⑥ 和 Wallsten（2000）⑦ 等学者认为，政府财政拨款会排挤私人研发支出或导致过度投资，从而对高新技术产业的创新效率产生负面影响。Guan 和 Yam（2015）⑧ 认为，特殊贷款和税收减免会对企业创新绩效产生积极影响，而直接专项拨款会产生负面影响。Li（2018）⑨ 发现，税收优惠政策对研发效率有显著的正向影响，对市场转化效率有正向但不显著的影响；Fan 和 Li（2017）⑩ 发现政府财政支持对研发效率有显

① Song, M., Ai, H., & Li, X. Political connections, financing constraints, and the optimization of innovation efficiency among China's private enterprises [J]. Technological Forecasting & Social Change, 2015 (92): 290-299.

② Okamuro, H., & Nishimura, J. Not just financial support? Another role of public subsidy in university-industry research collaborations [J]. Economics of Innovation and New Technology, 2015, 24 (7): 633-659.

③ Anokhin, S., & Schulze, W. S. Entrepreneurship, innovation, and corruption [J]. Journal of Business Venturing, 2009 (24): 465-476.

④ Boubakri, N., Cosset, J. C., & Guedhami, O. From state to private ownership: issues from strategic industries [J]. Journal of Banking & Finance, 2009 (33): 367-379.

⑤ Görg, H., & Strobl, E. The effect of R&D subsidies on private R&D [J]. Economica, 2007, 74 (294): 215-234.

⑥ Hong, J., Feng, B., Wu, Y., & Wang, L. Do government grants promote innovation efficiency in China's high-tech industries? [J]. Technovation, 2016 (57-58): 4-13.

⑦ Wallsten, S. J. The effects of government-industry R&D programs on private R&D: the case of the small business innovation research program [J]. The RAND Journal Economics, 2000, 31 (1): 82-100.

⑧ Guan, J., & Yam, R. C. Effects of government financial incentives on firms' innovation performance in China: evidences from Beijing in the 1990s [J]. Research Policy, 2015, 44 (1): 273-282.

⑨ Li, Y. Preferential tax policy and innovation efficiency of high-tech industry [J]. The Journal of Quantitative and Technical Economics, 2018, 35 (1): 60-76.

⑩ Fan, D. & Li, S. Research on R&D innovation efficiency of regional high-tech industry considering spatial effect [C]. Management Science and Engineering 2017 International Conference on Management Science and Engineering (ICMSE), 2017: 313-320.

著的负面影响，政府税收支持对研发效率有显著的正向影响。Li 等（2019）① 观察到，政府的直接财政支持对高新技术产业技术创新效率的提高没有影响。

以上分析表明，创新驱动政策会影响企业的创新效率。这些影响极其复杂，并且在各个行业和企业中存在显著差异（Hong，et al.，2016）②。我国体育产业作为一个新兴产业，在 2014 年被纳入创新驱动政策的支持范围，成为一个新兴产业，由此引出如下新的研究问题：

问题 2-2：创新驱动政策如何影响中国体育企业的创新效率？

由于不同创新驱动政策的影响机制不同，因此可以构建以下三个假设：

研究假设 2-3：Sub（政府补贴）对体育企业的创新效率有显著且正向影响。

研究假设 2-4：Pret（研发费用加计扣除）对体育企业的创新效率有显著且正向影响。

研究假设 2-5：Higt（高新技术企业所得税减免）对体育企业的创新效率有显著且正向影响。

问题 2-2 探讨了创新驱动政策对体育企业创新效率的影响，考虑到创新效率包括综合创新效率、纯技术效率和规模创新效率，在上述文献综述的基础上建立了以下回归模型，以检验研究假设 2-3、假设 2-4 和假设 2-5：

$$\theta = \lambda_1 \mathrm{Sub} + \lambda_2 \mathrm{Higt} + \lambda_3 \mathrm{Pret} + \delta \tag{3-7}$$

$$\sigma = \lambda'_1 \mathrm{Sub} + \lambda'_2 \mathrm{Higt} + \lambda'_3 \mathrm{Pret} + \delta' \tag{3-8}$$

$$\phi = \lambda''_1 \mathrm{Sub} + \lambda''_2 \mathrm{Higt} + \lambda''_3 \mathrm{Pret} + \delta'' \tag{3-9}$$

在式（3-7）、式（3-8）和式（3-9）中，$\theta$、$\sigma$ 和 $\phi$ 分别指综合效率、纯技术效率和规模创新效率；Sub、Higt 和 Pret 分别指政府研发补贴、高新技术企业所得税减免和研发费用加计扣除。

（3）创新驱动政策对企业创新效率影响存在异质性

为了进一步发挥企业的创新主导作用，越来越多的政府制定并实施了创新驱

① Li, C., Li, M., Zhang, L., Li, T., Ouyang, H. and Na, S. Has the high-tech industry along the belt and road in China achieved green growth with technological innovation efficiency and environmental sustainability? [J]. International Journal of Environmental Research and Public Health, 2019, 16 (17): 3117.

② Hong, J., Feng, B., Wu, Y., & Wang, L. Do government grants promote innovation efficiency in China's high-tech industries? [J]. Technovation, 2016 (57-58): 4-13.

动政策来支持企业创新，但是其效果对于不同的体育企业来说是不同的。对于不同规模的企业，包括资产规模（Ass）和员工规模（Sta），创新驱动政策对创新效率的影响会有很大的差异（Park，2015）①。从企业发展的角度来看，政府补助对小企业的私人研发投资有积极的影响，而对大企业研发投资的影响不显著（Lach，2002）②。而且当政府仅给企业小额研发补贴时，企业创新效率会下降；只有当政府研发补贴超过一定"度"时，企业创新效率才开始提高（Huang，et al.，2016）③，而政府研发补贴对大型高新技术企业有反向影响作用（Hong，et al.，2015）④。

从政策公平性的角度来看，政府通常会选择能力强的企业（例如财务业绩更好，市场份额更高的企业等）来执行政府研发项目。这在我国工业领域中尤其如此（Hu，2001）⑤。核心技术的开发、高科技产品的商业化取决于企业的自主创新能力（Wang，et al.，2016）⑥。因此，自主创新能力也会影响创新效率。而研发人员强度（RDP）反映了企业的创新能力。除了中型规模企业，人力资本可以提升其他类型高新技术企业的创新绩效（Hong，et al.，2015）⑦，而高新技术产

① Park，S. Evaluating the efficiency and productivity change within government subsidy recipients of a national technology innovation research and development program [J]. R&D Management，2015，45（5）：549-568.

② Lach，S. Do R&D subsidies stimulate or displace private R&D? Evidence from Israel [J]. The Journal of Industrial Economics，2002，50（4）：369-390.

③ Huang，Q.，Jiang，M. S. & Miao，J. Effect of government subsidization on chinese industrial firms' technological innovation efficiency：a stochastic frontier analysis [J]. Journal of Business Economics and Management，2016，17（2）：187-200.

④ Hong，J.，Hong，S.，Wang，L.，Xu，Y.，& Zhao，D. Government grants，private R&D funding and innovation efficiency in transition economy [J]. Technology Analysis & Strategic Management，2015，27（9）：1068-1096.

⑤ Albert Guangzhou Hu. Ownership，government R&D，private R&D，and productivity in Chinese industry [J]. Journal of Comparative Economics，2001，29（1）：136-157.

⑥ Wang Q.，Hang Y.，Sun L. & Zhao Z. Two-stage innovation efficiency of new energy enterprises in China：a non-radial DEA approach [J]. Technological forecasting and social change，2016（112）：254-261.

⑦ Hong，J.，Hong，S.，Wang，L.，Xu，Y.，& Zhao，D. Government grants，private R&D funding and innovation efficiency in transition economy [J]. Technology Analysis & Strategic Management，2015，27（9）：1068-1096.

业中高质量研发人员可以提高其技术创新效率（Li, et al., 2019）①。

基于以上分析，对于不同资产规模、员工规模和研发人员强度的企业，创新驱动政策对其创新效率的影响是不同的，这就引发出问题 2-3：

通过创新驱动的政策可以更有效地提高哪种体育企业的创新效率？

根据上述问题提出以下研究假设：

研究假设 2-6：资产规模与创新驱动政策的交互作用显著并正向影响体育企业的创新效率。

研究假设 2-7：员工规模与创新驱动政策的交互作用显著并正向影响体育企业的创新效率。

研究假设 2-8：研发人员强度与创新驱动政策的交互作用显著并正向影响体育企业的创新效率。

问题 2-3 探讨了创新驱动政策对体育企业创新效率影响的异质性，式（3-10）、式（3-11）和式（3-12）分别用于检验研究假设 2-6、假设 2-7 和假设 2-8：

$$\begin{cases}\theta = \delta_{11}^{1}\text{Ass} \times \text{Higt} + \delta_{21}^{1}\text{Ass} \times \text{Pret} + \delta_{31}^{1}\text{Ass} \times \text{Sub} + \vartheta_{1}^{1} \\ \sigma = \delta_{12}^{1}\text{Ass} \times \text{Higt} + \delta_{22}^{1}\text{Ass} \times \text{Pret} + \delta_{32}^{1}\text{Ass} \times \text{Sub} + \vartheta_{2}^{1} \\ \phi = \delta_{13}^{1}\text{Ass} \times \text{Higt} + \delta_{23}^{1}\text{Ass} \times \text{Pret} + \delta_{33}^{1}\text{Ass} \times \text{Sub} + \vartheta_{3}^{1}\end{cases} \tag{3-10}$$

$$\begin{cases}\theta = \delta_{11}^{2}\text{Sta} \times \text{Higt} + \delta_{21}^{2}\text{Sta} \times \text{Pret} + \delta_{31}^{2}\text{Sta} \times \text{Sub} + \vartheta_{1}^{2} \\ \sigma = \delta_{12}^{2}\text{Sta} \times \text{Higt} + \delta_{22}^{2}\text{Sta} \times \text{Pret} + \delta_{32}^{2}\text{Sta} \times \text{Sub} + \vartheta_{2}^{2} \\ \phi = \delta_{13}^{2}\text{Sta} \times \text{Higt} + \delta_{23}^{2}\text{Sta} \times \text{Pret} + \delta_{33}^{2}\text{Sta} \times \text{Sub} + \vartheta_{3}^{2}\end{cases} \tag{3-11}$$

$$\begin{cases}\theta = \delta_{11}^{3}\text{RDP} \times \text{Higt} + \delta_{21}^{3}\text{RDP} \times \text{Pret} + \delta_{31}^{3}\text{RDP} \times \text{Sub} + \vartheta_{1}^{3} \\ \sigma = \delta_{12}^{3}\text{RDP} \times \text{Higt} + \delta_{22}^{3}\text{RDP} \times \text{Pret} + \delta_{32}^{3}\text{RDP} \times \text{Sub} + \vartheta_{2}^{3} \\ \phi = \delta_{13}^{3}\text{RDP} \times \text{Higt} + \delta_{23}^{3}\text{RDP} \times \text{Pret} + \delta_{33}^{3}\text{RDP} \times \text{Sub} + \vartheta_{3}^{3}\end{cases} \tag{3-12}$$

在式（3-10）、式（3-11）和（3-12）中，Ass、Sta 和 RDP 分别指资产规

① Li, C., Li, M., Zhang, L., Li, T., Ouyang, H., & Na, S. Has the high-tech industry along the Belt and Road in China achieved green growth with technological innovation efficiency and environmental sustainability? [J]. International Journal of Environmental Research & Public Health. 2019, 16 (17): 3117.

模、员工规模和研发人员强度；$\delta_{ij}^{k}(i, j, k=1, 2, 3)$ 是回归系数，$\vartheta_{j}^{k}(j, k=1, 2, 3)$ 指残差。其他的指标与上述相同。

在前面文献分析的基础上，在此选择了三个创新效率指标、四个创新投入指标、八个创新产出指标、三个企业特征指标和三个创新驱动政策指标，详见表3-2，要特别说明一下，其中 Pat 是等效专利的总和。我国体育产业包括体育产品制造类、体育传媒类、电子竞技、健身培训类和体育赛事类等，不同类型的体育企业有不同的技术创新成果，包括软件著作权、发明专利、外观设计专利和实用新型专利等。为了评估不同类型体育企业的技术创新成果水平，参考周小刚等(2018)① 的观点，Pat 用软件版权、发明专利、外观设计专利和实用新型专利的数量分别乘以权重 8、40、20 和 30 来综合计算。

表 3-2　　**创新效率、创新驱动政策相关指标**

| | 变量 | 简写 | 测量方法 |
|---|---|---|---|
| 创新效率 | 综合创新效率 | CIE$\theta$ | 基于 $C^2R$ 模型的创新效率评估 |
| | 纯技术效率 | PTE$\sigma$ | 基于 $BC^2$ 模型的创新效率评估 |
| | 规模创新效率 | SIE$\phi$ | $\phi=\theta/\sigma$ |
| 创新投入 | 研发投入规模 | Inv | 研发总投入 |
| | 员工总数 | RDs | 研发人员总数 |
| | 研发投入强度 | RDE | 研发投入占营业总收入的比例 |
| | 研发人员强度 | RDP | 研发人员占公司总人员的比例 |
| 创新产出 | 专利权 | Pat | 等效专利总数 |
| | 销售额 | Sale | 营业总收入 |
| | 纯利润 | Prof | 企业利润总额 |
| | 生产率 | Prod | 净利润总额占公司员工总数 |
| | 利润率 | Prom | 利润与营业收入之比 |
| | 销售额增长率 | GRS | 与上一年相比的销售年增长率 |

① 周小刚，贾仁安，李丽清，陈普，胡辉．创新驱动升级的 SD 建模和策略的反馈仿真组合分析——以江西合力有限公司创新升级为例［J］．系统工程理论与实践，2018，38(11)：2831-2851.

续表

| | 变量 | 简写 | 测量方法 |
|---|---|---|---|
| 创新产出 | 资产收益率 | ROA | 净收入占总资产的比率 |
| | 技术资产比例 | IntR | 无形资产占总资产的比率 |
| 企业特征 | 资产规模 | Ass | 企业资产总额 |
| | 员工规模 | Sta | 企业员工总数 |
| 创新驱动政策 | 研发费用加计扣除 | Pret | 研发费用加计扣除 |
| | 高新技术企业所得税减免 | Higt | 高新技术企业所得税减免额 |
| | 政府所得税补贴 | Sub | 用于支持企业研发活动的政府总补贴 |

#### 3.3.3.3　企业治理结构、财务能力影响体育企业研发强度

（1）企业财务能力对研发投入的影响

由于研发活动通常是长期和高风险的，其投资回报是不可预测的，研发成果常常是无担保价值的无形资本（Baum，et al.，2013①；Berentsen，et al.，2012②），而且研发成果很容易由于过时、落伍而被淘汰，为此，研发成果难以成为融资担保品；另外，企业常常需要保持研发活动的秘密，维持其商业秘密和核心技术（Lin，et al.，2017）③，为此基于研发活动的融资活动可能因为信息不对称而导致融资失败，因此，企业很难通过外部融资渠道为研发活动提供资金（Hu，et al.，2017④；Berentsen，et al.，2012⑤）。即使有些企业的研发活动偶

① Baum，C. F.，Caglayan，M.，Talavera，O. The effects of future capital investment and R&D expenditures on firms' liquidity [J]. Review of International Economics，2013，21 (3)：459-474.

② Berentsen A.，Breu M R.，Shi S. Liquidity，innovation and growth [J]. IEW-Working Papers，2012，59 (8)：721-737.

③ Z. Jun Lin，Shengqiang Liu，Fangcheng Sun. The impact of financing constraints and agency costs on corporate R&D investment：evidence from China [J]. International Review of Finance，2017 (17)：3-42.

④ Hu，J.，Guo，L.，Zhu，F. Regional financial developments and research and development investment-cash flow sensitivity：evidence on chinese public high-tech companies [J]. International Review of Finance，2017 (17)：627-643.

⑤ Berentsen A，Breu M R，Shi S. Liquidity，innovation and growth [J]. IEW-Working Papers，2012，59 (8)：721-737.

尔通过融资或贷款获得外部支持，这种外部支持也是得益于企业的财务状况。因此，企业的创新与其现金持有率、销售额和盈利能力显著相关（Vo 和 Le，2017①）。研发投资还取决于现金流或股票发行，并受到外部融资资源的限制（Hu，et al.，2017②），其中流动性、偿付能力、盈利能力和增值是金融健康的四个基本要素（Delen，et al.，2013③；Teirlinck，2017④）。企业财务能力，包括偿付能力、盈利能力、运营能力和增长能力（李莉等，2013）⑤，已被确定为影响研发投资的因素（Kuo，et al.，2018⑥；Schmid，et al.，2014⑦）。下面进一步研讨企业财务能力与研发强度的关系。

企业资产流动性、企业经营能力和研发投入。内部现金流是研发投资的主要来源（Hu，et al.，2017）⑧，研发强度与现金流正相关（Guariglia 和 Liu，2014⑨；Himmelberg 和 Petersen，1994）⑩。企业的财务状况和资产流动对其研发

---

① Lai Van Vo，Huong Thi Thu Le. Strategic growth option，uncertainty，and R&D investment [J]. International Review of Financial Analysis，2017（51）：16-24.

② Hu，J.，Guo，L，Zhu，F. Regional financial developments and research and development investment-cash flow sensitivity：evidence on Chinese public high-tech companies [J]. International Review of Finance，2017（17）：627-643.

③ Dursun Delen，Cemil Kuzey，Ali Uyar. Measuring firm performance using financial ratios：a decision tree approach [J]. Expert Systems With Applications，2013（40）：3970-3983.

④ Peter Teirlinck. Configurations of strategic R&D decisions and financial performance in small-sized and medium-sized firms [J]. Journal of Business Research，2017（74）：55-65.

⑤ 李莉，曲晓辉，肖虹. R&D 支出资本化：真实信号传递或盈余管理？[J]. 审计与经济研究，2013，28（1）：60-69.

⑥ Kuo，H.，Wang，L.，Yeh，L. The role of education of directors in influencing firm R&D investment [J]. Asia Pacific Management Review，2018（23）：108-120.

⑦ Thomas Schmid，Ann-Kristin Achleitner，Markus Ampenberger，Christoph Kaserer. Family firms and R&D behavior—new evidence from a large-scale survey [J]. Research Policy，2014，43（1）：233-244.

⑧ Hu，J.，Guo，L.，Zhu，F. Regional financial developments and research and development investment-cash flow sensitivity：evidence on Chinese public high-tech companies [J]. International Review of Finance，2017（17）：627-643.

⑨ Guariglia，A.，Liu，P. To what extent do financing constraints affect Chinese firms' innovation activities? [J]. International Review of Financial Analysis，2014（36）：223-240.

⑩ Himmelberg，C. P.，Petersen，B. C. R&D and internal finance：a panel study of small firms in high-tech industries [J]. Review Conomics Statistics，1994（76）：38-51.

支出有影响（Hao 和 Jaffe，1993）①，对于较小和成立时间较短的企业来说，资产流动性对其创新的影响更大（Lee，et al.，2018）②。对于资产流动性和内部现金流，有三个重要的企业指标：①总资产周转率（AT），被定义为销售额与平均总资产的比率；②应收账款周转率（ART），被定义为销售额与平均应收账款的比率；③现金流率（CFR），被定义为经营活动产生的现金流，按总资产比例计算（Hu，et al.，2017③；Vo & Le，2017④；Huang 和 Wang，2015⑤）。

企业的偿付能力和研发投入。较小和较年轻的企业面临的财务约束更高（Dong 和 Gou，2010）⑥，财务约束对其研发投资的影响更为明显，而研发投资与债务（Hillier，et al.，2011）⑦ 和债务融资（Chiao，2001）⑧ 负相关。杠杆率（LEV）被定义为总债务与总资产的比率（Huang 和 Wang，2015⑨；Masood 和 Shah，2014⑩），可以反映企业的长期偿债能力。杠杆率（LEV）与研发投资负

① Hao，K. Y.，Jaffe，A. B. Effect of liquidity on firms' R&D spending [J]. Economics of Innovation & New Technology，1993（2）：275-282.

② Lee，C.，Park，G.，Kang，J. The impact of convergence between science and technology on innovation [J]. Journal of Technology Transfer，2018（43）：522-544.

③ Hu，J.，Guo，L.，Zhu，F. Regional financial developments and research and development investment-cash flow sensitivity：evidence on Chinese public high-tech companies [J]. International Review of Finance，2017（17）：627-643.

④ Lai Van Vo，Huong Thi Thu Le. Strategic growth option，uncertainty，and R&D investment [J]. International Review of Financial Analysis，2017（51）：16-24.

⑤ Huang，Y. S.，Wang，C. J. Corporate governance and risk-taking of Chinese firms：the role of board size [J]. International Review of Economics and Finance，2015（37）：96-113.

⑥ Dong，J.，Gou，Y. Corporate governance structure，managerial discretion，and the R&D investment in China [J]. International Review of Economics & Finance，2010（19）：180-188.

⑦ David Hillier，Julio Pindado，Valdoceu de Queiroz，Chabela de la Torre. The impact of country-level corporate governance on research and development [J]. Journal of International Business Studies，2011，42（1）：76-98.

⑧ Chaoshin Chiao. The relationship between R&D and physical investment of firms in science-based industries [J]. Applied Economics，2001，33（1）：23-35.

⑨ Huang，Y. S.，Wang，C. J. Corporate governance and risk-taking of Chinese firms：the role of board size [J]. International Review of Economics and Finance，2015（37）：96-113.

⑩ Masood，A.，Shah，A. Corporate governance and cash holdings in listed non-financial firms in Pakistan [J]. Social Science Electronic Publishing，2014（9）：48-72.

相关（Friend 和 Lang，1988）①，并影响企业实现流动性的能力。

企业盈利性和研发投入。用来衡量当前盈利能力的三个最受欢迎的财务绩效指标是资产回报率（ROA）、销售回报率（ROS）和股本回报率（ROE）（Teirlinck，2017②；Kou，et al.，2018③）。ROA 被定义为净收入与总资产的比率（Lee，et al，2018④；Huang 和 Wang，2015⑤）；ROS 被定义为净收入与销售额的比率（Teirlinck，2017⑥；Kou，et al.，2018⑦）。

ROE 被定义为净收入与股东权益的比率（Vo 和 Le，2017⑧；Kou，et al.，2018⑨）。企业研发支出与企业盈利能力相关，但美国生物制药上市企业的研发支出与非正常收益率无显著相关性（Koku，2010）⑩。

增值、企业成长和研发投入。产出或附加值是研发投入的主要解释变量（Becker 和 Hall，2009）⑪。作为研发支出主动管理的重要成果，企业的成长是首要目标，因为这可以表明研发产生市场价值和投资机会，投资机会较好的企业通

---

① Friend, I., Lang, H. H. P. An empirical test of the impact of management self-interest on corporate capital structure [J]. Journal of Finance, 1988 (43): 271-283.

② Peter Teirlinck. Configurations of strategic R&D decisions and financial performance in small-sized and medium-sized firms [J]. Journal of Business Research, 2017 (74): 55-65.

③ Kuo, H., Wang, L., Yeh, L. The role of education of directors in influencing firm R&D investment [J]. Asia Pacific Management Review, 2018 (23): 108-120.

④ Lee, C., Park, G., Kang, J. The impact of convergence between science and technology on innovation [J]. Journal of Technology Transfer, 2018 (43): 522-544.

⑤ Huang, Y. S., Wang, C. J. Corporate governance and risk-taking of Chinese firms: The role of board size [J]. International Review of Economics and Finance, 2015 (37): 96-113.

⑥ Peter Teirlinck. Configurations of strategic R&D decisions and financial performance in small-sized and medium-sized firms [J]. Journal of Business Research, 2017 (74): 55-65.

⑦ Kuo, H., Wang, L., Yeh, L. The role of education of directors in influencing firm R&D investment [J]. Asia Pacific Management Review, 2018 (23): 108-120.

⑧ Lai Van Vo, Huong Thi Thu Le. Strategic growth option, uncertainty, and R&D investment [J]. International Review of Financial Analysis, 2017 (51): 16-24.

⑨ Kuo, H., Wang, L., Yeh, L. The role of education of directors in influencing firm R&D investment [J]. Asia Pacific Management Review, 2018 (23): 108-120.

⑩ Koku, P. S. R&D expenditure and profitability in the pharmaceutical industry in the United States [J]. Journal of Applied Management Accounting Research, 2010 (8): 167-173.

⑪ Becker, B., Hall, S. G. Foreign direct investment in R&D and exchange rate uncertainty [J]. Open Economies Review, 2009 (20): 207-223.

常更关注研发投资（Lee 和 O'Neill，2003①；Cazier，2011②），而企业的成长与研发投资密切相关（Stam 和 Wennberg，2009）③。一个企业的增长能力越强，其研发投入就可能越高（Kuo，et al.，2018④；Mudambi 和 Swift，2011⑤；Patel，et al.，2018⑥），产出变量显示销售增长率（GRS）、资产增长率（GRA）和利润增长率（GRP）的增值。

基于上述理论分析，提出了如下假设，试图回答如下研究问题：

问题 3-1：中国体育企业财务能力与研发强度的关系是什么？

研究假设 3-1：资产周转率、应收账款周转率和现金流比率与研发强度正相关。

研究假设 3-2：杠杆率与研发强度负相关。

研究假设 3-3：销售回报率、资产回报率、股权收益率与研发强度正相关。

研究假设 3-4：销售增长率、资产增长率、利润增长率与研发强度正相关。

问题 3-1 探讨了决定体育企业研发强度的企业财务能力指标，进而揭示了企业财务能力对研发投入的影响，为了检验假设 3-1，假设 3-2，假设 3-3，假设 3-4，基于上述文献分析，建立了以下回归模型：

$$RDA=\lambda_1 ROA+\lambda_2 ROS+\lambda_3 ROE+\lambda_4 GRS+\lambda_5 GRP+\lambda_6 GRA+\lambda_7 AT +\lambda_8 ART+\lambda_9 CFR+\lambda_{10} LEV+\delta \quad (3\text{-}13)$$

在式（3-13）中，RDA 指一家体育企业的研发强度；ROA、ROS 和 ROE 是企业的盈利能力指标；GRS、GRP 和 GRA 是企业的财务增长指标；AT、ART 和

① Peggy M. Lee, Hugh M. O'Neill. Ownership structures and R&D investments of U. S. and Japanese firms: agency and stewardship perspectives [J]. The Academy of Management Journal, 2003, 46 (2): 212-225.

② Cazier, R. A. Measuring R&D curtailment among short-horizon CEOs [J]. Journal of Corporate Finance, 2011 (17): 584-594.

③ Stam, E. & Wennberg, K. The roles of R&D in new firm growth [J]. Small Business Economics, 2009 (33): 77-89.

④ Kuo, H., Wang, L., Yeh, L. The role of education of directors in influencing firm R&D investment [J]. Asia Pacific Management Review, 2018 (23): 108-120.

⑤ Mudambi, R., Swift, T. Proactive R&D management and firm growth: a punctuated equilibrium model [J]. Research Policy, 2011, 40 (3): 429-440.

⑥ Pankaj C. Patel, Maria João Guedes, Nuno Soares, Vítor da Conceição Gonçalves. Strength of the association between R&D volatility and firm growth: the roles of corporate governance and tangible asset volatility [J]. Journal of Business Research, 2018 (88): 282-288.

CFR 是企业的运营能力指标；LEV 是企业的偿付能力指标。

（2）企业治理结构对研发投入的影响

企业治理是一种符合所有者和管理者利益的制度形式，通常为所有者提供监控安排或激励机制，以说服管理者承担风险（Driver 和 Guedes，2012）①。由于研发投资活动是在既定的企业治理结构下进行的，企业治理在研发投资中起着重要作用（Driver 和 Guedes，2012）②，企业治理结构从根本上影响企业研发投资（Lee 和 O'Neill，2003③；Munari，et al.，2010④）。企业治理结构（最高管理层、董事会和股东结构）被确定为研发投资决策的决定因素。具体来说，有效的董事会有助于研发投资，可以降低研发对现金流的敏感性（Hillier，et al.，2011）⑤，董事会和所有权结构也会影响研发活动（Ayyagari，et al.，2011）⑥。

董事会规模（BS）和董事会独立性（BI）。作为企业治理结构的两个核心，董事会规模和董事会独立性影响着高层管理团队的异质性（Huang 和 Wang，2015⑦；Lv，et al.，2019⑧），从而影响着研发投资决策（Kor，2006）⑨。BS 的

① Driver，C.，Guedes，M. J. C. Research and development，cash flow，agency and governance：UK large companies［J］. Research Policy，2012（41）：1565-1577.

② Driver，C.，Guedes，M. J. C. Research and development，cash flow，agency and governance：UK large companies［J］. Research Policy，2012（41）：1565-1577.

③ Lee，P. M.，O'Neill，H. M. Ownership structures and R&D investments of U. S. and Japanese firms，agency and stewardship perspectives［J］. Academy Management，2003（46）：212-225.

④ Munari，F.，Oriani，R.，Sobrero，M. The effects of owner identity and external governance systems on R&D investments：a study of Western European firms［J］. Research Policy，2010（39）：1093-1104.

⑤ Hillier，D.，Pindado，J.，Queiroz，V.，Torre，C. The impact of country-level corporate governance on research and development［J］. Journal of International Business Studies，2011（42）：76-98.

⑥ Ayyagari，M.，Demirgüç-Kunt，A.，Maksimovic，V. Firm innovation in emerging markets：the role of finance，governance and competition［J］. Journal of International Business Studies，2011（46）：1545-1580.

⑦ Huang，Y. S.，Wang，C. J. Corporate governance and risk-taking of Chinese firms：the role of board size［J］. International Review of Economics and Finance，2015（37）：96-113.

⑧ Lv，D. D.，Chen，W.，Zhu，H.，Lan，H. How does inconsistent negative performance feedback affect the R&D investments of firms? A study of publicly listed firms［J］. Journal of Business Research，2019（102）：151-162.

⑨ Kor，Y. Y. Direct and interaction effects of top management team and board compositions on R&D investment strategy［J］. Strategic Management Journal，2006（27）：1081-1099.

定义为董事会总人数（Huang 和 Wang，2015）①，BI 的定义为董事会中独立董事的百分比（Huang 和 Wang，2015②；Lv，et al.，2019③）。BS 和 BI 是否能够激励管理者促进企业研发仍是一个争论的话题（Deutsch，2005）④。一些学者认为，拥有绝大多数独立外部人的独立董事会是企业有效治理的支柱（Deutsch，2005⑤；Dalton，et al.，2007⑥），董事会独立性与研发投资正相关（Baysinger 和 Hoskisson，1990）⑦。然而，也有人认为独立董事缺乏内部信息（Yoo 和 Sung，2015）⑧，独立董事在诱导管理者加大管理努力和规避风险方面的监督作用往往被忽视（Balsmeier，et al.，2017）⑨，当董事会的规模增加时，董事会对管理者的监督和激励就会减少（Yermack，1996）⑩。因此，BS 和 BI 在研发投资决策中扮演着独特而复杂的角色。

股权集中度（EC）和股权平衡度（EB）。Jensen 和 Meckling（1976）⑪ 认为，企业健康发展的一个重要前提是股权适度集中，大股东既没有因为股权过度

---

① Huang，Y. S.，Wang，C. J. Corporate governance and risk-taking of Chinese firms：the role of board size［J］. International Review of Economics and Finance，2015（37）：96-113.

② Huang，Y. S.，Wang，C. J. Corporate governance and risk-taking of Chinese firms：the role of board size［J］. International Review of Economics and Finance，2015（37）：96-113.

③ Lv，D. D.，Chen，W.，Zhu，H.，Lan，H. How does inconsistent negative performance feedback affect the R&D investments of firms? A study of publicly listed firms［J］. Journal of Business Research，2019（102）：151-162.

④ Deutsch，Y. The impact of board composition on firms' critical decisions：a meta-analytic review［J］. Journal of Management，2005（31）：424-444.

⑤ Deutsch，Y. The impact of board composition on firms' critical decisions：a meta-analytic review［J］. Journal of Management，2005（31）：424-444.

⑥ Dalton D R，Hitt M A，Certo S T，et al. The fundamental agency problem and its mitigation［J］. Academy of Management Annals，2007，1（1）：1-64.

⑦ Baysinger，B. D.，Hoskisson，R. E. The composition of boards of directors and strategic control：effects on corporate strategy［J］. The Academy of Management Review，1990（15）：72-87.

⑧ Yoo，T.，Sung，T. How outside directors facilitate corporate R&D investment? Evidence from large Korean firms［J］. Journal of Business Research，2015（68）：1251-1260.

⑨ Balsmeier，B.，Fleming，L.，Manso，G. Independent boards and innovation［J］. Journal of Financial Economics，2017（123）：536-557.

⑩ Yermack，D. Higher market valuation of companies with a small board of directors［J］. Journal of Financial Economics，1996（35）：451-469.

⑪ Jensen，M. C.，Meckling，W. H. Theory of the firm：managerial behavior，agency costs and ownership structure［J］. Journal of Financial Economics，1976（3）：305-360.

集中而产生的独裁权力，也没有因股权过度分散而出现被动决策。第一大股东持股比例过多对技术创新和企业绩效有负面影响（Huang 和 Wang，2015①；Lv，et al.，2019②）。第一大股东持股比例用于衡量股权集中度（Lin，et al.，2017③；Masood 和 Shah，2014④）。股权结构缺乏有效的监督和制衡，可能导致决策的片面性，甚至可能损害中小股东的利益。股权平衡程度以第二至第五大股东持股比例之和进行衡量。

基于以上分析，企业治理结构影响企业研发投入，同时，企业治理结构也会对企业融资产生影响。例如，股权集中度与净资产收益率呈倒 U 形关系（Pedersen 和 Thomsen，1999）⑤。此外，在治理良好的企业中，财务约束将减弱甚至消失。企业治理结构对研发投资的影响是由某些财务指标驱动的，如盈利能力和现金流（Vo 和 Le，2017）⑥。这就引发问题 3-2：

企业治理结构如何影响中国体育企业的研发强度？

研究问题 3-2 对应下述研究假设，即通过探讨下述 4 个研究假设可以回答该问题。

假设 3-5：适度的股东规模与体育企业研发投入正相关。

假设 3-6：董事会独立性与研发投入正相关。

假设 3-7：股权集中度对研发投入有积极影响。

假设 3-8：权益余额对研发投入有显著影响。

---

① Huang，Y. S.，Wang，C. J. Corporate governance and risk-taking of Chinese firms：the role of board size [J]. International Review of Economics and Finance，2015 (37)：96-113.

② Lv，D. D.，Chen，W.，Zhu，H.，Lan，H. How does inconsistent negative performance feedback affect the R&D investments of firms? A study of publicly listed firms [J]. Journal of Business Research，2019 (102)：151-162.

③ Lin，Z. J.，Liu，S.，& Sun，F. The impact of financing constraints and agency costs on corporate R&D investment：evidence from China [J]. International Review of Finance，2017，17 (1)：3-42.

④ Masood，A.，& Shah，A. Corporate governance and cash holdings in listed non-financial firms in Pakistan [J]. Business Review，2014，9 (2)：48-72.

⑤ Pedersen，T.，Thomsen，S. Business systems and corporate governance [J]. International Studies of Management & Organization，1999 (29)：43-59.

⑥ Vo，L. V.，& Le，H. T. T. Strategic growth option，uncertainty，and R&D investment [J]. International Review of Financial Analysis，2017 (51)：16-24.

问题 3-2 研究了企业治理结构对体育企业研发强度的影响。对研究问题 3-2 的检验转化为以下回归模型：

$$RDI_t = \gamma_1 EC + \gamma_2 EB + \gamma_3 BS + \gamma_4 BI + \gamma \tag{3-14}$$

式（3-14）中，EC 为第一大股东的持股比例；EB 为第二至第五大股东的持股比例之和；BS 为董事会所有股东数；BI 为独立董事占股东总数的百分比。

式（3-14）表明企业治理结构直接影响研发强度。为了解释企业财务能力和企业治理结构对研发投入决策的综合影响，对问题 3-1 和问题 3-2 的探究导致了以下回归模型的发展。

$$\begin{aligned} RDA = {} & \lambda_1 ROA + \lambda_2 ROS + \lambda_3 ROE + \lambda_4 GRS + \lambda_5 GRP + \lambda_6 GRA + \lambda_7 AT \\ & + \lambda_8 ART + \lambda_9 CF + \lambda_{10} LEV + \gamma_1 EC + \gamma_2 EB + \gamma_3 SB + \gamma_4 IB + \gamma + \delta \end{aligned} \tag{3-15}$$

（3）企业财务能力与企业治理结构的互动效应

企业治理结构和企业财务能力对其研发强度的影响贯穿于整个研发过程，并发生在企业战略决策的各个层面。此外，它们并不是相互独立的，它们之间的交互作用对企业的研发强度产生复杂的影响。在研发投资的研究中，以前的研究没有关注到企业治理和现金流对研发的交互作用（Driver 和 Guedes，2012）①。企业治理结构对研发投资的影响也受盈利能力和现金流等财务能力指标驱动（Vo 和 Le，2017）②。因此，治理结构对研发强度的影响机制是一个复杂的问题。不同行业的情况不同（Levin，et al.，2013）③，每个行业的需求和竞争可能会影响研发投资水平（Levin，et al.，2013④；Ito 和 Pucik，1993⑤）。因此，企业的异

---

① Driver，C. & Guedes，M. J. C. Research and development，cash flow，agency and governance：UK large companies［J］. Research Policy，2012（41）：1565-1577.

② Vo，L. V.，& Le，H. T. T. Strategic growth option，uncertainty，and R&D investment［J］. International Review of Financial Analysis，2017（51）：16-24.

③ Levin R. C.，Klevorick A. K.，Nelson R. R.，Winter，S. G. Appropriating the returns from industrial research and development［J］. Competition Policy International，2013，9（2）：160-196.

④ Levin R. C.，Klevorick A. K.，Nelson R. R.，Winter，S. G. Appropriating the returns from industrial research and development［J］. Competition Policy International，2013，9（2）：160-196.

⑤ Ito K，Pucik V. R&D spending，domestic competition，and export performance of Japanese manufacturing firms［J］. Strategic Management Journal，1993，14（1）：61-75.

质性必须通过企业治理结构和企业财务能力的相互作用来解释（Kuo，et al.，2018）①。

与那些拥有强大的、既定治理体系的企业不同，治理能力薄弱或治理结构不尽完善的企业在收购上花费更多，其内部现金使用不科学、不规范，并且容易分散现金储备，因此它们的现金储备较少。此外，它们通常拥有较低的内部人所有权、较少的股东权力和独立董事会，因此未来的投资价值和盈利能力会下降（Masood 和 Shah，2014）②。董事持股和董事会规模与企业现金持有量负相关（Masood 和 Shah，2014）③。五大股东的股权集中度和持股比例与现金持有量直接相关（Masood 和 Shah，2014）④，董事会规模对研发投资和现金流之间的关系有负面影响（Huang 和 Wang，2015）⑤，并与企业的杠杆率正相关（Wang，2012）⑥。

对于外部或内部融资供应商，企业治理是确保其能够得到投资回报的重要依据（Shleifer 和 Vishny，1997）⑦。因此，治理良好的企业可以从金融供应商那里获得更多支持。此外，在企业治理机制的监督和控制下，管理者不会滥用现金（Masood 和 Shah，2014）⑧，他们的自主交易活动也会受到限制（Shleifer 和

① Kuo，H.，Wang，L.，& Yeh，L. The role of education of directors in influencing firm R&D investment [J]. Asia Pacific Management Review，2018（23）：108-120.

② Masood A.，Shah A . Corporate governance and cash holdings in listed non-financial firms of Pakistan [J]. Business Review，2014，9（2）：48-72.

③ Masood A.，Shah A . Corporate governance and cash holdings in listed non-financial firms of pakistan [J]. Business Review，2014，9（2）：48-72.

④ Masood A.，Shah A . corporate governance and cash holdings in listed non-financial firms of pakistan [J]. Business Review，2014，9（2）：48-72.

⑤ Huang，Y. S.，Wang，C. J. Corporate governance and risk-taking of Chinese firms：The role of board size [J]. International Review of Economics and Finance，2015（37）：96-113.

⑥ Wang，C. Board size and firm risk-taking [J]. Review of Quantitative Finance & Account，2012（38）：519-542.

⑦ Shleifer A.，Vishny R. W. A survey of corporate governance [J]. Journal of Finance，American Finance Association，1997，52（2）：737-783.

⑧ Masood A.，Shah A . Corporate governance and cash holdings in listed non-financial firms of Pakistan [J]. Business Review，2014，9（2）：48-72.

Vishny，1997）①。当自由现金流返还给所有者时，一个独立性更优的董事会能够更好地分配资源；当企业面临好的成长机会时，内部管理者能够更好地配置资源。因此，董事会的独立性缓和了企业成长性与研发强度之间的关系（Shaikh 和 Peters，2018）②。

基于一定的公司治理结构，相互监督机制对 CEO 的权力产生了重要的制衡，可以缓解代理问题（Li，2014）③，降低 CEO 追求“安逸生活”的能力，提高企业的价值；而且股权比例越高，股权激励水平越优，更多的新股权激励可以促进企业实现更好的业绩（Morck，et al.，1988）④。非竞争性行业中治理薄弱的企业具有较低的股本回报率、较差的经营业绩和较低的企业价值。与善治企业相比，处于非竞争状态的弱治理企业具有更低的劳动生产率和更高的投入成本（Giroud，et al.，2011）⑤。债务内部调整的信贷风险通常促使高管保持保守（Jensen 和 Meckling，1976）⑥，当市场发生信贷危机时，这种情况会更加突出（Li，et al.，2018）⑦。这些论述引发下述研究问题：

问题 3-3 企业财务能力对我国体育企业研发强度的影响是否因治理结构不同而不同？

基于上述问题提出以下研究假设：

研究假设 3-9：企业财务能力与企业治理结构之间的交互作用显著影响体育企业的研发强度。

---

① Shleifer A.，Vishny R. W. a survey of corporate governance [J]. Journal of Finance, American Finance Association，1997，52（2）：737-783.

② Shaikh I. A.，Peters L. The value of board monitoring in promoting R&D：a test of agency-theory in the US context [J]. Journal of Management and Governance，2018（22）：339-363.

③ Li，Zhichuan. Mutual monitoring and corporate governance [J]. Journal of Banking & Finance，2014（45）：255-269.

④ Morck R.，Shleifer A.，Vishny R. W. Management ownership and market valuation [J]. Journal of Financial Economics，1988（20）：293-315.

⑤ Xavier Giroud，Holger M. Mueller. Corporate governance，product market competition，and equity prices [J]. The Journal of Finance，2011，66（2）：563-600.

⑥ Jensen Michael C. & Meckling William H. Theory of the firm：managerial behavior，agency costs and ownership structure [J]. Journal of Financial Economics，1976，3（4）：305-360.

⑦ Li Z. F.，Lin S.，Sun S，et al. Risk-adjusted inside debt [J]. Global Finance Journal，2018，35（C）：12-42.

问题3-3探讨企业治理结构对研发强度的异质性影响。式（3-16）用于处理问题3-3，其中包括企业治理结构关键指标与企业财务能力关键指标之间的交互作用。

$$\text{RDiny} = [\delta_{ijt}][\text{Fin}_t] \times [\text{Gov}] + \vartheta \tag{3-16}$$

在式（3-16）中，$[\text{Fin}_t]$ 是与研发强度显著相关的企业财务能力指标。[Gov] 是与研发强度显著相关的企业治理结构指标。

研发强度是衡量企业为追求创新所付出的努力的一个评价指标（Michelino, et al., 2015）①。考虑到总资产是影响研发投资最重要的因素，也是决定研发能力的重要因素，在相关研究（Lee, et al., 2018②；Hu, et al., 2017③；Kor, 2006④）的基础上，本书选取研发强度（RDA）作为因变量，并用研发支出除以总资产来衡量。按照惯例，研发支出的所有缺失值都用0代替，研发强度的上限设定为1（O'Brien 和 David, 2014）⑤。影响研发投入的因素有很多，从企业的角度看，财务能力和企业治理是影响研发投入的重要因素。本书选取的自变量，包括企业财务能力指标，即ROA、ROS、ROE、GRS、GRP、GRA、AT、ART、CFR、LEV，以及企业治理结构指标，即EB、EC、BS、BI。表3-3总结了当前研究中包含的变量。

表3-3　　**企业财务能力、治理结构和研发活动的指标**

| | 变量(缩写) | 衡量标准 |
|---|---|---|
| | 研发强度(RDA) | 研发支出占总资产的比率 |

① Michelino F., Lamberti E., Cammarano A., et al. Measuring open innovation in the bio-pharmaceutical industry [J]. Creativity and Innovation Management, 2015, 24 (1): 4-28.

② Lee C., Park G., Kang J. The impact of convergence between science and technology on innovation [J]. The Journal of Technology Transfer, 2018, 43 (2): 522-544.

③ Hu J, Li G, Zhu F. Regional financial developments and research and development investment-cash flow sensitivity: evidence on Chinese public high-tech companies [J]. International Review of Finance, 2017, 17 (4): 627-643.

④ Yasemin Y. Kor. Direct and interaction effects of top management team and board compositions on R&D investment strategy [J]. Strategic Management Journal, 2006, 27 (11): 1081-1099.

⑤ Jonathan P. O'Brien, Parthiban David. Reciprocity and R&D search: applying the behavioral theory of the firm to a communitarian context [J]. Strategic Management Journal, 2014, 35 (4): 550-565.

续表

| | 变量(缩写) | | 衡量标准 |
|---|---|---|---|
| 企业治理结构 | 股权集中度(EC) | | 第一大股东持股比例 |
| | 股权平衡度(EB) | | 第二至第五大股东的持股比例之和 |
| | 规模和独立性 | 董事会规模(BS) | 董事会所有股东数 |
| | | 董事会独立性(BI) | 董事会中独立董事所占的百分比 |
| 企业财政能力 | 盈利性 | 资产收益率(ROA) | 净收入占总资产的比率 |
| | | 销售回报率(ROS) | 净收入与销售额之比 |
| | | 股权收益率(ROE) | 净收入与权益之比 |
| | 增长性 | 销售增长率(GRS) | 与上一年相比销售额的年增长率 |
| | | 利润增长率(GRP) | 与上一年相比利润的年增长率 |
| | | 资产增长率(GRA) | 与上一年相比资产的年增长率 |
| | 研发性 | 资产周转率(AT) | 销售额与平均总资产的比率 |
| | | 应收账款周转率(ART) | 销售额与平均应收账款的比率 |
| | | 现金流比例(CFR) | 经营活动产生的现金流量净额与初始总资产的比率 |
| | 偿债能力 | 杠杆率(LEV) | 总债务与总资产的比率 |

### 3.3.4 体育产业创新发展的政策激励路径

(1) 产业层面的政策激励路径

在产业层面，创新政策工具影响创新政策目标、创新政策执行，创新政策目标影响创新政策执行。创新驱动政策（例如，国家财政税收优惠政策、政府采购等）对产业创新有激励作用（Kenneth, et al., 2010）①。

第一，培育创新文化，引领产业创新。创新驱动发展战略是在一定的社会环境和条件下完成的，而文化是影响创新环境的最根本因素。行为准则、价值理

① Kenneth J., Klassen, Jeffrey A., et al. A cross-national comparison of R&D expenditure decisions: tax incentives and financial constraints [J]. Contemporary Accounting Research, 2010 (3): 639-680.

念、思维方式、精神氛围等四个要素是创新文化形成的基础条件，创新文化的作用在于培育自主创新的价值观和激励创新成果转化（郭传杰，2012）①。创新文化直接影响市场主体的创新意愿、创新时间投入、创新方式选择和创新程度（吴金希，2011）②。体育是文化的一部分，体验感、新颖感、挑战性、公益性、黏稠性等是社会大众对体育产品与服务的重要需求，这种需求特征要求体育文化与创新文化相融合，打造更加丰富多彩的体育产品与服务，促进体育文化更加熠熠生辉。

第二，推进集群发展，助力产业创新。产业集群政策属于创新政策的范畴（曾婧婧和王巧，2017）③。产业集群具有地理位置上的紧靠性，促进企业之间的合作与竞争，降低企业之间信息共享和合作的成本，共同推动集群内产业的创新（喻登科等，2012）④。为促进体育产业集群发展，我国政府积极推动体育产业基地建设以及体育服务综合体建设、运动休闲小镇等的建设，这些都是推进体育产业集群发展的有效载体。

第三，完善创新环境，支撑产业创新。政府干预不仅能够弥补市场失灵，而且能够推进基础设施完善、市场机制建设（姜军等，2004）⑤，还可以通过资金投入推进企业创新网络的构建（Curtis，2006）⑥。长期以来，我国体育发展的关注点主要集中在竞技体育领域，并且采取举国体制推进竞技体育的发展。在这种发展格局下，推进体育产业跨越发展的核心资源（例如，媒体资源、场馆资源、赛事资源、人才资源等）皆缺乏市场流动活力。为此，我国政府正在推动体育社会组织脱钩、放宽群众性体育赛事的管制、支持体育媒体的发展，这些改革举措

---

① 郭传杰．科技协同创新的深层次思考［J］．中国高等教育，2012（20）：17-19.

② 吴金希．理解创新文化的一个综合性框架及其政策含义［J］．中国软科学，2011（5）：65-73.

③ 曾婧婧，王巧．省级创新政策驱动创新能力的效果测评——以“十一五”至“十二五”期间中国省级面板数据为例［J］．软科学，2017，31（8）：25-30.

④ 喻登科，涂国平，陈华．战略性新兴产业集群协同发展的路径与模式研究［J］．科学学与科学技术管理，2012（4）：114-120.

⑤ 姜军，武兰芬，李必强，刘晓敏．发达国家政府在创新体系中的作用方式及启示［J］．科学学研究，2004，22（4）：442-447.

⑥ Curtis B. Is the primary national strategy transforming or ossifying English primary schools?［J］. Education-line，2006.

有利于进一步完善创新环境，为体育产业创新提供支撑。

（2）企业层面的政策激励路径

在企业层面，供给面政策、需求面政策、环境面政策会显著地影响企业的创新动机和创新行为（廖中举，黄超，2017）①。创新政策对企业开展技术创新活动发挥着重要的催化和润滑效应，它可以有效地促进企业创新能力的提升、技术创新环境的改善和技术创新绩效的实现（闫军印，陈欣欣，侯孟阳，2014）②。创新政策既能够直接正向激励企业的创新行为（姜波，2010）③，也会通过创新动机间接影响企业的研发投入行为和非研发投入行为（范云鹏，2016）④。许多实证研究表明技术创新政策对企业的刺激效应非常明显，我国技术创新政策力度对企业经济绩效、技术绩效都有促进作用（程华，2013）⑤。创新系统内各组织机构的相互作用决定了企业的创新绩效，组织机构内部制度和组织机构外部环境共同决定各组织机构的创新效率和它们之间的相互关系（Nelson 和 Winter，1977）⑥。企业创新的政策激励路径见图 3-2。

①对创新的激励过程就是一个从创新需求变为创新动机，继而产生诞生创新行为，最后形成创新结果的循环过程（李正卫等，2003）⑦。需求面政策直接引出创新需求，激发企业创新动机，促进企业重视创新投入，强化创新行为，进而导致企业产出更多的创新成果。

---

① 廖中举，黄超．中国科技人才创新政策研究［J］．上海经济研究，2017（3）：17-22.

② 闫军印，陈欣欣，侯孟阳．区域技术创新政策效果评价研究——基于 30 个省市区的实证分析［J］．工业技术经济，2014（7）：139-145.

③ 姜波．中小企业技术创新绩效与企业社会资本关联机制研究：技术创新绩效信息披露的调节效应［J］．科学管理研究，2010（6）：34-39.

④ 范云鹏．创新政策对大众创业万众创新影响的实证分析——以山西省为例［J］．经济问题，2016（9）：87-92.

⑤ 程华．政策力度、政策稳定性、政策工具与创新绩效——基于 2000—2009 年产业面板数据的实证分析［J］．科研管理，2013（10）：103-108.

⑥ Nelson R. R.，Winter S. G. In search of a useful theory of innovation［J］. Research Policy，1977，6（1）：36-76

⑦ 李正卫，吴晓波，郑健壮．基于规模和集群之上的企业技术创新行为研究［J］．科研管理，2003（4）：61-65.

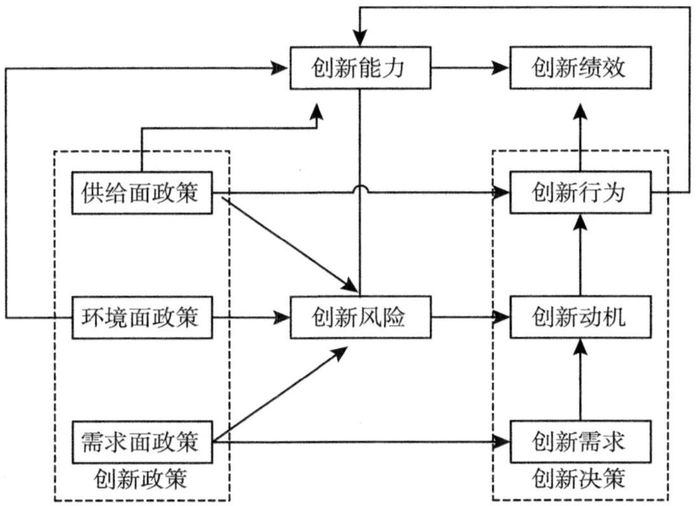


图 3-2　企业创新的政策激励路径

②创新环境为企业创新活动的发展提供了间接的支持。创新环境优化政策是创新政策的重要组成部分。创新环境是由于政治、经济、社会、科学技术等变化所形成的宏观环境，对企业的创新活动产生了巨大影响，从而导致创新环境需要与时俱进才能确保企业创新活动的持续开展。例如，企业的创新成果可能因生产的外部性而被其他企业模仿与抄袭，形成创新失灵现象，导致企业的技术创新动机不足（Bodas 和 Tunzelmann，2008）①。财政补贴、税收优惠、研发激励及专利保护等政策有利于消除创新的外部性，保证企业创新收益，从而提升企业创新动机（Zhang，et al.，2002）②。所以，创新环境影响企业家的创新风险感知，至而影响其创新动机，促进创新行为。

③创新政策丰富企业创新资源。创新政策的关键作用在于推动企业丰富社会

① Isabel Maria Freitas Bodas，Nick von Tunzelmann. Mapping public support for innovation：a comparison of policy alignment in the UK and France [J]. Research Policy，2008，37（9）：1446-1464.

② Zhang D，Banker R D.，et al. Performance impact of research policy at the Chinese academy of sciences [J]. Research Policy，2011，40（6）：875-885.

资本支持创新（Woolcock，2000）①。创新政策对创新绩效的影响在很大程度上取决于创新政策对人力资本的激励效果（Koroglu 和 Eceral，2015）②。通过构建良好的政策创新环境，政策可以有效地促进社会资源参与企业创新，增加企业创新热情，减少研发风险，促进企业提升技术进步效率（刁丽琳等，2011）③。科学技术革新政策可以通过提高企业知识传播效率，促进知识扩散、成果转换，有效提高企业的创新效率（Yang，et al.，2010）④。

④企业创新制度保障企业自主创新。提高创新能力对于体育企业自主创新非常重要，这是创新政策的重要目标。创新能力建设政策是创新政策的重要内容。创新政策能够降低技术风险、市场风险、收益风险等企业创新活动风险，并在此基础上促进企业创新活动的开展，使企业形成创新动力，激发企业增加创新投入、改善创新条件、激励创新人员，进而增强企业的经营决策能力、研究开发能力、科技成果转化能力、生产柔性制造能力、市场开拓能力和资源筹措能力等。我国的技术创新政策主要集中在创新活动的外部激励和外部设施的建设上，而创新主体的内部创新激励政策在量上相对薄弱（陈向东，胡萍，2004）⑤。

---

① Woolcock M. D. Social capital：implications for development theory，research and policy [J]. The World Bank Research Observer，2000，15（2）：225-249.

② Koroglu B. A.，Eceral T. O. Human capital and innovation capacity of firms in defense and aviation industry in Ankara [J]. Procedia -Social and Behavioral Sciences，2015（195）：1583-1592.

③ 刁丽琳，张蓓，马亚男．基于SFA模型的科技环境对区域技术效率的影响研究[J]．科研管理，2011（4）：143-151.

④ Yang H.，Phelps C.，Steensma H K. Learning from what others have learned from you：The effects of knowledge spillovers on originating firms [J]. Academy of Management Journal，2010，53（2）：371-389.

⑤ 陈向东，胡萍．我国技术创新政策效用的实证分析[J]．科学学研究，2004（1）：108-112.

# 第 4 章　新常态下支持我国体育产业创新发展的政策供给分析

## 4.1　支持我国体育产业创新发展的政策解析

### 4.1.1　政策渊源

我国经济已经进入“新常态”发展阶段，在未来较长时段内，我国经济增速变缓、经济结构尚待持续优化、创新驱动发展尚需持续发力，经济发展面临多重挑战。体育产业的发展有利于国民经济的可持续发展和产业结构的持续优化，有利于发挥后发优势，形成新的经济增长点（朱金棒，柳鸣毅，2016）①；体育是促进经济社会发展的重要动力，借助体育在刺激消费方面的突出作用，在构建以国内大循环为主体、国内国际双循环相互促进的新发展格局中更好地发挥体育的作用。在这种“新常态”背景下，2014 年国务院《关于加快发展体育产业促进体育消费的若干意见》（国发〔2014〕46 号）出台，此文件中首次把体育产业纳入创新驱动政策的支持范围内。各地在制定相关实施意见时，也积极引入创新驱动政策支持体育产业发展。所以，国发〔2014〕46 号文件及各省区市相关实施意见构成了支持体育产业创新发展的重要政策基础。

自 2014 年国发〔2014〕46 号文件出台以来，全国 31 个省区市（不含香港、澳门、台湾）相继出台相关实施意见（如表 4-1 所示）。综合分析国发〔2014〕46 号文件及各地相关实施意见可以发现：

① 朱金棒，柳鸣毅．新常态下我国体育产业发展机制与路径研究［J］．体育文化导刊，2016，10（10）：103-108.

表 4-1　　**政策文本来源**

| 政策文件 | 文件编号 | 出台时间 |
|---|---|---|
| 国务院关于加快发展体育产业 促进体育消费的若干意见 | 国发〔2014〕46 号 | 2014 年 10 月 2 日 |
| 北京市人民政府关于加快发展体育产业促进体育消费的实施意见 | 京政发〔2015〕36 号 | 2015 年 7 月 9 日 |
| 天津市人民政府关于加快发展体育产业促进体育消费的实施意见 | 津政发〔2015〕18 号 | 2015 年 7 月 21 日 |
| 河北省人民政府关于加快发展体育产业促进体育消费的实施意见 | 冀政发〔2015〕27 号 | 2015 年 5 月 29 日 |
| 山西省人民政府关于加快发展体育产业促进体育消费的实施意见 | 晋政发〔2015〕32 号 | 2015 年 7 月 31 日 |
| 内蒙古自治区人民政府关于加快发展体育产业促进体育消费的实施意见 | 内政发〔2015〕116 号 | 2015 年 9 月 30 日 |
| 辽宁省人民政府关于加快发展体育产业促进体育消费的实施意见 | 辽政发〔2015〕34 号 | 2015 年 8 月 16 日 |
| 吉林省人民政府关于加快发展体育产业促进体育消费的实施意见 | 吉政发〔2015〕50 号 | 2015 年 12 月 21 日 |
| 黑龙江省人民政府关于加快发展体育产业促进体育消费的实施意见 | 黑政发〔2015〕24 号 | 2015 年 8 月 21 日 |
| 上海市人民政府关于加快发展体育产业促进体育消费的实施意见 | 沪府发〔2015〕26 号 | 2015 年 7 月 6 日 |
| 江苏省人民政府关于加快发展体育产业促进体育消费的实施意见 | 苏政发〔2015〕66 号 | 2015 年 6 月 9 日 |
| 浙江省人民政府关于加快发展体育产业促进体育消费的实施意见 | 浙政发〔2015〕19 号 | 2015 年 6 月 25 日 |
| 安徽省人民政府关于加快发展体育产业促进体育消费的实施意见 | 皖政〔2015〕67 号 | 2015 年 6 月 25 日 |
| 福建省人民政府关于加快体育产业发展促进体育消费十条措施的通知 | 闽政〔2015〕40 号 | 2015 年 8 月 7 日 |

续表

| 政策文件 | 文件编号 | 出台时间 |
| --- | --- | --- |
| 江西省人民政府关于加快发展体育产业促进体育消费的实施意见 | 赣府发〔2015〕40号 | 2015年8月5日 |
| 山东省人民政府关于贯彻国发〔2014〕46号文件加快发展体育产业促进体育消费的实施意见 | 鲁政发〔2015〕19号 | 2015年8月22日 |
| 河南省人民政府关于加快发展体育产业促进体育消费的实施意见 | 豫政〔2015〕44号 | 2015年7月28日 |
| 湖北省人民政府关于加快发展体育产业促进体育消费的实施意见 | 鄂政发〔2015〕44号 | 2015年8月7日 |
| 广东省人民政府关于加快发展体育产业促进体育消费的实施意见 | 粤府〔2015〕76号 | 2015年7月28日 |
| 广西壮族自治区人民政府关于加快发展体育产业促进体育消费的实施意见 | 桂政发〔2015〕34号 | 2015年7月4日 |
| 海南省人民政府关于加快发展体育产业促进体育消费的实施意见 | 琼府〔2015〕62号 | 2015年8月7日 |
| 重庆市人民政府关于加快发展体育产业促进体育消费的实施意见 | 渝府发〔2015〕41号 | 2015年6月24日 |
| 四川省人民政府关于加快发展体育产业促进体育消费的实施意见 | 川府发〔2015〕37号 | 2015年7月9日 |
| 贵州省人民政府办公厅关于加快发展体育产业促进体育消费的实施意见 | 黔府办发〔2015〕30号 | 2015年8月5日 |
| 云南省人民政府关于加快发展体育产业促进体育消费的实施意见 | 云政发〔2015〕39号 | 2015年6月4日 |
| 西藏自治区人民政府关于加快发展体育产业促进体育消费的实施意见 | 藏政发〔2015〕80号 | 2015年8月8日 |
| 陕西省人民政府关于加快发展体育产业促进体育消费的实施意见 | 陕政发〔2015〕21号 | 2015年5月13日 |
| 甘肃省人民政府贯彻国务院关于加快发展体育产业促进体育消费若干意见的实施意见 | 甘政发〔2015〕14号 | 2015年1月30日 |

续表

| 政策文件 | 文件编号 | 出台时间 |
|---|---|---|
| 青海省人民政府关于加快发展体育产业促进体育消费的实施意见 | 青政〔2015〕50 号 | 2015 年 6 月 1 日 |
| 宁夏回族自治区人民政府关于加快发展体育产业促进体育消费的实施意见 | 宁政发〔2015〕58 号 | 2015 年 7 月 17 日 |
| 新疆维吾尔自治区人民政府关于加快发展体育产业促进体育消费的实施意见 | 新政发〔2015〕87 号 | 2015 年 9 月 8 日 |

（1）各地都在落实国发〔2014〕46 号文件，但是各地落实该文件的力度和进度不尽相同（如表 4-1 所示）。例如，甘肃省最早出台相关文件，于 2015 年 1 月份就出台相关实施意见；吉林省最晚出台相关文件，直到 2015 年 12 月才完成相关实施意见的出台。

（2）文件的出台主体不尽相同。绝大部分地方的相关实施意见是由省区市人民政府出台，也有个别地方的相关实施意见是由人民政府办公厅出台的，例如：黔府办发〔2015〕30 号文件是由贵州省人民政府办公厅发布。

（3）从政策的内容来看，作为重要的政策手段，“创新驱动政策”已经被纳入国发〔2014〕46 号文件及 31 个省区市的实施意见。

在国发〔2014〕46 号文件的基础上，除了各省区市积极响应，推动落实创新驱动政策支持体育产业发展之外，科技部、财政部和国家税务总局也于 2016 年修订了《高新技术企业认定管理办法》（国科发火〔2016〕32 号），并把“现代体育服务支撑技术”纳入国家重点支持的高新技术领域目录。相关政策的出台全面拉开了体育产业创新发展新序幕。

### 4.1.2　政策内容

国发〔2014〕46 号文件及各省区市出台的相关实施意见，确定了支持我国体育产业创新发展的政策基础。从内容的视角解析，这些政策文件从两个方面阐释了支持体育产业创新发展的具体手段：创新驱动政策工具和创新驱动发展任务。其中，创新驱动发展任务确定了体育产业创新发展的路径，侧重于引导和鼓励企业、科研院所等组织机构在创新发展方面有所为，鼓励在推进体育产业创新方面形成有为市场；创新驱动政策工具确定了政府支持体育产业创新发展的主要手段，侧重于要求各级政府、政府各部门在支持体育产业创新发展方面有所为。创新驱动政策工具供给和创新驱动发展任务两方面的内容相互配合，形成政府和市场共同推动体育产业创新发展的新格局。

（1）政策工具

创新驱动政策是政府通过各种政策工具的组合和运用而形成的政策体系（李良成，于超，2018）①，包括科技政策、产业政策、财政政策、税收政策、金融政策（刘凤朝，孙玉涛，2007）②、人才政策等。

第一，创新政策是科技政策和产业政策的结合。其中，科技政策包括知识产权保护、职业教育、基础理论研究和应用研究等，而产业政策包括税收优惠、投资激励、产业改组和应用研究等（Rothwell，1986）③，涉及高新技术产业、研发投入、知识产权、创新人才和政策保障（龙云凤，2016）④、税收激励、金融支持、政府采购、引进消化吸收再创新、创造和保护知识产权、人才队伍、教育和科普、科技创新基地和平台、加强统筹协调等内容（范柏乃等，2013）⑤。

第二，创新驱动政策包括供给面政策、需求面政策、环境面政策。其中，供给面政策工具包括公共事业、科技开发、教育与培训、信息服务（李良成，于超，2018）⑥、技术支持、融资支持、研发补贴、科技投入、人才激励、人才培养、信息服务、教育培训（张永安等，2015）⑦；需求面政策包括政府采购、公

① 李良成，于超．基于内容分析法的广东省科技创新人才开发政策研究［J］．科技管理研究，2018（5）：50-56.

② 刘凤朝，孙玉涛．我国科技政策向创新政策演变的过程、趋势与建议——基于我国9项创新政策的8实证分析［J］．中国软科学，2007（5）：34-42.

③ Rothwell R. Public innovation policy：to have or to have not［J］. R&D Management，1986，16（1）：34-63.

④ 龙云凤．江苏省创新驱动政策体系研究及对广东的启示［J］．科技管理研究，2016（7）：54-59.

⑤ 范柏乃，段忠贤，江蕾．中国自主创新政策：演进、效应与优化［J］．中国科技论坛，2013（9）：5-12.

⑥ 李良成，于超．基于内容分析法的广东省科技创新人才开发政策研究［J］．科技管理研究，2018（5）：50-56.

⑦ 张永安，耿喆，王燕妮．区域科技创新政策分类与政策工具挖掘［J］．科技进步与对策，2015，32（17）：116-123.

共服务、贸易管制、海外机构（李良成，于超，2018）①、政府采购、对外承包、贸易管制、技术认定、示范工程（张永安等，2015）②；环境面政策包括财政金融、税收优惠、法规、系统性政策（李良成，于超，2018）③、知识产权、目标规划、金融支持、法规管制、税收优惠（张永安等，2015）④。

第三，体育产业政策与国家科技政策相结合形成支持我国体育产业创新发展的政策体系，两者相互兼容、相互嵌套，从创新资源供给、创新成果需求和创新环境优化三个路径影响创新活动，形成供给面政策、需求面政策和环境面政策。为此，支持我国体育产业创新发展的政策需要从政策工具视角进行全方位解析。供给面政策包括科研专项、科研基金等科技计划项目，研究智库、创新创业扶持、人才引进、人才奖励、创业扶持、职工教育经费税前扣除等科技人才政策。环境面政策包括：研发中心、实验中心、工程技术中心等科研平台建设项目，教学、科研和培训等基地建设项目，高新技术企业减免税收、企业研发费用加计扣除、技术转让收入减免征企业所得税、职工教育经费税前扣除等税收优惠政策，知识产权质押融资等金融支持，协同创新机制、自主品牌建设等策略性措施，无形资产保护与管理，等等。需求面政策包括：体育科技园、创业孵化器、高新技术企业、科技企业、服务企业、自主产权企业等技术认定与示范工程政策，国际交流与合作、技术成果转化机制等。这些政策工具在国发〔2014〕46 号文件及各地实施意见中皆有相关内容。

（2）创新任务

作为建设现代化经济体系的重要物质基础（刘志彪，2018）⑤，现代产业发

① 李良成，于超．基于内容分析法的广东省科技创新人才开发政策研究［J］．科技管理研究，2018（5）：50-56.

② 张永安，耿喆，王燕妮．区域科技创新政策分类与政策工具挖掘［J］．科技进步与对策，2015，32（17）：116-123.

③ 李良成，于超．基于内容分析法的广东省科技创新人才开发政策研究［J］．科技管理研究，2018（5）：50-56.

④ 张永安，耿喆，王燕妮．区域科技创新政策分类与政策工具挖掘［J］．科技进步与对策，2015，32（17）：116-123.

⑤ 刘志彪．建设现代化经济体系：新时代经济建设的总纲领［J］．山东大学学报（哲学社会科学版），2018，68（1）：1-6.

展新体系的构建需要由创新来引领和驱动（魏庆文等，2018）①。现代产业发展新体系应具有产业结构高级化、产业组织新型化、产业技术先进化、发展模式生态化、市场体系开放化等特征（姚星，倪畅，2015②；刘钊，2011③；张伟，2016④；詹懿，2012⑤）。在新时代背景下，大力发展体育产业的核心是引入创新驱动机制，促进现代体育产业新体系的构建。创新驱动就是通过技术创新、材料创新、市场创新、管理创新等提高生产要素的产出率，依靠创新来提高整个经济效益（惠宁等，2014）⑥。创新驱动包括科学创新、技术创新、文化创新、观念创新、制度创新、体制机制创新和组织创新等内容（王玉民等，2016）⑦。国家着力搭建以企业为主体的创新体系，立足企业的视角，创新驱动应主要涵盖技术创新、组织创新和市场创新三个维度的内容。

第一，技术创新是核心。技术创新的本质是新技术的研究开发和广泛应用（Freeman，1982）⑧，它是一个从研究开发到市场化的动态过程（Maclaurin，1950）⑨，包括产品创新和工艺创新，其结果是推动技术进步、促进新市场开发，最终实现经济新增长。技术创新的具体表现是：产品创新和工艺创新促进产品质量的提高、生产工艺的改善或者生产成本的降低，从而生产出更能满足市场需求的新产品，或者间接提高产品的市场竞争力。技术创新沿两条路径推进产业现代化：技术扩散和技术融合。其中技术扩散是新技术由创新源头向外界传播、应用

---

① 魏庆文，杨蕙馨，王军．创新驱动对现代产业发展新体系演进的作用机理——基于生产函数的视角［J］．天津财经大学学报，2018（7）：103-114.

② 姚星，倪畅．构建现代产业发展新体系的战略选择研究［J］．中州学刊，2015，37（5）：38-41.

③ 刘钊．现代产业体系的内涵与特征［J］．山东社会科学，2011，25（5）：160-162.

④ 张伟．现代产业体系绿色低碳化的实现途径及影响因素［J］．科研管理，2016，37（s1）：426-432.

⑤ 詹懿．中国现代产业体系：症结及其治理［J］．财经问题研究，2012，34（12）：31-36.

⑥ 惠宁，仇萌，李勃昕．论产业创新驱动的关联体系、构建内容及实现路径［J］．西北大学学报（哲学社会科学版），2014，44（5）：5-12.

⑦ 王玉民，刘海波，靳宗振，等．创新驱动发展战略的实施策略研究［J］．中国软科学，2016，31（4）：1-12.

⑧ Freeman C. The economics of industrial innovation［M］. Cambridge：The MIT Press，1982.

⑨ Maclaurin W R. The process of technological innovation：the launching of a new scientific industry［J］. American economic review，1950，40（1）：90-112.

的过程；技术融合是多种现有技术相互结合形成复合型技术的过程。技术融合构成了体育产业融合发展的基础，进而促进了生产要素和创新资源在产业体系之间的跨界流动和重新配置（Kash 和 Rycrott，2002）①，围绕体育服务展开的一体化解决方案就是技术融合的典型结果，例如体育旅游、体育营销、物理医疗等产品或服务都需要技术融合。技术扩散构成了体育产业提质增效的动力，促进先进技术在产业内的传播、扩散与应用推广（魏庆文等，2018）②，技术标准化就是推进技术扩散的有效手段。技术扩散和技术融合两者紧密相关，相互结合，协同促进现代体育产业的发展。

第二，组织创新是载体。组织创新是在既定的制度环境和技术水平下，由要素投入量的变化转化为要素投入结构的变化，表现为生产函数形式的改变（连燕华，1992）③。组织创新沿两条路径推进体育产业现代化（李勇辉，袁旭宏，2014）④：通过内部分工与协作、集权与分权关系的调整，形成新的组织结构，实现管理模式创新；通过推进价值链上研发、设计、生产、运输、营销和售后等价值环节的调整与重构，促进组织内资金、信息、物资等要素的流动方式改变，实现商业模式创新，从而降低组织内部的交易成本，提高组织的竞争力和利润水平。组织创新通过管理模式创新实现组织模式的改进，通过商业模式创新，实现价值创造过程的重构，进而降低组织内部的交易成本，不断催生新的业态。新的组织方式能够改善组织内部的信息不对称，引发一系列技术创新；反之，新技术的应用与推广也促使组织创新得以顺利实现，特别是在“物联网+”的背景下，企业的组织创新成为新时尚。管理模式创新和商业模式创新都能够通过改善技术效率、提升规模效率和改进配置效率三种方式推进体育产业现代化（魏庆文等，2018）⑤。

---

① Kash D E. Rycrott R. Emerging patterns of complex technological innovation [J]. Technological Forecasting & Social Change, 2002, 69 (6): 581-606.

② 魏庆文，杨蕙馨，王军. 创新驱动对现代产业发展新体系演进的作用机理——基于生产函数的视角 [J]. 天津财经大学学报，2018 (7): 103-114.

③ 连燕华. 企业组织创新的案例研究 [J]. 科学学研究，1992，10 (2): 65-72.

④ 李勇辉，袁旭宏. 企业非技术创新的价值实现机理与驱动机制——基于价值链的视角 [J]. 财经研究，2014，40 (9): 26-37.

⑤ 魏庆文，杨蕙馨，王军. 创新驱动对现代产业发展新体系演进的作用机理——基于生产函数的视角 [J]. 天津财经大学学报，2018 (7): 103-114.

第三，市场创新是前提。企业为了适应新的市场环境，并遵循市场发展规律和利用市场环境而进行新市场开发、改进生产经营的创新活动，这就是市场创新（张振刚，张小娟，2014）①。市场创新的最终目标是发现、创造市场需求和精准把握市场机会，这就要求体育企业在市场营销理念、策略及营销组合等方面具有强大的创新能力（郭新宝，2014）②。市场创新既能够使企业更好地主动适应市场需求变化，有效地提升顾客满意度，增强顾客感知价值，又能够帮助企业挖掘并利用潜在的市场机会，提升营销的战略管理效能，早布局、早行动以获取市场竞争优势（Naidoo，2010）③。市场创新包括企业创造新颖营销程序的活动，为顾客创新价值、削弱竞争对手、为利益相关者创造财富的活动，以及企业在产品、价格和促销方面的战略变革（Rust，et al.，2005）④。

技术创新、组织创新和市场创新构成了现代体育产业创新发展过程中企业创新的主要内容，三者相互结合，形成创新驱动体育产业跨越发展的源动力。现代产业的发展有着独特的技术特征。通过科学技术革新，可以实现技术进步，进而提供具有更高技术内容的新产品和服务。资源分配水平的提升可以降低材料创新和生产的成本，促进管理创新，提高服务效率和生产效率；新产品和服务的市场可以通过市场创新来扩大。技术创新、组织创新和制度创新的具体内容包括：实施网络宣传、场馆智能化、体育信息化工程、产业互联网融通等“互联网+”创新举措；实现产品、赛事、企业等自主知识产权开发；通过实施品牌战略、品牌建设、自主品牌、商标战略等品牌建设举措；强化企业研发投入、商业模式创新、营销模式创新等自主创新措施的实施；实施衍生品开发、高科技产品研发制造营销、新工艺、新材料、新技术开发与应用等产品开发举措，科技类企业、高新技术企业等科技企业培育措施，制造业创新发展、大力发展现代服务业等产业

① 张振刚，张小娟．企业市场创新概念框架及其基本过程［J］．科技进步与对策，2014，31（1）：80-85.

② 郭新宝．制造创新方法链中市场创新、技术创新与管理创新三维协同研究［J］．科技进步与对策，2014，31（10）：15-18.

③ Naidoo V. Firm survival through a crisis：the influence of market orientation，marketing innovation and business strategy［J］. Industrial Marketing Management，2010，39（8）：1311-1320.

④ Rust T.，Ambler T.，Carpenter S.，et al. Measuring marketing productivity：current knowledge and future directions［J］. Journal of Marketing，2005，68（1）：76-89.

创新发展措施，等等。国发〔2014〕46 号文件及各地实施意见倡导开展这些创新举措，也构成了推进体育产业发展的创新任务。

### 4.1.3　解析思路

国发〔2014〕46 号文件及各地实施意见全面阐述了创新任务和创新政策工具，借助内容分析、多维尺度分析等方法可以解析企业的创新着力点和政府创新驱动的着力点。选择国发〔2014〕46 号文件及各地实施意见的文本内容作为解析对象，具体解析从如下两个方面展开：

（1）内容分析法。内容分析法的基本理念是为了判断创新政策的内容结构特性，根据其构成要素定量化评价政策的内容。卢章平和王晓晶（2012）① 利用内容分析法，在战略目标、政策着力点和实施效果上对比分析了国家和地方科技成果转化政策。苏敬勤等（2012）② 利用内容分析法对比分析了国家和大连市的创新政策。在此，借助内容分析法解析国发〔2014〕46 号文件及各地实施意见，来识别支持我国体育产业创新发展的主要政策工具和创新任务，理清支持我国体育产业创新发展的政策着力点和创新着力点。

（2）多维尺度分析法。多维尺度分析法的基本思想是将多维空间的研究对象简化到低维空间，同时还保留了对象间的原始关系，低维空间为对研究对象进行定位、分析和归类提供了便利（张文彤，2002）③。王聘聘等（2016）④ 基于联盟工作总结的内容分析，借助多维尺度分析法探讨了产业技术创新战略联盟发展对策。杜宝贵和王欣（2019）⑤ 借助多维尺度分析对科技企业孵化器政策进行了聚类分析，相关政策包括体系建设、资源配置、资质认定及管理、资源配置、政府支持及责任主体、市场及产业化等内容。在此，借助多维尺度分析法解析国发

---

① 卢章平，王晓晶．国家和地方科技成果转化政策对比分析［J］．图书情报工作，2012，56（24）：83-88.

② 苏敬勤，李晓昂，许昕傲．基于内容分析法的国家和地方科技创新政策构成对比分析［J］．科学学与科学技术管理，2012（6）：15-21.

③ 张文彤．SPSS Ⅱ统计分析教程［M］．北京：北京希望电子出版社，2002：123.

④ 王聘聘，秦远建，丁贺．产业技术创新战略联盟发展对策研究——基于联盟工作总结的内容分析［J］．科技管理研究，2016（3）：84-88.

⑤ 杜宝贵，王欣．科技企业孵化器政策变迁研究——基于政策文本的量化分析［J］．中国科技论坛，2019（2）：11-21.

〔2014〕46号文件及各地实施意见，识别我国体育产业的创新驱动政策工具集和创新驱动发展路径，理清在推进体育产业创新发展过程中政府如何有所为、企业如何有所为。

## 4.2 支持我国体育产业创新发展的政策工具分析

### 4.2.1 政策工具内容解析

基于创新驱动政策工具分类，以国发〔2014〕46号文件及31个省区市的相关实施意见为研究对象，采用文本分析方法，可以理清当前我国体育产业的创新驱动政策工具边界（结果如表4-2所示）。国发〔2014〕46号文件及各省区市相关实施意见中，支持体育产业创新发展的政策工具包括：科技计划（专项、基金）、科研平台建设（研发中心、实验中心、工程技术研究中心）、协同创新机制、研究智库、人才引进、人才奖励、国际交流与合作、教学、科研和培训基地、创新创业扶持、高新技术企业减免税收、企业研发费用加计扣除、技术转让收入减免征企业所得税、职工教育经费税前扣除、体育科技园、创业孵化器、高新技术企业、科技企业、服务企业、自主产权企业、知识产权质押融资、自主品牌建设、技术成果转化机制、无形资产保护与管理等。

表4-2　**新常态下我国体育产业的创新驱动政策工具**

| 创新驱动政策 | 创新驱动政策选定单位 | 样本数 |
|---|---|---|
| 科技计划（专项、基金） | 国务院、河北、山西、内蒙古、上海、浙江、江西、河南、湖北、湖南、广西、重庆、四川、云南 | 14 |
| 科研平台建设 | 国务院、河北、山西、上海、江苏、福建、江西、山东、河南、湖北、湖南、广东、重庆、四川、云南、陕西 | 16 |
| 协同创新机制 | 国务院、北京、天津、河北、山西、内蒙古、辽宁、上海、江苏、江西、河南、湖北、广东、广西、重庆、四川、云南、陕西、甘肃、新疆 | 20 |

续表

| 创新驱动政策 | 创新驱动政策选定单位 | 样本数 |
| --- | --- | --- |
| 研究智库 | 国务院、天津、山西、辽宁、上海、江苏、安徽、江西、河南、湖北、湖南、广东、广西、重庆、四川、云南、甘肃、新疆 | 18 |
| 国际交流与合作 | 国务院、北京、山西、辽宁、安徽、河南、湖北、湖南、重庆、云南、新疆 | 11 |
| 教学、科研和培训基地 | 内蒙古、吉林、上海、浙江、江西、湖南、广东、重庆、四川、云南、陕西、宁夏、新疆 | 13 |
| 人才奖励 | 国务院、河北、山西、吉林、浙江、安徽、江西、河南、湖北、海南、重庆、甘肃、青海、新疆 | 14 |
| 人才引进 | 北京、内蒙古、吉林、上海、江苏、福建、江西、山东、湖南、广东、海南、云南、陕西、青海、宁夏 | 15 |
| 创业扶持 | 国务院、北京、天津、河北、山西、辽宁、黑龙江、上海、江苏、浙江、山东、湖北、湖南、广东、广西、海南、青海、新疆 | 18 |
| 高新技术企业减免税收 | 国务院、北京、河北、山西、内蒙古、辽宁、黑龙江、吉林、上海、江苏、浙江、安徽、江西、山东、河南、湖北、湖南、广东、广西、海南、重庆、四川、贵州、云南、西藏、陕西、甘肃、宁夏、新疆 | 29 |
| 企业研发费用加计扣除 | 国务院、北京、河北、山西、内蒙古、辽宁、黑龙江、吉林、上海、江苏、浙江、江西、河南、湖北、广东、广西、海南、重庆、四川、云南、西藏、陕西、甘肃、宁夏、新疆 | 25 |
| 技术转让收入减免征企业所得税 | 河北 | 1 |
| 职工教育经费税前扣除 | 福建、宁夏 | 2 |
| 非营利组织企业所得税免税 | 国务院、河北、山西、内蒙古、辽宁、黑龙江、吉林、上海、浙江、安徽、江西、山东、河南、湖北、广东、广西、海南、重庆、四川、云南、西藏、陕西、甘肃、青海、宁夏、新疆 | 26 |

续表

| 创新驱动政策 | 创新驱动政策选定单位 | 样本数 |
|---|---|---|
| 广告费用税前加计扣除 | 国务院、北京、天津、河北、山西、内蒙古、辽宁、黑龙江、吉林、上海、江苏、浙江、安徽、江西、山东、河南、湖北、广东、广西、海南、重庆、四川、云南、西藏、陕西、甘肃、宁夏、新疆 | 28 |
| 营业税 | 国务院、河北、山西、内蒙古、辽宁、吉林、江苏、浙江、安徽、福建、江西、山东、河南、湖南、广东、广西、海南、重庆、四川、云南、西藏、甘肃、青海、宁夏、新疆 | 25 |
| 捐赠应纳税所得额时扣除 | 国务院、天津、河北、山西、内蒙古、辽宁、吉林、上海、江苏、浙江、安徽、江西、山东、河南、湖北、湖南、广东、广西、海南、重庆、四川、贵州、云南、西藏、甘肃、青海、宁夏、新疆 | 28 |
| 土地使用税 | 国务院、天津、河北、山西、内蒙古、辽宁、吉林、上海、江苏、浙江、安徽、江西、山东、河南、湖北、广东、广西、海南、重庆、四川、云南、西藏、陕西、甘肃、青海、宁夏 | 26 |
| 价格优惠 | 国务院、河北、山西、内蒙古、辽宁、吉林、上海、江苏、浙江、安徽、江西、山东、河南、湖北、湖南、广东、广西、海南、重庆、四川、贵州、云南、陕西、甘肃、宁夏、新疆 | 26 |
| 事业费优惠 | 河北、江西、山东、广西、陕西、宁夏、新疆 | 7 |
| 体育科技园 | 黑龙江、上海、重庆 | 3 |
| 创业孵化器 | 北京、黑龙江、浙江、广东、广西、新疆 | 6 |
| 高新技术企业 | 天津、山西、辽宁、江苏、山东、湖北、广东、云南、宁夏 | 9 |
| 科技企业 | 北京、天津、辽宁、黑龙江、云南 | 5 |
| 服务企业 | 北京、天津、辽宁、上海、广西 | 5 |
| 自主产权企业 | 辽宁、浙江、安徽、广西、四川、西藏 | 6 |
| 知识产权质押融资 | 北京、山西、上海、山东、海南、重庆、四川、贵州、西藏、新疆 | 10 |
| 自主品牌建设 | 国务院、河北、山西、内蒙古、江苏、安徽、福建、河南、湖北、湖南、海南、重庆、四川、贵州、云南、陕西、青海 | 17 |

续表

| 创新驱动政策 | 创新驱动政策选定单位 | 样本数 |
| --- | --- | --- |
| 技术成果转化机制 | 国务院、北京、河北、山西、内蒙古、江西、河南、湖北、重庆、四川、云南、西藏、陕西、甘肃、新疆 | 15 |
| 无形资产保护与管理 | 国务院、北京、天津、河北、山西、内蒙古、辽宁、黑龙江、江苏、安徽、江西、河南、湖北、湖南、广东、海南、重庆、四川、贵州、云南、西藏、陕西、甘肃、青海、新疆 | 25 |

当前，我国各地采取的“创新驱动政策”包括产品创新驱动政策、企业创新驱动政策（包括企业培育、企业转型等支持政策）、产业创新驱动政策。各类政策的具体内容如下：

第一，在推进产品创新方面，主要实施科技计划（专项、基金）、研发费用加计扣除、科研平台建设等政策措施，推进企业自主创新，加大研发投入，开发科技含量高的体育产品与服务。目前，国务院及河北省、山西省、内蒙古自治区、上海市、浙江省、江西省、河南省、湖北省、湖南省、广西壮族自治区、重庆市、四川省、云南省等 13 地支持符合条件的体育企业承担科技计划（专项、基金）项目；国务院及北京市、河北省、山西省、内蒙古自治区、辽宁省、黑龙江省、吉林省、上海市、江苏省、浙江省、江西省、河南省、湖北省、广东省、广西壮族自治区、海南省、重庆市、四川省、云南省、西藏自治区、陕西省、甘肃省、宁夏回族自治区、新疆维吾尔自治区等 24 地支持符合条件的体育企业享受“创意和设计费用税前加计扣除”政策；国务院及河北省、山西省、上海市、江苏省、福建省、江西省、山东省、河南省、湖北省、湖南省、广东省、重庆市、四川省、云南省、陕西省等 15 地积极推进企业研发中心、工程技术研究中心等科研平台建设。其中，河北省对已被认定为国家、省级企业技术中心的体育用品企业，其所申报的研发项目，按规定予以资金扶持。

第二，在推进企业培育方面，主要实施了创业扶持、税费优惠、高新技术企业、体育科技园、创业孵化器、科技企业、现代服务企业及自主产权企业培育等政策措施，其核心是培育具有核心竞争力的市场主体。当前，国务院及北京市、天津市、河北省、山西省、辽宁省、黑龙江省、上海市、江苏省、浙江省、山东省、湖北省、湖南省、广东省、广西壮族自治区、海南省、青海省、新疆维吾尔自治区等17地积极开展创业扶持工作。其中，北京市、黑龙江、浙江省、广东省、广西壮族自治区、新疆维吾尔自治区等地还积极推进体育创业孵化器建设；黑龙江、上海市、重庆市积极推进体育科技园建设，着力打造“大众创业、万众创新”平台。国务院及北京市、河北省、山西省、内蒙古自治区、辽宁省、黑龙江省、吉林省、上海市、江苏省、浙江省、安徽省、江西省、山东省、河南省、湖北省、湖南省、广东省、广西壮族自治区、海南省、重庆市、四川省、贵州省、云南省、西藏自治区、陕西省、甘肃省、宁夏回族自治区、新疆维吾尔自治区等28地积极落实高新技术企业减免税收政策，拟依托税收政策激励高新技术企业发展。其中，天津市、山西省、辽宁省、江苏省、山东省、湖北省、广东省、云南省、宁夏等9地把高新技术企业培育纳入重点工作，积极主动培育高新技术企业；北京市、天津市、辽宁省、黑龙江、云南省等5地积极培育体育科技企业；北京市、天津市、辽宁省、上海市、广西壮族自治区等5地积极培育现代服务企业；辽宁省、浙江省、安徽省、广西壮族自治区、四川省、西藏自治区等6地积极培育自主产权企业；国务院及天津市、河北省、山西省、内蒙古自治区、辽宁省、吉林省、江苏省、浙江省、安徽省、福建省、江西省、山东省、河南省、湖南省、广东省、广西壮族自治区、海南省、重庆市、四川省、云南省、西藏自治区、甘肃省、青海省、宁夏回族自治区、新疆维吾尔自治区等25地积极落实土地使用税优惠政策；国务院及河北省、山西省、内蒙古自治区、辽宁省、吉林省、上海市、江苏省、浙江省、安徽省、江西省、山东省、河南省、湖北省、湖南省、广东省、广西壮族自治区、海南省、重庆市、四川省、贵州省、云南省、陕西省、甘肃省、宁夏回族自治区、新疆维吾尔自治区等25地积极落实价格优惠政策；河北省、江西省、山东省、广西壮族自治区、陕西省、宁夏回族自治区、新疆维吾尔自治区等7地落实事业费优惠政策。相关税费优惠政策的实施，对扶持体育创业有积极作用。

第三，在推进企业转型方面，主要实施了自主品牌建设、无形资本保护与管理、知识产权质押融资、捐赠抵税、非营利组织减免税、广告费税前加计扣除、职工教育经费税前扣除等政策措施，核心是推动体育企业商业模式创新和品牌建设，实现企业“做专做强做精”。当前，国务院及河北省、山西省、内蒙古自治区、江苏省、安徽省、福建省、河南省、湖北省、湖南省、海南省、重庆市、四川省、贵州省、云南省、陕西省、青海省等16地积极推进自主品牌建设；国务院及北京市、天津市、河北省、山西省、内蒙古自治区、辽宁省、黑龙江、吉林省、上海市、江苏省、浙江省、安徽省、江西省、山东省、河南省、湖北省、广东省、广西壮族自治区、海南省、重庆市、四川省、云南省、西藏自治区、陕西省、甘肃省、宁夏回族自治区、新疆维吾尔自治区等27地积极落实“广告费用税前加计扣除”政策，为体育企业品牌建设创造了条件。其中，河北省、重庆市还支持参与体育冠名、赞助支出的企业享受税前加计扣除；河北省拟对获得国家和省级名牌产品、著名商标称号的体育企业予以奖励；国务院及北京市、天津市、河北省、山西省、内蒙古自治区、辽宁省、黑龙江、江苏省、安徽省、江西省、河南省、湖北省、湖南省、广东省、海南省、重庆市、四川省、贵州省、云南省、西藏自治区、陕西省、甘肃省、青海省、新疆维吾尔自治区等24地积极强化无形资产保护与管理；山东省、重庆市、四川省、西藏自治区、新疆维吾尔自治区等地允许投资人以商标、品牌、科研成果、技术等无形资产评估作价出资兴办企业；北京市、山西省、上海市、山东省、海南省、重庆市、四川省、贵州省、西藏自治区、新疆维吾尔自治区等10地积极推进知识产权质押融资；国务院及天津市、河北省、山西省、内蒙古、辽宁省、吉林省、上海市、江苏省、浙江省、安徽省、江西省、山东省、河南省、湖北省、湖南省、广东省、广西壮族自治区、海南省、重庆市、四川省、贵州省、云南省、西藏自治区、甘肃省、青海省、宁夏回族自治区、新疆维吾尔自治区等27地积极实施“捐赠抵税”政策，为企业“去库存”，积极推进产品创新创造条件；国务院及河北省、山西省、内蒙古、辽宁省、黑龙江、吉林省、上海市、浙江省、安徽省、江西省、山东省、河南省、湖北省、广东省、广西壮族自治区、海南省、重庆市、四川省、云南省、西藏自治区、陕西省、甘肃省、青海省、宁夏回族自治区、新疆维吾尔自治区等25地积极实施“非营利组织所得税减免”政策，为体育企业转型、体育社会组织发展创造了积极条件。福建省、宁夏回族自治区积极落实“职工教育经费税前扣除”政策，为培育企业人才，推进人力资源开发创造了积极条件。

第四，产业创新驱动政策包括协同创新机制、研究智库、技术成果转化机制、科研平台建设、国际交流和合作、教学、科研和培训基地建设、人才引进、人才奖励等措施，旨在推进产业创新，促进制造业创新发展，现代服务业跨越发展。当前，国务院及北京市、天津市、河北省、山西省、内蒙古自治区、辽宁省、上海市、江苏省、江西省、河南省、湖北省、广东省、广西壮族自治区、重庆市、四川省、云南省、陕西省、甘肃省、新疆维吾尔自治区等19地积极建立协同创新机制，推进产学研合作；国务院及天津市、山西省、辽宁省、上海市、江苏省、安徽省、江西省、河南省、湖北省、湖南省、广东省、广西壮族自治区、重庆市、四川省、云南省、甘肃省、新疆维吾尔自治区等17地积极推进研究智库建设，依托研究智库推进体育产业研究，服务体育产业；国务院及北京市、河北省、山西省、内蒙古自治区、江西省、河南省、湖北省、重庆市、四川省、云南省、西藏自治区、陕西省、甘肃省、新疆维吾尔自治区等14地积极构建技术成果转化机制，推进技术成果转化；国务院及北京市、山西省、辽宁省、安徽省、河南省、湖北省、湖南省、重庆市、云南省、新疆维吾尔自治区等10地积极推进体育产业人才国际交流和合作；内蒙古自治区、吉林省、上海市、浙江省、江西省、湖南省、广东省、重庆市、四川省、云南省、陕西省、宁夏回族自治区、新疆维吾尔自治区等13地积极推进教学、科研和培训基地建设；北京市、内蒙古自治区、吉林省、上海市、江苏省、福建省、江西省、山东省、湖南省、广东省、海南省、云南省、陕西省、青海省、宁夏回族自治区等15地积极实施人才引进政策；国务院及河北省、山西省、吉林省、浙江省、安徽省、江西省、河南省、湖北省、海南省、重庆市、甘肃省、青海省、新疆维吾尔自治区等13地积极推进人才奖励机制建设。这些人才政策的实施为体育产业转型升级夯实了人力资源，是惠及整个体育产业发展的供给型政策。

### 4.2.2 政策工具聚类分析

从对国发〔2014〕46号文件及各地实施意见中的创新驱动政策工具的分析结果看，加快体育产业发展的创新驱动政策聚集在高新技术企业税负减免、无形资产保护与管理、协同创新机制、研究智库、科研平台建设等30个方面。基于表4-2所示的样本数据，利用多维尺度分析法可以对创新驱动政策进行聚类，理清新常态下加快我国体育产业发展的创新驱动政策框架。检验指标结果为：$Stress=0.00018<0.2$，$RSQ=1.0000$，拟合效果较好，且欧式空间分布结果如图4-1所示。从图4-1可知，新常态下加快发展我国体育产业的创新驱动政策框架主要由创新投

入、创新主体、创新平台、科技人才和科技税收等5大块构成，具体情况如下：

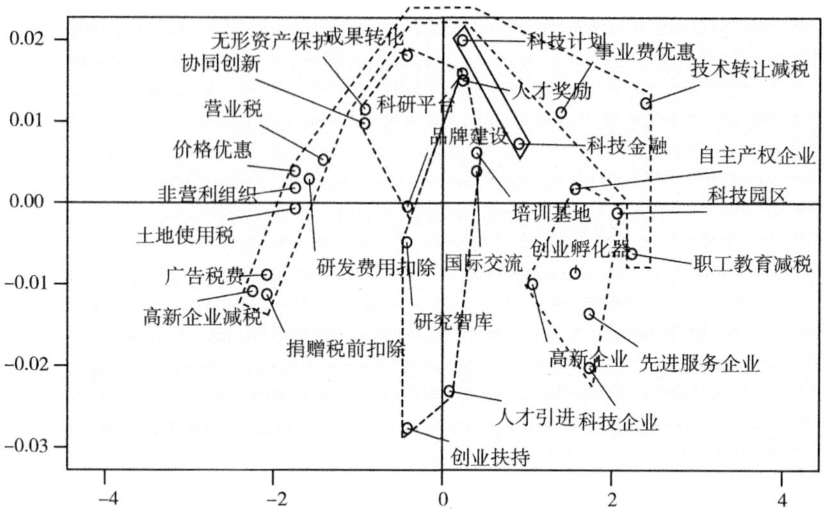


图4-1　新常态下加快我国体育产业发展的创新驱动政策架构

### 4.2.2.1　科技税收政策

当前，国务院及各地采取的科技税收政策主要集中在高新技术企业税负减免、捐赠税前抵扣、广告费用税前加计扣除、土地使用税减免、非营利组织企业所得税减免、价格优惠、营业税等方面；有极少数地区采取技术转让收入减免征企业所得税、职工教育经费税前扣除、事业费优惠、研发机构采购设备税收优惠等税收政策。科技税收政策内容范围宽泛，还包括创投企业抵扣应纳税所得额政策、大学科技园与科技企业孵化器所得税优惠、科技型小型微利企业的所得税优惠、固定资产加速折旧、捐赠非关联科研机构和高校的研究开发经费扣除、转制科研机构减免税过渡等，但从各地实施意见看，尚无地区采用这些政策工具。

### 4.2.2.2　科技人才政策

当前，国务院及各地采取的科技人才政策工具包括研究智库、国际交流与合作、教学、科研和培训基地建设、人才奖励、人才引进等，这些政策工具有利于激发科技人才的创新热情。从各地实施意见看，有一定比例的地区实施了科技人才政策工具，但是仍有部分地区未全面使用这些科技人才政策工具；科技人才所得税优惠、职工教育经费税前扣除等政策工具尚未在加快发展体育产业的过程中得到有效应用。

#### 4.2.2.3 创新主体政策

目前，国务院及各地采取的创新主体政策主要集中自主产权企业、现代服务企业、科技企业、高新技术企业、体育科技园、创业孵化器等企业，其中，针对这些类型企业的扶持手段主要包括：财政奖励、行政扶持、税费优惠、政府采购等。从各地实施意见看，作为新常态下加快我国体育产业发展的重要创新驱动政策，当前仅较少的地区采用了创新主体政策，例如：辽宁省支持符合条件的中小型体育科技企业享受科技小巨人优惠扶持政策；天津市和辽宁省将体育用品中小型企业和体育服务型企业纳入中小型企业发展扶持范围，将体育用品企业和体育新媒体企业纳入科技企业发展扶持范围，将体育中介、体育场馆运营、体育旅游、体育保健康复等企业纳入服务业发展扶持范围。另外，作为扶持创新主体发展的重要手段（王刚等，2015）①，政府采购政策尚未在各地实施意见中得到广泛应用，特别是有利于推动创新的“创新产品首购政策”“政府购买技术服务”等政策工具甚少被采用。

#### 4.2.2.4 创新平台政策

当前，国务院及各地采取的创新平台政策包括科研平台建设（含企业研发中心、工程研究中心等）、协同创新机制建设（含产学研协同创新、体育产业技术创新联盟等）、技术成果转化机制建设、自主品牌建设和无形资产保护与管理（含知识产权保护）等举措。在国发〔2014〕46 号文件的引导作用下，较多的地区积极实施创新平台政策，为体育产业创新发展提供软平台（机制、制度）和硬平台（中心、联盟等机构）支持。

#### 4.2.2.5 创新投入政策

目前，国务院及各地采取的创新投入政策包括科技投入政策和科技金融政

① 王刚，李显君，章博文，孟东晖，高歌．自主创新政策与机制——来自中国四个产业的实证［J］. 科研管理，2015，36（4）：1-9.

策。其中，科技投入政策主要涉及科技计划（专项、基金）；科技金融政策主要涉及知识产权质押融资、无形资产和知识产权投资入股。科技投入政策内容丰富，包括专利补助、科研成果奖励、孵化器入孵企业补助、科技企业奖励、科技成果交易补贴等；科技金融政策内容也较丰富，包括科技保险、知识产权质押、股权质押、专利权质押机构的贷款贴息、科技融资担保和风险投资鼓励等。这些政策工具各地实施意见尚未涉及。

## 4.3 支持我国体育产业创新发展的创新任务分析

### 4.3.1 创新任务内容解析

基于创新任务分类，以国发〔2014〕46 号文件及 31 个省区市的相关实施意见为研究对象进行文本分析，可以理清当前政策支持我国体育产业的创新任务内容，结果如表 4-3 所示。

表 4-3　　新常态下我国体育产业创新驱动发展的主要任务

| 创新驱动任务 | 创新驱动任务选定单位 | 样本数 |
| --- | --- | --- |
| 网络宣传 | 北京、天津、河北、吉林、上海、江苏、山东、河南、湖南、广东、广西、海南、四川、云南 | 14 |
| 自主知识产权产品 | 国务院、北京、河北、山西、内蒙古、上海、江苏、浙江、安徽、河南、湖北、湖南、广东、四川、贵州、云南、陕西、甘肃、青海、新疆 | 20 |
| 自主知识产权赛事 | 上海、江苏、湖北、广西 | 4 |
| 自主知识产权企业 | 辽宁、浙江、安徽、广西、四川、西藏 | 6 |
| 场馆智慧化建设 | 北京、天津、山西、黑龙江、吉林、江苏、浙江、广东 | 8 |
| 衍生品开发 | 国务院、北京、河北、山西、内蒙古、辽宁、吉林、上海、江苏、河南、湖北、湖南、重庆、四川、贵州、云南、陕西、甘肃、青海、新疆 | 20 |

续表

| 创新驱动任务 | 创新驱动任务选定单位 | 样本数 |
|---|---|---|
| 体育信息化工程 | 山西、内蒙古、黑龙江、吉林、上海、江苏、浙江、安徽、福建、江西、山东、湖南、广东、广西、重庆、贵州、青海、宁夏 | 18 |
| 企业研发投入 | 国务院、山西、上海、浙江、福建、河南、重庆、四川、云南、甘肃 | 10 |
| 科技企业培育 | 北京、天津、辽宁、黑龙江、云南 | 5 |
| 高新企业培育 | 天津、山西、辽宁、江苏、山东、湖北、广东、云南、宁夏 | 9 |
| 品牌战略 | 国务院、山西、安徽、湖北、湖南、广东、重庆、云南 | 8 |
| 品牌建设 | 国务院、河北、山西、江苏、福建、河南、湖北、湖南、四川、贵州、云南、青海 | 12 |
| 自主品牌赛事 | 北京、内蒙古、辽宁、贵州、云南 | 5 |
| 自主品牌企业 | 国务院、河北、山西、辽宁、浙江、安徽、福建、湖北、广西、云南 | 10 |
| 商标战略 | 国务院、山西、河南、湖北、海南、四川、贵州、云南、西藏、陕西、青海 | 11 |
| 营销模式创新 | 吉林、广东、重庆、贵州、新疆 | 5 |
| 商业模式创新 | 北京、山西、辽宁、江苏、福建、广东 | 6 |
| 制造业创新发展 | 国务院、天津、内蒙古、辽宁、江苏、浙江、广东、甘肃、新疆 | 9 |
| 新工艺、新材料、新技术开发与应用 | 国务院、天津、山西、内蒙古、黑龙江、江苏、江西、山东、河南、广西、云南、新疆 | 12 |
| 高端制造 | 天津、河北、上海、江苏、湖北、广东 | 6 |
| 现代服务业 | 国务院、北京、天津、河北、山西、内蒙古、辽宁、吉林、上海、江苏、浙江、安徽、福建、山东、广西、陕西 | 16 |
| 体育科技园 | 黑龙江、上海、重庆 | 3 |
| 业态拓展 | 国务院、北京、天津、河北、山西、内蒙古、辽宁、吉林、上海、江苏、浙江、安徽、江西、山东、河南、湖北、湖南、广东、广西、海南、重庆、四川、贵州、云南、西藏、陕西、甘肃、青海、宁夏、新疆 | 30 |

续表

| 创新驱动任务 | 创新驱动任务选定单位 | 样本数 |
| --- | --- | --- |
| 综合（体）开发 | 国务院、北京、天津、河北、山西、内蒙古、黑龙江、江苏、浙江、福建、江西、山东、河南、湖北、湖南、广东、海南、重庆、四川、贵州、云南、西藏、陕西、甘肃、青海、宁夏、新疆 | 27 |
| 康体结合 | 国务院、北京、天津、河北、山西、内蒙古、辽宁、吉林、上海、江苏、安徽、福建、江西、山东、河南、湖北、湖南、广东、广西、海南、重庆、四川、云南、西藏、陕西、甘肃、青海、宁夏、新疆 | 29 |
| 高科技产品研发制造营销 | 国务院、北京、天津、山西、内蒙古、辽宁、黑龙江、上海、江苏、浙江、福建、江西、河南、湖北、广东、重庆、贵州、云南、西藏、甘肃、青海、新疆 | 22 |
| 跨界开发体育产品与服务 | 国务院、河北、山西、内蒙古、辽宁、上海、江苏、安徽、山东、河南、湖南、重庆、四川、贵州、云南、西藏、甘肃、青海、宁夏、新疆 | 20 |
| 产业互联网融通 | 天津、河北、山西、辽宁、吉林、江苏、浙江、江西、河南、湖南、广东、广西、四川、贵州、甘肃、新疆 | 16 |

从表 4-3 中可知：

（1）“业态拓展”是我国体育产业创新驱动发展的最重要任务点，国务院及北京市、天津市、河北省、山西省、内蒙古自治区、辽宁省、吉林省、上海市、江苏省、浙江省、安徽省、江西省、山东省、河南省、湖北省、湖南省、广东省、广西壮族自治区、海南省、重庆市、四川省、贵州省、云南省、西藏自治区、陕西省、甘肃省、青海省、宁夏回族自治区、新疆维吾尔自治区等 29 个省区市把“业态拓展”列为主要任务；

（2）“康体结合”也是推进我国体育产业创新驱动发展的重要任务点，包括大力发展运动医学和康复医学、积极研发运动康复技术、运动营养产品、场地器材等创新活动，国务院及北京市、天津市、河北省、山西省、内蒙古自治区、辽宁省、吉林省、上海市、江苏省、安徽省、福建省、江西省、山东省、河南省、湖北省、湖南省、广东省、广西壮族自治区、海南省、重庆市、四川省、云南省、西藏自治区、陕西省、甘肃省、青海省、宁夏回族自治区、新疆维吾尔自治区等28个省区市把“康体结合”列为主要任务；

（3）“综合（体）开发”“高科技产品研发制造营销”“跨界开发体育产品与服务”“衍生品开发”“自主知识产权产品”“现代服务业”等是我国体育产业创新驱动发展的主要任务，国务院及多个省区市将其列为主要任务；

（4）“体育信息化工程”“产业互联网融通”“网络宣传”“场馆智慧化建设”等“互联网+体育”活动虽然未被国发〔2014〕46号文件列为主要任务，但是北京市、天津市、山西省、内蒙古自治区、黑龙江、吉林省、上海市、江苏省、浙江省、安徽省、福建省、江西省、山东省、湖南省、广东省、广西壮族自治区、重庆市、贵州省、青海省、宁夏回族自治区等多个省区市将其列为主要任务，这些活动也是我国体育产业创新驱动发展的重要任务；

（5）开发科技含量高、拥有“自主知识产权”的体育产品，是提高产品附加值和提升市场竞争力的重要手段，也是推进体育产业创新驱动发展的重要内容，国务院及北京市、河北省、山西省、内蒙古自治区、上海市、江苏省、浙江省、安徽省、河南省、湖北省、湖南省、广东省、四川省、贵州省、云南省、陕西省、甘肃省、青海省、新疆维吾尔自治区等19个区省市将其列为主要任务。不仅如此，上海市、江苏省、湖北省、广西壮族自治区等把打造“自主知识产权赛事”列为主要任务，辽宁省、浙江省、安徽省、广西壮族自治区、四川省、西藏自治区等把“自主知识产权企业”培育也列为主要任务；

（6）引导企业加大研发投入、持续推进营销模式创新和商业模式创新是企业实施自主创新的重要内容，对提高体育企业核心竞争力具有重要的意义，是推进体育企业做强做大的重要举措，国务院及山西省、上海市、浙江省、福建省、河南省、重庆市、四川省、云南省、甘肃省等9地把“引导企业加大研发投入”列为主要任务，吉林省、广东省、重庆市、贵州省、新疆维吾尔自治区等5地把营销模式创新列为主要任务，北京市、山西省、辽宁省、江苏省、福建省、广东省等6地把商业模式创新列为主要任务；

（7）科技企业培育、高新技术企业培育、高端制造企业发展等也是推进体育产业创新驱动发展的重要方式，北京市、天津市、辽宁省、黑龙江、云南省等5

地把“科技企业培育”列为加快发展体育产业的主要任务，天津市、山西省、辽宁省、江苏省、山东省、湖北省、广东省、云南省、宁夏回族自治区等 9 地把“高新技术企业培育”列为加快发展体育产业的重要工作，“大力发展高端制造业、培育高端制造企业”被天津市、河北省、上海市、江苏省、湖北省、广东省等 6 地列为主要任务；

（8）引导企业实施“品牌战略”“商标战略”，加强“品牌建设”，着力打造“自主品牌”赛事和企业，这也是推进体育企业无形资产开发和体育产业创新发展的重要内容，国务院及山西省、河南省、湖北省、海南省、四川省、贵州省、云南省、西藏自治区、陕西省、青海省等多个省区市把这些品牌建设活动列为加快发展体育产业的主要任务；

（9）制造业创新发展、大力发展现代服务业以及新工艺、新材料、新技术开发与应用等是推进体育产业转型和优化体育产业结构的重要举措。国务院及天津市、内蒙古自治区、辽宁省、江苏省、浙江省、广东省、甘肃省、新疆维吾尔自治区等 8 地把“积极支持体育用品制造业创新发展”列为主要任务，国务院及天津市、山西省、内蒙古自治区、黑龙江、江苏省、江西省、山东省、河南省、广西壮族自治区、云南省、新疆维吾尔自治区等 11 地把“加强新工艺、新材料、新技术开发与应用，努力提高传统体育用品的质量水平和科技含量”列为主要任务，国务院及北京市、天津市、河北省、山西省、内蒙古自治区、辽宁省、吉林省、上海市、江苏省、浙江省、安徽省、福建省、山东省、广西壮族自治区、陕西省等 11 地把“大力发展健身休闲、竞赛表演、场馆服务、中介培训等现代服务业”列为主要任务。

综上所述，在“新常态”背景下，推进我国体育产业发展的创新驱动任务集中在网络宣传、消费信息化、自主知识产权产品开发、自主知识产权赛事打造、场馆智慧化建设、衍生品开发、体育信息化工程建设、企业自主研发投入、科技类企业培育、高新技术企业培育、自主知识产权企业培育、新工艺、新材料、新技术开发与应用、着力发展高端制造业及现代服务业、体育科技园建设、业态拓展、推进综合（体）开发、康体结合、高科技产品研发制造营销、跨界开发体育产品与服务、产业互联网融通等 27 个方面。

### 4.3.2 创新驱动发展路径

不同产业有不同的产业基础，其创新发展的任务也不尽相同，从而形成不同的创新驱动发展路径。促进我国战略新兴产业创新主导发展的途径是加大自主创新的力度，促进经济转型，促进传统产业升级。在互联网产业中建立新的优势，促进“互联网+”的发展（闫俊周，2016）①；大力发展高端制造业；创新制造业价值链，提高我国企业在价值链中的地位（万继蓉，2013）②；通过自主科技创新，促进现代服务业发展（林南，2016）③。在新常态背景下，我国体育产业的创新驱动发展路径可以基于表4-3所示的创新任务，通过多维尺度分析进行聚类，形成新常态下我国体育产业创新驱动发展路径。针对新常态下我国体育产业创新驱动发展的主要任务，进行多维尺度分析，检验指标结果为：Stress = 0.03220<0.2，RSQ=0.99672，拟合效果较好，且欧式空间分布结果如图4-2所示。从图4-2可知，新常态下我国体育产业的创新驱动发展路径如下：

#### 4.3.2.1 持续推进产品创新，丰富市场供给

产品创新是推进产业创新驱动发展的重要内容。各地在制定实施意见时，积极引导企业自主创新，开发科技含量高、拥有自主知识产权的体育产品和服务，促进体育衍生品的创意和设计开发，支持地产、建筑、制造、交通、金融、保险、信息、食品药品、旅游、文化、传媒、科技、会展、教育等企业开发体育领域产品和服务，丰富市场供给，填补短板，促进体育消费。

#### 4.3.2.2 持续推进企业创新，培育市场主体

企业创新包括组织创新、技术创新、管理创新和战略创新，是实现产业创新驱动发展的重要内容。各地从如下方面推进企业创新，培育市场主体：引导体育

① 闫俊周．新常态下战略性新兴产业创新驱动发展的路径选择［J］．企业经济，2016（5）：147-151.

② 万继蓉．欧美国家再工业化背景下我国制造业的创新驱动发展研究［J］．经济纵横，2013（8）：112-115.

③ 林南．经济发展方式转变的创新驱动机制研究［J］．中国集体经济，2016（27）：12-13.

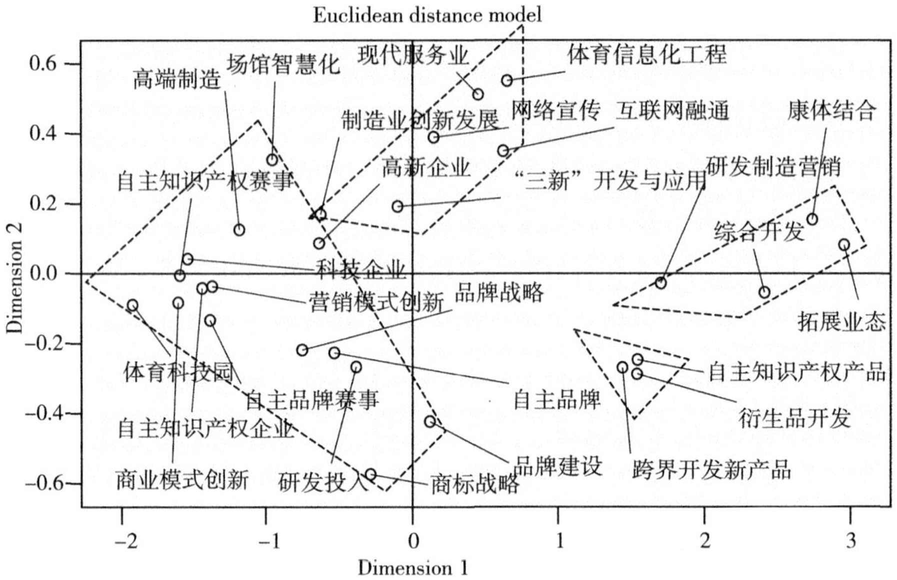


图 4-2　新常态下我国体育产业创新驱动发展的任务聚合图谱

企业加大研发投入，开展技术创新；引导体育企业积极利用互联网技术，持续开展营销模式创新和商业模式创新，打造企业核心竞争力；引导体育场馆开展场馆智慧化改造，加快利用现代科技提升体育场馆运营管理水平；引导体育企业实施品牌战略和商标战略，强化品牌建设，着力打造具有自主知识产权和自主品牌的体育赛事，培育具有自主知识产权和自主品牌的体育企业；支持科技类企业、高端制造企业、体育科技园（企业）和高新技术企业发展，打造具有市场竞争力和高科技含量的市场主体。

### 4.3.2.3　持续推进业态创新，促进融合发展

业态创新是推进体育产业融合发展的根本。各地从如下方面推进业态创新，促进体育产业融合发展：大力发展运动医学和康复医学，积极研发运动康复技术，开展对市民健身的锻炼方式、健身方法、运动康复、运动营销、场地器材、网络技术等方面的科学研究，促进康体技术融合，实现康体结合、体卫结合，培育新业态；以体育设施为载体，打造城市体育服务综合体，推进体育与休闲、住

宅、商业综合开发，带动健身、培训、养生、会展、康复、表演等新型业态发展；丰富体育产业内容，推动体育与文化旅游、健康养老服务、教育培训、文化创意和设计服务、影视动漫、网络传媒、新闻出版、广告会展、建筑地产、金融保险、互联网、科技等融合，促进体育旅游、体育会展、体育传媒、体育广告、体育动漫、体育影视、运动康复等相关业态的发展；鼓励可穿戴式运动设备、智能运动器材、营养保健食品药品、中医药运动康复服务等高科技产品的研发生产和推广出售，实现跨价值链的交互融通，形成新业态。

#### 4.3.2.4　持续推进产业创新，改善产业结构

通过自主科技创新，促进现代服务业发展，是我国产业创新的主要途径（林南，2016）①，产业创新是推进体育产业创新驱动发展的重要内容。各地从如下方面开展产业创新，改善产业布局和结构：积极支持体育用品制造业创新发展，特别是鼓励体育用品制造企业采用新工艺、新材料、新技术，提升产品的质量水平，提高产品科技含量；积极推进体育信息化工程建设、网络宣传机制建设，夯实“智慧体育”发展的软件和硬件条件，促进体育与信息融合，培育和发展现代服务业。

综上分析可知，在“新常态”背景下，推进我国体育产业创新发展，需要从产品创新、企业创新、业态创新和产业创新等多个层面着手，形成“组合拳”并沿着丰富市场供给、培育市场主体、促进融合发展和改善产业结构等多条路径推进，形成推进体育产业发展的创新驱动体系。在推进体育产业创新驱动发展的四条路径中，“推进业态创新，促进融合发展”和“推进产品创新，丰富市场供给”是最重要的路径。其中，国务院及北京市、天津市等31个省区市都采取了措施：沿“推进业态创新，促进融合发展”路径，推进体育产业创新发展；除天津市、黑龙江省、福建省、江西省、广西壮族自治区、海南省等省区市之外，其他都采取了措施：沿“推进产品创新，丰富市场供给”路径，推进体育产业创新发展。“推进企业创新，培育市场主体”和“推进产业创新，改善产业结构”是推进体育产业创新驱动发展的两条重要路径，但国务院及部分省区市推进这两条

① 林南．经济发展方式转变的创新驱动机制研究［J］．中国集体经济，2016（27）：12-13.

路径实施的力度略显不足。特别是在培育“体育科技园”“高端制造企业”“科技企业”“高新技术企业”“自主知识产权企业”等市场主体方面，国务院及内蒙古自治区、吉林省、福建省等多地推进力度略显不足；国务院及内蒙古自治区、吉林省、黑龙江省、西藏自治区、陕西省等多地在通过“互联网+体育”实现服务业信息化（陈刚等，2014）① 方面，推进力度也不足。

## 4.4　新三板上市体育企业的创新驱动政策支持力度分析

### 4.4.1　研究样本选择的根源及概况

2013 年 1 月，为完善我国资本市场结构，拓宽中小企业融资渠道，解决中小企业融资难的问题，经国务院批准设立的全国中小企业股份转让系统（简称“新三板”）正式投入运营。新三板主要针对上市要求较低的初创企业。我国新三板上市企业普遍存在较高的研发需求，在我国创新体系建设中发挥着重要作用，因此它们是创新驱动政策的主要受益者。自 2014 年国务院《关于加快发展体育产业促进体育消费的若干意见》（国发〔2014〕46 号文件）发布以来，体育产业步入快速发展阶段，其总体规模不断扩大，体育市场活力被充分激活，体育产业规模近年来保持着超过 10%的年增长率，甚至还有部分产业正以超过 50%的年增长率发展，比如体育健身休闲活动等。表 4-4 显示了中国主要体育产业的发展情况。

近年来，中国经济增速放缓，产业结构面临新的调整与优化，经济发展模式也随之改变，推动经济发展更多依靠创新驱动。在这样的经济新常态背景下，国发〔2014〕46 号文件首次把体育产业纳入创新驱动政策的支持范围，从而拉开了我国体育产业创新发展的序幕。在此形势下，众多体育企业纷纷挂牌新三板市场（如图 4-3 所示），新三板上市体育企业数量持续增加，而且这些新三板上市体育企业在我国体育产业的发展和创新中发挥着举足轻重的作用。因此，本项研究选择所有新三板体育上市公司的相关数据作为研究样本，探讨其获得的支持政

① 陈刚，赵志耘，许端阳．科技创新支撑经济发展方式转变的动力机制［J］. 中国科技论坛，2014，6（6）：5-9.

策及效应。

由图4-3可以看出，新三板上市体育企业自2014年的9家发展到2018年的70家，数量不是持续增长的，在2016年企业累计数量达到最大值91家。此外，企业类型共分为六种，包括场馆类、装备类、传媒类、赛事类、健体类和俱乐部。

表4-4 **我国体育产业发展概况**

| 分类名称 | 总产出（亿元） | | | | 增加值（亿元） | | | |
|---|---|---|---|---|---|---|---|---|
| | 2019年 | 2018年 | 2017年 | 2016年 | 2019年 | 2018年 | 2017年 | 2016年 |
| 体育产业 | 29483.4 | 26579 | 21987.7 | 19011.3 | 11248.1 | 10078 | 7811.4 | 6474.8 |
| 体育服务业 | 14929.4 | 12732 | | | 7615.1 | 6530 | | |
| 体育管理活动 | 866.1 | 747 | 504.9 | 287.1 | 451.9 | 390 | 262.6 | 143.8 |
| 体育竞赛表演活动 | 308.5 | 292 | 231.4 | 176.8 | 122.3 | 103 | 91.2 | 65.5 |
| 体育健身休闲活动 | 1796.6 | 1028 | 581.3 | 368.6 | 831.9 | 477 | 254.9 | 172.9 |
| 体育场地和设施管理 | 2748.9 | 2632 | 1338.5 | 1072.1 | 1012.2 | 855 | 678.2 | 567.6 |
| 体育经纪与代理、广告与会展、表演与设计服务 | 392.9 | 317 | 81 | 63.2 | 117.8 | 106 | 24.6 | 17.8 |
| 体育教育与培训 | 1909.4 | 1722 | 341.2 | 296.2 | 1524.9 | 1425 | 266.5 | 230.6 |
| 体育传媒与信息服务 | 705.6 | 500 | 143.7 | 110.4 | 285.1 | 230 | 57.7 | 44.1 |
| 体育用品及相关产品销售、出租与贸易代理 | 4501.2 | 4116 | 4295.2 | 4019.6 | 2562.0 | 2327 | 2615.8 | 2138.7 |
| 其他体育服务 | 1700.2 | 1377 | 501.6 | 433.0 | 707.0 | 616 | 197.2 | 179.7 |
| 体育用品及相关产品制造 | 13614.1 | 13201 | 13509.2 | 11962.1 | 3421.0 | 3399 | 3264.6 | 2863.9 |
| 体育场地设施建设 | 939.8 | 646 | 459.6 | 222.1 | 211.9 | 150 | 97.8 | 50.3 |

从新三板体育企业入市方面来看，在2014年政策的推动下，2015年新三板企业入市42家，其中包括：约顿气膜、绿茵天地和华丽达等9家场馆类企业；中源欧佳、大统体育和水晶股份等12家装备类企业；爱酷游、多想互动和英雄互娱等9家传媒类企业；博克森、新赛点和高德体育等8家赛事类企业；中航时尚、奥美健康和赛普健身等3家健体类企业以及一家职业俱乐部——恒大淘宝。2016年新三板企业入市41家，退市1家，累计数量达到91家，也是新三板上市体育企业数量最多的一年。其中，新增入市企业包括：联创草坪（2021年更名为威腾体育）、泰山体育和铭弘体育等4家场馆类企业；尼爵股份、激想体育和傲胜股份等20家装备类企业；竣智文化、耀宇文化和美骑网络等7家传媒类企业；永乐文化、今日体育和鑫度武术等4家赛事类企业；万国体育、知行健身和动能趋势等6家健体类企业。2017年入市企业数量明显减少，只有4家，包括1家赛事类企业、1家健体类企业和2家俱乐部，分别为耀胜体育、第一体育、同曦篮球和龙狮篮球。2018年新增入市企业仅有1家健体类企业——壹运动。

从新三板体育企业退市方面看，由于受到企业内部管理和资源禀赋等因素的影响，从2014年到2018年，新三板上市体育企业中退市企业越来越多，退市企业的类型也越来越丰富。具体情况如下：2014—2015年是新三板发展的上升期，未出现任何企业退市。2016—2018年，退市企业数量逐渐增多。2016年，仅有1家场馆类企业退市，为奥翔科技。2017年，退市企业数量已经超过入市企业数量，数量达到10家，包括华丽达等1家场馆类企业；中源欧佳、水晶股份和激想体育等4家装备类企业；盖娅互娱和耀宇文化等2家传媒类企业；博克森和体育之窗等2家赛事类企业；奥美健康等1家健体类企业。2018年，退市企业数量最多，共有16家，包括博德维、绿茵天地和中华智体等3家场馆类企业；尼爵股份、海明威和蔚蓝体育等9家装备类企业；爱酷游、竣智文化和分享时代等3家传媒类企业；博睿体育等1家赛事类企业；2019年，赛普健身和中航时尚等2家健体类企业退市。

从新三板上市体育企业的主要产品和服务项目分类来看，在这些体育企业中，第一体育、动能趋势、赛普健身和万国体育等9家企业以健身培训为主要产品和服务项目；泛华体育、斯特龙、星奥股份和中标集团等9家企业以体育场馆

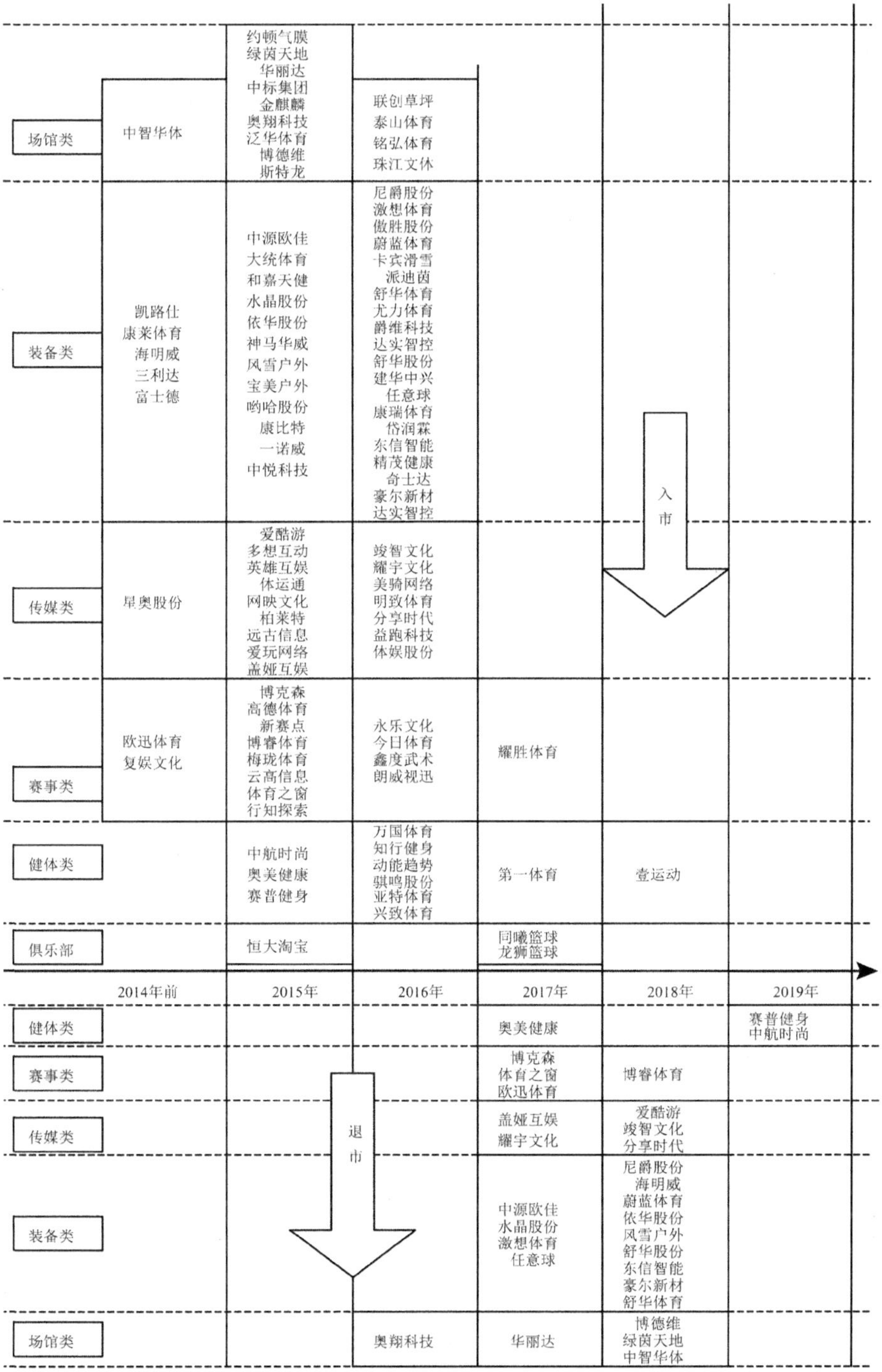


图 4-3 新三板上市体育企业入市/退市概况

为主要产品和服务项目；柏莱特、博瑞体育、多项互动和分享时代等 15 家企业以体育传媒为主要产品和服务项目；恒大淘宝、龙狮篮球和同曦篮球等 3 家企业以体育俱乐部为主要产品和服务项目；行知探索、今日体育、梅隆体育和新赛点等 6 家企业以体育赛事为主要产品和服务项目；傲胜股份、宝美户外、达实智控和东信智能等 36 家企业以体育装备为主要产品和服务项目；爱玩网络以游戏的研发、运营及相关服务为主要产品和服务项目。

此外，还有少数企业拥有多个主要产品和服务项目。鑫度武术以健身培训和体育赛事为主要产品和服务项目；绿茵天地、约顿气膜以体育场馆和体育装备为主要产品和服务项目；高德体育、英雄互娱、欧迅体育和网映文化等 4 家企业以体育传媒和体育赛事为主要产品和服务项目；铭弘体育以体育装备、体育赛事和体育场馆为主要产品和服务项目；和嘉天健以体育场馆、健身培训、体育赛事和体育装备为主要产品和服务项目。

很显然，自国发〔2014〕46 号文件颁布实施后，我国体育产业逐渐升温，进入新三板的体育企业越来越多。同时体育企业融资渠道增多，公司的资本结构逐步完善，企业知名度得到提高。但 2016 年以来，体育企业从新三板退市的数量也在增加，这既与公司的内部治理结构和创新动力有关，也与政府扶持的创新驱动政策的落实有关。

### 4.4.2　中国新三板上市体育企业的创新驱动政策边界

我国政府和有关部门为促进体育产业的发展，先后提出多项政策。"创新驱动政策"是国发〔2014〕46 号文件及各地实施意见的重要内容，包含科技计划(专项、基金)、产学研协同创新机制、科研平台、知识产权保护、创新创业扶持、科技人才引进、奖励等多项科技政策工具。

为了鼓励企业创新，促进企业自主研发，我国新三板上市体育企业的创新驱动主要受到高新技术企业免税政策和研发费用加计扣除政策的支持。2015 年至 2018 年，获得研发费用税前扣除的企业数量及覆盖率和获得高新技术企业免税政策的企业数量及覆盖率如表 4-5 所示。这表明，政府对税收优惠相关政策的关注度逐渐加强，我国的税收优惠政策的实施力度有所提高。

表 4-5　　新三板上市体育企业创新驱动政策边界覆盖面

| 年份 | 获得研发费用税前扣除企业个数 | 研发费用税前扣除覆盖率 | 获得高新技术企业免税政策企业个数 | 高新技术企业免税政策覆盖率 |
|---|---|---|---|---|
| 2015 | 8 | 15% | 20 | 39% |
| 2016 | 22 | 27% | 34 | 41% |
| 2017 | 29 | 34% | 40 | 48% |
| 2018 | 26 | 37% | 38 | 54% |

近年来，随着体育的国际化、现代化、社会化、市场化的发展，体育成为衡量国家和地区综合实力的重要指标。体育科学技术得到高度评价和优先开发，并且体育科学技术在推进竞技体育、大众体育和体育产业的发展中扮演着无可替代的角色。

虽然我国体育科技发展速度较快，体育科技成果的数量和质量都有了显著提高。但是在我国体育领域，体育产业化水平较低，体育企业自主品牌实力较弱，体育科技发展基础薄弱，竞技体育与群众体育发展不平衡，竞技体育与大众体育的科技发展不平衡等问题凸显。这些问题严重影响了中国体育产业的全面、协调和可持续发展。

因此，创新驱动发展将成为我国体育科技发展战略的必然选择，也将成为破除体育发展诸多障碍的利器。

### 4.4.3 中国新三板上市体育企业的创新驱动政策延展

新三板上市体育企业除了获得高新技术企业免税政策和研发费用加计扣除政策的支持，最主要的还是获得财政补贴的支持。财政补贴作为创新驱动政策的延展，是一种直接性补贴，其补贴数额被直接计入新三板体育企业的当期损益，并成为新三板体育企业利润的重要组成部分。2014 年，我国 10 家新三板体育企业中有 7 家获得了政府的财政补贴，覆盖率达到 70.0%；2015 年，我国 52 家新三板体育企业中有 33 家获得了政府的财政补贴，覆盖率达到 63.5%；2016 年，我国 89 家新三板体育企业中有 63 家获得了政府的财政补贴，覆盖率达到 75.9%；2017 年，我国 82 家新三板体育企业中有 73 家获得财政补贴，覆盖率达到

89.0%；2018 年，我国 67 家新三板体育企业中有 41 家获得财政补贴，覆盖率达到 61.2%。从 2014 到 2017 年，覆盖率上升了 19 个百分点。到 2018 年，财政补贴覆盖率下降了 20 个百分点。这表明 2014 年到 2018 年，我国支持新三板上市体育企业发展的财政补贴力度有所起伏。

从 2014—2018 年的政府补贴来看，受当地财政规模和政策等影响，财政补贴的类型众多，主要集中在以下几类：

（1）上市补贴类

在上市补贴方面，主要有：新三板挂牌补助、新三板创新层奖励、股转系统挂牌奖励、企业改制上市资助、企业上市发展专项资金、上市督导费奖励和上市融资奖励等补贴。

（2）税收补贴类

在税收补贴方面，主要有：个人所得税手续费返还、所得税返还、增值税免税收入、地方税收奖励款、即征即退的软件销售增值税、境外退税款以及贷款贴息等补贴。这些多数是来自税务部门的补贴。

（3）产业专项类

在发展专项资金补贴方面，主要有：发展扶持基金、体育产业发展专项资金项目、促进民营经济发展专项资金、国有文化资产专项资金、文化创意产业发展专项资金、未来产业发展专项资金补助、航空发展专项补助、生态园区建设专项资金以及中小企业发展专项资金等补贴。

（4）创新补贴类

在创新补贴方面，主要有：创新型企业专项资金、经济科技发展专项资金、标准化战略专项资金资助、创新专项资金补贴、创新融资贴息、研发经费后补助专项款、专利申请资助、专利资助金、软件著作权登记资助、技术交易输出补贴和专利中介服务支持资金；在高新技术补贴方面，主要有：高新技术企业认定通过奖励、高新技术企业培育资金、高新认证手续费补贴以及高新技术企业入库培育补助金等补贴。

在其他补贴方面，主要有：证书补助、电费补助、租金补贴、建设补贴、稳岗补贴、党建活动经费、社会保险事业费补贴、培训补助和商标补助等补贴。

# 4.5 新三板体育企业经营风险与创新应对

## 4.5.1 风险因素分析

2014年国发〔2014〕号文件发布，自此拉开了中国体育产业快速发展的序幕。大量的社会资本涌入体育产业，体育产业成为名副其实的“朝阳”产业。在相关利好政策的激励下，大批体育企业涌入新三板上市。2014年前入市体育企业仅9家，2015—2016年两年间入市新三板体育企业83家；但是，2017—2018年两年间却退市16家。这表明体育企业具有较高的运营风险。为了推进体育产业高质量发展，最重要的是理清体育企业运营的风险因素并探讨其创新应对策略。

当前，学术界围绕某一具体行业开展的企业风险研究很多。例如，牛青川、宋晓冰基于故障树分析法来解决建筑运维安全问题；李星敏对信贷市场、股票市场与房地产市场间风险传染机理进行了分析；李富祥基于风险导向视角，对房地产财务控制体系构建中的常见问题及优化对策展开了分析。但是尚未有学者围绕体育企业运营风险展开集中研究。本节拟以新三板上市体育企业年报风险披露为依据，借助内容分析法，探讨体育企业风险因素及其演化结构，并解析其风险应对的创新策略，以期为体育企业风险管理提供有益的参考。

### 4.5.1.1 数据来源

2014年入市新三板体育企业9家，2015—2016年入市新三板体育企业83家。在此以这些新三板体育企业2017年年报风险披露信息作为研究样本（退市企业以退市前一年年报为分析依据），通过内容分析，解析体育企业面临的主要风险。

### 4.5.1.2 数据处理

对这些年报风险披露信息中的风险要素进行规范化处理。邀请专业教师讨论、研究生参与处理剔除无效风险要素、相似风险要素合并和低频风险要素归类等，实现对年报披露风险因素的规范化处理。

第一，剔除无效风险因素。

第二，合并词义相近的风险因素。如：技术创新风险-产品研发风险-技术风险-技术升级风险-产品开发风险-技术更新风险-保持技术领先/优势的风险；控制人风险-大股东控制风险；结算风险-收款风险；内控风险-内部控制风险；汇率风险-利率风险-外汇风险；营运能力风险-资金流风险-现金流风险；人才缺乏-人才不足-人才流失-人才稀缺-人才风险-人才缺失-人才紧缺-人才短缺；知识产权风险-版权风险。

第三，归并低频风险因素。例如，股权集中风险归并于控制人风险；海外市场风险归并于地缘政治风险；出口退税风险并入税费政策风险；租赁场地合规与合法、续签、成本变动等风险都归并于物业保障风险；消费习惯变迁、经营区域性风险、公共卫生风险等归并于行业风险；亏损风险、持续经营风险等归并于持续经营风险；业务单一、经营集中、产品单一、运营模式、商业模式等风险归并于业务模式风险；业务调整、布局新业务、项目开拓、业务变更、重整、业务扩张、投资、转型、拓展风险等归并于业务开拓风险；客户流失风险归并入客户风险；违背劳工法规归并于法律诉讼风险；盈利风险、业绩波动风险和利润风险归并于营运风险。

经过上述步骤，通过文献题录信息统计分析工具 SATI3.2 进行去重等预处理，最终得到 35 个至少出现 2 次的风险因素（如表 4-6 所示）。这些风险因素是我国体育企业遭遇的主要风险因素，基本覆盖了国内体育企业风险因素的焦点与重点，表征了该领域中重点风险所在。

表 4-6　**新三板体育企业风险因素**

| 序号 | 高频风险因素 | 频次 | 频率 | 序号 | 高频风险因素 | 频次 | 频率 |
|---|---|---|---|---|---|---|---|
| R01 | 竞争风险 | 53 | 56.99% | R08 | 业务开拓风险 | 22 | 23.66% |
| R02 | 控制人风险 | 52 | 55.91% | R09 | 物业保障风险 | 20 | 21.51% |
| R03 | 人力资源风险 | 48 | 51.61% | R10 | 汇率风险 | 19 | 20.43% |
| R04 | 公司治理风险 | 34 | 36.56% | R11 | 管理风险 | 18 | 19.35% |
| R05 | 应收账款风险 | 31 | 33.33% | R12 | 技术创新风险 | 17 | 18.28% |
| R06 | 政策风险 | 28 | 30.11% | R13 | 税收政策风险 | 16 | 17.20% |
| R07 | 客户风险 | 25 | 26.88% | R14 | 人力成本风险 | 15 | 16.13% |

续表

| 序号 | 高频风险因素 | 频次 | 频率 | 序号 | 高频风险因素 | 频次 | 频率 |
|---|---|---|---|---|---|---|---|
| R15 | 业务模式风险 | 14 | 15.05% | R26 | 规模经营风险 | 7 | 7.53% |
| R16 | 营运风险 | 14 | 15.05% | R27 | 结算风险 | 6 | 6.45% |
| R17 | 持续经营风险 | 13 | 13.98% | R28 | 存货减值风险 | 5 | 5.38% |
| R18 | 地缘政治风险 | 10 | 10.75% | R29 | 信息泄密风险 | 5 | 5.38% |
| R19 | 原材料风险 | 10 | 10.75% | R30 | 代理权风险 | 5 | 5.38% |
| R20 | 行业风险 | 10 | 10.75% | R31 | 质量风险 | 4 | 4.30% |
| R21 | 供方依赖风险 | 9 | 9.68% | R32 | 安全风险 | 4 | 4.30% |
| R22 | 宏观经济风险 | 9 | 9.68% | R33 | 社保风险 | 3 | 3.23% |
| R23 | 偿债能力风险 | 8 | 8.60% | R34 | 知识产权风险 | 3 | 3.23% |
| R24 | 内控风险 | 7 | 7.53% | R35 | 法律诉讼风险 | 2 | 2.15% |
| R25 | 营运能力风险 | 7 | 7.53% | | | | |

#### 4.5.1.3 词频分析

词频分析是一种内容分析方法，在此特指风险因素出现在不同企业年报中的次数（结果如表4-6所示）。从表4-6中可知：

第一，竞争风险是当前新三板体育企业遭遇的最常见风险，在研究样本中有53家企业面临竞争风险，占样本总数的56.99%。

第二，50%以上的新三板体育企业面临的风险因素，主要包括控制人风险和人力资源风险，分别占样本总数的55.91%和51.61%。

第三，新三板体育企业面临的风险因素还包括公司治理风险、应收账款风险、政策风险、客户风险、业务开拓风险、物业保障风险、汇率风险、管理风险、技术创新风险、税收政策风险、人力成本风险、业务模式风险、营运风险、持续经营风险、地缘政治风险、原材料风险、行业风险、供方依赖风险、宏观经济风险、偿债能力风险、规模经营风险、结算风险、存货贬值风险、信息泄密风险、代理权风险、质量风险、安全风险、社保风险、知识产权风险、法律诉讼风险。

### 4.5.2 风险结构分析

共词分析作为一种重要的内容分析方法，通过对能够表达学科研究主题或方向并出现在同一篇文献中的专业术语的分析，可以揭示研究结构和学科之间的关系（张勤，马费成，2007）①。基于词频分析，从企业年报风险披露信息中提取高频风险因素（如表4-6所示），通过统计这些高频风险因素共同出现在一篇企业年报中的次数，形成共现频次矩阵（郑俊巍，2018）②。共现频次矩阵表达了两词共同在同一企业年报中出现的次数，通过这种共现频次来测度其亲疏关系（李杰，陈超美，2016）③。运用多维尺度方法（MDS方法）对风险因素的共现频次矩阵进行统计分析，获取多维尺度分析结果。具体做法：将共现频次矩阵导入至Ucinet 6.0软件中，然后进行“工具（Tools）-尺度（Scaling）-非度量多维尺度分析（Non-metric MDS）”操作（郑俊巍，2018）④，得到如图4-4所示的结果。

经过Ucinet 6.0软件得到多维尺度的Stress值为0.192<0.2。可见，多维尺度分析结果较为满意，多维尺度分析结果显示了35个高频风险因素，这些因素被大致分为6个类团。

类团一：企业治理结构与治理能力风险，包括控制人风险、公司治理风险和人力资源风险；

类团二：企业管理机制与管理内容风险，包括管理风险、内部控制风险、质量管理风险、安全管理风险、供方依赖风险、存货贬值风险等；

类团三：宏观经济形势与商业环境风险，包括宏观经济风险、政策法规风险、税收政策风险、人力成本风险、原材料涨价风险、物业保障风险、地缘政治风险、汇率风险、社保违约风险、竞争风险；

① 张勤，马费成．国外知识管理研究范式——以共词分析为方法［J］．管理科学学报，2007，10（6）：65-74.

② 郑俊巍．我国管理创新研究结构与发展的文献计量与网络图景［J］．科研管理，2018，39（9）：102-112.

③ 李杰，陈超美．CiteSpace：科技文本挖掘及可视化［M］．北京：首都经济贸易大学出版社，2016.

④ 郑俊巍．我国管理创新研究结构与发展的文献计量与网络图景［J］．科研管理，2018，39（9）：102-112.

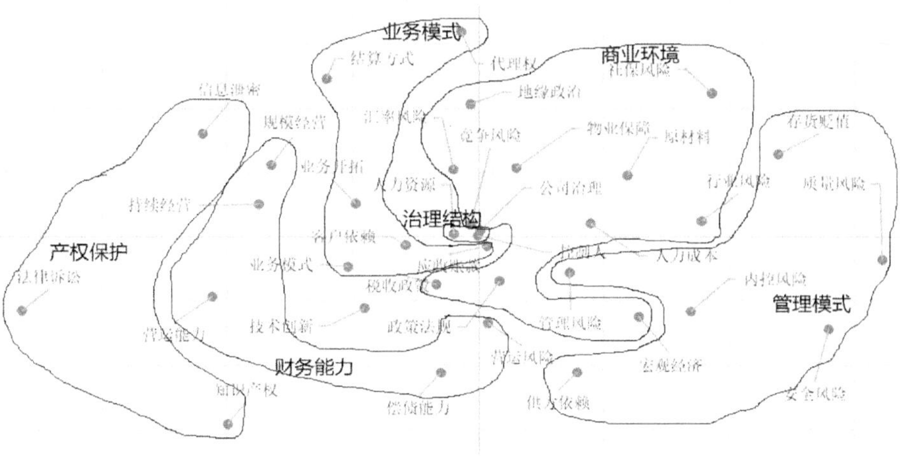


图 4-4 新三板体育企业风险因素多维尺度图谱

类团四：企业业务开发与业务模式风险，包括代理权风险、结算方式风险、业务开拓风险、业务模式风险、客户依赖风险、应收账款风险。其中，业务模式风险主要涉及业务单一、产品结构单一、经营相对集中等风险因素；

类团五：企业财务能力风险，包括运营风险、偿债能力风险、运营能力风险、持续经营风险、规模经营风险；

类团六：企业产权保护风险，包括知识产权风险、法律诉讼风险和信息泄密风险。

## 4.5.3 企业治理结构与治理能力风险的创新应对

当前，新三板企业的治理结构与治理能力风险主要是其治理结构不尽完善、治理能力不能适应企业的现实需要影响企业可持续运营的风险，包括控制人风险、公司治理风险和人力资源风险等。新三板上市体育企业在应对这些风险时，主要采取的创新措施包括：

第一，进一步强化制度建设，完善法人治理机制，健全内部控制体系，优化法人治理结构，依章依规开展重大决策，例如博德维、康莱体育、绿茵天地等；不断完善各项人事管理制度和体系，持续推进人力资源管理能力建设，不断吸引优秀人才，保障人才队伍稳定，例如体娱股份、绿茵天地、知行健身等；强化员工培训体系，建立人才晋升机制，例如，神马华威、明致体育、欧讯体育。

第二，进一步发挥股东大会、董事会和监事会之间的制衡作用，加强内部控制和外部审计力度，以控制控制人风险，保护中小股东权益，例如大统体育、康比特、赛普健身等；进一步完善信息披露机制，提高各项决策透明度和公众参与度，使公司规范治理的水平不断提升，例如，金汇通航、爵维科技、骐鸣股份等。

第三，引入外部投资者，优化公司股权结构，实施股权激励计划，提高员工积极性和创造性，完善薪酬福利及激励机制，例如豪尔新材、美骑网络、爵维科技等；优化和调整组织结构，提高运行效率，例如尤力体育；加强企业文化培养，优化企业氛围，实现知识共享、经验分享与优势传承，提升员工相应能力，例如骐鸣股份。

第四，加强控制人培训，强化风险防范意识，增强控股股东和管理层的诚信和规范意识；拓宽专业人员招聘渠道，积极与各类体育院校开展合作，确保公司发展的人员供给，例如万国体育、绿茵天地；签署相关约束性文件，减少人员流失、技术流失，保持核心团队稳定，例如泛华体育、博莱特、联创草坪。

综上可知，新三板上市体育企业主要通过管理创新来应对企业的治理结构与治理能力风险。

### 4.5.4　企业管理机制与管理内容风险的创新应对

当前，新三板上市体育企业在应对管理风险、内部控制风险、质量管理风险、安全管理风险、供方依赖风险、存货贬值风险等企业管理机制与管理内容方面的风险时，主要采取了如下举措：

第一，通过培训，提升管理团队及员工的业务开展能力，培育团队凝聚力及企业文化，例如兴致体育、美骑网络、明致体育等；不断夯实人力资源，实施人才团队专业化、本地化，稳定经营团队，例如珠江文体。

第二，借助“互联网+”推进管理精细化，确保流程高效合理，例如中智华体和珠江文体。

第三，加强供方质量监督，建立严格的治理管理体系，强化制度建设、过程管理和培训实施，重视顾客反馈，做好持续改进，降低质量风险，例如舒华体育、瀚翔生物、康比特、绿茵天地等。

第四，进一步完善规章制度，建立安全管理体系，落实安全责任制，强化安全教育，提高安全意识，购置意外保险，降低安全风险，例如斯特龙。

第五，完善供应商管理文件，积极拓展供方资源，降低对供方的依赖风险，例如博德维和万国体育；加强供方合作，促进长期稳定，例如博德维和爵维科技；对存货实施信息化管理，优化采购方式，逐步增加代销比例，降低存货贬值风险，例如哟哈股份。

综上所述，可知当前新三板上市体育企业主要是通过管理创新来应对企业管理机制与管理内容风险。

### 4.5.5 宏观经济形势与商业环境风险的创新应对

新三板上市体育企业在应对宏观经济风险、政策法规风险、税收政策风险、人力成本风险、原材料涨价风险、物业保障风险、地缘政治风险、汇率风险、社保违约风险、竞争风险等宏观经济形势与商业环境风险时，主要采取如下举措：

第一，进一步增加研发、设计的投入，并以整合营销的服务优势，应对宏观经济风险，例如多想互动；进一步加大研发投入、引进高技术人才、提高企业的创新能力，增强公司的市场竞争力，进而提高公司的销售额和销售利润，降低税收优惠对公司损益的影响，夯实条件，积极争取高新技术企业资质或者确保高新技术企业资质复审通过，例如博莱特、豪尔新材和爱玩网络；适应市场变化，强化技术研发，逐步加快业务拓展与转型步伐，通过技术实力与综合素质保证市场份额，例如朗威视讯；拓展资本市场融资渠道，进一步引入资金和人才，提高公司销售能力，例如动能趋势；持续开发新客户新渠道，例如赛普健身；增强抵御风险的能力，例如新赛点；持续推进产品创新，保持市场引领地位，例如联创草坪；不断提升服务质量，增强用户体验，例如英雄互娱；优化服务流程，提高服务效率，降低竞争风险，例如新赛点。

第二，制订并实施市场开发和产品更新计划，扩大产品市场份额，丰富产品线，优化产品布局，例如博德维；积极拓展新行业客户，扩大合作客户群体，降低传统行业受宏观经济波动的影响，例如多想互动；积极开拓新业务，丰富产品结构，实施产品创新与升级，提升企业综合服务能力，例如绿茵天地、鑫度武术；保持传统业务稳定，积极开拓海外业务，例如中标集团。

第三，优化生产流程，控制采购成本，通过合理措施实现成本降低、效益提高的目标，在宏观经济下滑的情况下保持快速稳定增长，例如约顿气膜；积极推进生产自动化，提高公司自动化生产水平，降低企业人力成本风险，例如中源欧佳。

第四，采取精准营销的广告招商服务策略，例如恒大淘宝；加强对品牌形象的建设与宣传，提升公司的品牌影响力，例如鑫度武术；加强品牌推广，提高营销手段的效率，开设网络销售模式，推行“私人订制”等新潮业务模式，提升公司在同行业中的竞争力，例如宝美户外；品牌引领上、下游资源整合，推进精细化管理，例如知行健身；降低行业竞争风险，例如梅陇体育；创新“互联网+”模式，整合线上线下资源，以增强核心竞争力，例如壹运动。

第五，加强内部控制，提高服务管理水平，降低经营成本，提高经营效率，增强应对政策风险的能力，例如斯特龙；树立风险意识，增强供应商及客户外部管理，健全组织结构，强化风险教育，对生产、销售等各个环节严格把控，并根据内外环境的变化完善各项制度，确保各项制度落实到位，有效发挥风险防控的效能，例如康比特。

第六，强化市场研究和政策研究，做好前瞻性预测，不断拓展新业务，开拓新市场，分散风险，提高应对宏观环境风险的能力，例如中标集团；密切关注管理机构、行业政策的调整及变更，保持与监管部门的良好沟通，遵纪守法经营，例如盖娅互娱、英雄互娱；强化税收法律、法规知识培训，提高企业纳税意识，用好研发费用加计扣除政策，例如博德维；增强财务管理人员的税收筹划能力，例如奥美健康。

第七，不断扩大经营规模、完善产品结构、提升管理水平、增加盈利能力、增强核心竞争力，降低对税收优惠的依赖程度，例如爱玩网络、星奥股份；做好国内国外两个市场协调发展，例如东信智能；降低对国际市场的依赖度，降低出口退税政策异动风险，例如蔚蓝体育、东信智能等；降低利率风险，例如康莱体育、依华股份等。

第八，创新经营理念，积极探索和推行合伙人模式，整合资源，搭建平台，提升会员的服务体验，降低人工成本，例如亚特体育；完善人力资源管理模式，加强人力资源管理人员职业技能培训，提高公司员工整体工作能力，提高工作效率，从而控制公司人力资源成本，例如动能趋势。

第九，完善福利体系，为公司员工制订健身运动方案，例如亚特体育；建立合理的薪酬制度和有效的绩效考评机制，例如朗威视讯；加强企业文化建设，建立科学的用人制度，例如奥美健康；与主要供应商建立战略合作关系，例如约顿气膜；采取批量采购、原材料储备、供应商考评、定价转嫁等方案，降低原材料供应风险，保持长期和良好的租赁关系，例如赛普健身；做好物业保障风险评级，规避产证不明场地的租赁，例如知行健身等；降低无法续租和租金上涨的风险，例如亚特体育、和嘉天健等。

第十，积极扩展海外客户，降低国外销售地区的集中度，例如东信智能和海明威；走多元化发展道路，降低对单一产品出口的依赖，例如东信智能；密切关注国际政治经济技术环境及政策的变化，例如傲胜股份；开展品牌国际化建设，在标准化、技术开发和自主知识产权等方面与国际惯例对接，例如康莱体育；加大产品研发力度，积极开拓汇率稳定、政局稳定及经济稳定国家的市场，例如奇士达；密切关注汇率变化，优化付款方式，例如傲胜股份；降低汇率波动风险，建立健全汇率风险控制体系，利用银行提供的远期结售汇、汇率套期保值等金融工具，提高汇率风险控制能力，例如三利达；抵消汇率风险，例如派迪茵；积极实施业务拓展、成本管理等战略措施，加大市场推广力度，提升服务能力，降低成本，提高核心竞争力，例如泛华体育。

### 4.5.6 企业业务开发与业务模式风险的创新应对

新三板上市体育企业应对企业业务开发与业务模式风险的主要创新举措有：

第一，加强与国内外知名体育用品企业的沟通，扩大公司销售规模，逐渐弱化对部分品牌的依赖，例如和嘉天健；不断拓展有潜力的产品线的销售，与供应商协同发展，深化合作，例如瀚翔生物；通过品牌间的相互制衡及公司在整个市场的占有率，能够相对避免品牌代理权丧失的风险，例如任意球；加强结算方式管理，优化管理制度落实，例如亚特体育。

第二，完善薪酬福利体系，建立激励问责机制、职员管理和服务体系，激励员工创新，打造一支拥有丰富行业经验和专业技术的管理团队与技术团队，充分发挥协同效应和规模效应，提高盈利水平。例如第一体育、兴致体育和约顿气膜。

第三，深化校企合作，保障公司研发能力，保持技术创新优势，例如一诺威；深化战略合作，拓展合作区域，例如亚特体育；夯实企业资源，共同开发新项目，扩大企业规模，例如骐鸣股份；降低经营风险，例如朗威视讯；深化产学研合作，持续追踪行业技术发展动态，积极推动企业技术创新，将技术升级风险转化为企业发展动力，例如博德维；把握技术发展趋势，加大研发投入，把握核心技术和关键突破，推进技术和业务创新，增加技术积累，扩展业务深度，例如奥美健康；激发员工的创新动力，推进新转型业务的发展，营造公司创新氛围，推进业务创新、技术创新和模式创新，例如侍卫长、爵维科技等；加强新开发项目的系统化管理，重视新开发项目市场调研与考察，严格把控成本、回报率、风险等关键环节，最大限度降低开发风险，例如爱玩网络；密切关注行业动态及市场热点，做好调研和研发项目规划，加大研发投入，根据顾客需求及时调整产品设计，降低研发风险，例如英雄互娱、盖娅互娱等。

第四，规范企业开发和管控机制，提高管理能力，例如中航时尚；加强市场监测和财务预算管理，例如三利达；积极创新、稳步拓展新业务，避免大规模投入带来的业务不确定性风险，例如高德体育；完善技术保密措施，加强专利申请管理，防范技术失密风险，例如三利达和网映文化；拓宽业务渠道和参股渠道，整合行业资源，开发公司新的盈利来源，积极开拓新产品，努力实现产业链的整合，丰富产品内容，例如爱酷游和尤力体育；积极进行业务及商业模式的创新，把握市场脉搏，根据市场变化适当制定发展策略，例如分享时代。

第五，通过组建新的销售队伍，拓展新的销售区域、建立新的销售渠道，降低经营业务区域单一的风险，例如奥美健康；加大人才培养与引进力度，例如同曦篮球；加强业务人员职业技术培训，提高技术人员职业能力和服务能力，例如动能趋势；加大客户的开拓力度，优化客户结构，提高经营业绩的稳定性，例如舒华体育；持续开发新产品，开拓新客户，培育新市场，例如网映文化、豪尔新材等；增强公司的盈利能力，调整产品结构与区域结构，进一步提高公司的竞争力与抗风险能力，例如舒华体育；加大人力、物力投入，促进企业资源整合，加强创新，增强产品与服务的市场辨识度、品牌黏度，增强产品体验感与服务便利度，提高市场竞争力，例如侍卫长；降低对单一客户的依赖；建立应收账款责任人制度，加强对业务人员、项目负责人的收款指标考核，例如派迪茵、复娱文化等；加大欠款回收力度，加快项目结款进度，降低应收账款风险等，例如泰山体育。

第六，建立客户信用档案，进行有效的信用评估和跟踪记录，例如斯特龙；根据信用差异采取不同的收账政策，例如绿茵天地；严格内部控制制度，建立坏账准备金制度，以规范应收账款的日常管理，例如绿茵天地；在一定情况下借助法律手段处理应收坏账问题，例如星奥股份；调整销售模式，减小应收账款发生坏账的风险，例如星奥股份。

### 4.5.7 企业财务管理与财务能力风险以及产权保护风险的创新应对

新三板上市体育企业的财务管理与财务能力风险以及产权保护风险，主要包括持续经营风险、运营风险、规模经营风险、偿债能力风险、运营能力风险、知识产权风险、法律诉讼风险等，应对这些风险的主要创新策略有：

第一，精简企业产品线，提高销售转化率，例如瀚翔生物；紧跟国家法律、法规及政策的变化，寻找盈利突破点，进一步提高企业市场竞争能力和抗风险能力，例如龙狮篮球；不断完善业务模式，增加服务内容，提高盈利能力，例如壹运动；优化人员结构和业务结构，淘汰亏损岗位和亏损业务，多措施并举全面扭转企业持续亏损风险，避免资源浪费，例如体运通、任意球；利用先发优势，推进资源整合，快速实现战略布局，例如高德体育；积极扩大主营业务规模，提升抗风险能力，例如网映文化；提升运营效率，促进多领域协同发展，例如高德体育。

第二，采用科学合理的方式预计采购数量，降低存货金额较大风险，例如风雪户外；进一步完善库存管理，加快存货周转，以减少库存和避免积压，降低存货风险，例如三利达；加强库存管理，完善内控建设，例如侍卫长和凯路仕。

第三，加强自有品牌建设，拓展公司产品体系，关注国际流行趋势及潮流需求动向，加强产品的研发设计，加大境内市场的开发力度，进一步拓展自有品牌的市场份额，降低品牌运营风险，例如蔚蓝体育。

第四，多元经营、创新发展，提升企业经营管理水平，增强盈利能力，例如珠江文体；加大研发力度，积极开发新产品，保持技术领先优势，应对行业集中度较低带来的业绩波动风险，例如奇士达；加大对新产品、新技术的研发力度，强化现有产品技术的改进和升级，保持产品差异化，降低成本，保障价格，提高利润，例如奥美健康；提高资产的整体盈利能力，例如动能趋势；持续革新生产技术，提高公司订单的处理能力，缩短交货周期，缩减通用原材料、配件库存，以降低公司的流动性风险，例如精茂健康。

第五，合理安排资金的投放，提高资金的使用效率，加快应收账款的回款并提高预收账款比例，减少公司对流动资金的占用，提升管理水平，提高资本利用效率，加强应收账款管理力度，例如风雪户外；加强流动资产管理，以提高流动资产的周转能力，并逐渐压缩贷款规模，保持合理的债务结构，例如海明威；通过实施销售货款政策激励机制，加速货款回收速度，保证流动资金的需求，对应收账款进行专员管理，从管理到业务提高应收账款风险防范意识，降低坏账的可能性，建立一整套财务风险预防机制和预警机制，严格流程，及时预测、评估和预防财务风险，充分提高资金使用率，强化资金使用的合理科学配置，提高资金使用回报率，例如中标集团；完善运营流程，提升运营盈利能力，持续改善公司现金流状况，引进新的战略投资，改善公司财务状况，例如奥美健康、动能趋势；破解营运资金不足的风险，通过及时催收、压低应收账款的占用额度等方式控制应收账款，加快客户回款速度，缓解现金流压力，例如体运通。

第六，制定相应的财务管理制度，明确资金的存管和使用方式，对预收账款进行合理管理，例如骐鸣股份；合理规划资金，避免出现流动性危机，例如壹运动；加强预算管理和成本控制，例如恒大淘宝；提高资源利用效率，实现增收节支，例如体运通。

第七，加快构建直接融资渠道，引入新资本以充分保障开展各业务所需现金流，例如云高信息；引导股东采取增资、捐赠或借款的方式以降低公司的资金压力，例如壹运动；通过发行股份募集资金，寻求与优质企业合作的机会，扩大公司规模，提升市场竞争力和抵御市场风险的能力，例如骐鸣股份；控制扩展速度，实现有序扩张，降低企业现金流压力，例如壹运动和骐鸣股份。

第八，重视知识产权保护，强化版权意识，例如体娱股份；尊重和保护合同中的知识产权，推进项目的规范化管理，例如英雄互娱和永乐文化；建立规章制度，整合劳务资源，规避劳资法律诉讼风险，例如斯特龙；强化员工培训，提高员工整体素质和安全质量意识，降低安全事故风险和质量风险，例如斯特龙；建立完整体系，加大安保投入，例如高德体育。

综上所述，新三板上市体育企业在应对企业财务管理与财务能力风险以及产权保护风险过程中主要采取技术创新、业务创新、管理创新等举措。其中，管理创新包括提高企业风险管理能力、优化融资模式、强化安全管理等具体举措。

# 第5章　新常态下我国体育产业创新发展的政策效应

## 5.1　创新驱动政策对新三板上市体育企业研发投入的影响

### 5.1.1　相关特征变量的描述性统计

截至2018年，共有95家体育企业在新三板股票市场上市。这些企业的业务主要覆盖体育产品制造、体育媒体、电子竞技、健身训练和体育赛事管理等领域。其中有12家企业由于没有按时发布企业年度报告，需要从样本中剔除。因此，实际开展样本数据分析的企业数是83家，其变量的描述性统计结果如表5-1所示。表5-1归纳总结了从这83家企业的年度报告中提取出来的关键分析变量。

表5-1　　关键变量的描述性统计结果（$N=83$）

| 变量 | 最小值 | 最大值 | 平均值 | 方差 |
| --- | --- | --- | --- | --- |
| TAssets2017 | 4434.47 | 4944183.78 | 310581.8493 | 703700.57426 |
| TAssets2016 | 0.00 | 4271246.15 | 250038.7757 | 614728.37126 |
| RDStaff2017 | 0.00 | 264.00 | 34.9036 | 49.71470 |
| RDStaff2016 | 0.00 | 222.00 | 31.1807 | 41.97826 |
| CurR2017 | 0.00 | 77.56 | 4.5450 | 10.73172 |
| CurR2016 | 0.00 | 2016.00 | 33.6043 | 224.46557 |
| ALR2017 | 0.01 | 2.62 | 0.4518 | 0.34416 |
| ALR2016 | 0.00 | 1.36 | 0.4036 | 0.22320 |
| High-tech2017 | 0.00 | 1.00 | 0.5904 | 0.49476 |

续表

| 变量 | 最小值 | 最大值 | 平均值 | 方差 |
|---|---|---|---|---|
| High-tech2016 | 0.00 | 1.00 | 0.4578 | 0.50125 |
| RDinv2017 | 0.00 | 142463.18 | 7592.8122 | 19055.79264 |
| RDinv2016 | 0.00 | 115609.29 | 6101.2318 | 15685.38409 |
| Subsidy2017 | 0.00 | 4831.03 | 369.6414 | 786.99576 |
| Subsidy2016 | 0.00 | 9448.11 | 614.4120 | 1759.84639 |
| Pretax2017 | 0.00 | 3137.66 | 194.5199 | 429.51003 |
| Pretax2016 | 0.00 | 4233.04 | 157.7560 | 508.05279 |
| Hightechtax2017 | 0.00 | 105802.03 | 2279.1915 | 11685.68665 |
| Hightechtax2016 | 0.00 | 56719.04 | 1530.9060 | 6451.19874 |

研究样本中共有 49 家（占总数的 59%）高新技术企业。2017 年，这些高新技术企业中 48.2%的企业获得了所得税减免，较 2016 年的 41%有所增加。从 2016 年到 2017 年，83 家上市体育企业的总资产平均增长了 24.2%。过去两年，研发投入和研发人员规模分别平均增长 24.4%和 11.9%。尽管如此，还有 15 家（占总数的 18.1%）体育企业没有专职研发人员，2017 年研发人员占企业员工总数的比例平均为 0.80。

此外，近年来，政府研发补贴的平均规模有所下降；享受研发费用税前扣除的体育上市企业数量有所增加，但这些企业的研发费用税前扣除平均值与高新技术企业所得税减免平均值却有所下降。

### 5.1.2 企业内在特征对研发投入的影响

研究问题 1-1 探讨了企业内在特征与研发投资的关系。在此，采用了多元回归分析对研究假设 1-1、假设 1-2、假设 1-3 和假设 1-4 进行了检验（结果如表 5-2 中的模型 1 所示）。模型 1 测试了研究问题 1-1（企业内在特征与研发投资的相关性）。结果表明，企业内在特征对 2017 年研发投资的误差解释率为 47.1%，$F(5, 72) = 13.70$，$p<0.01$。但是，研发投入与“CurR（流动比率）”和“ALR（资产负债率）”无关，因此，假设 1-1 不被支持。研发投入与“TAssets（资产总额）”和“RDStaff（研发人员总数）”均显著相关，因此，假设 1-2 和假设

1-3 得到支持。最后，研发投资与高新技术企业资质无关，因此，假设 1-4 不被支持。

表 5-2　　企业内在特征、创新政策与研发投资的关系

| 变量 | Model 1 | Model 2-1 | Model 2-2 | Model 3 |
|---|---|---|---|---|
| (常数项) | -3573. 950<br>(3976. 037) | 286. 486<br>(1566. 057) | -48. 725<br>(1377. 983) | -3179. 717**<br>(1432. 954) |
| TAssets2017 | 0. 009**<br>(0. 003) | | | 0. 006**<br>(0. 002) |
| RDStaff2017 | 167. 792***<br>(40. 357) | | | 84. 517***<br>(28. 007) |
| CurR2017 | -235. 579<br>(168. 499) | | | |
| ALR2017 | 1252. 829<br>(4895. 317) | | | |
| High-tech2017 | 5188. 849<br>(3438. 784) | | | |
| Subsidy2017 | | 1. 252<br>(1. 734) | | |
| Subsidy2016 | | | 2. 991***<br>(0. 797) | 1. 778**<br>(0. 774) |
| Pretax2017 | | 26. 752***<br>(3. 185) | 21. 406***<br>(3. 274) | 21. 289***<br>(2. 958) |
| Hightechtax2017 | | 0. 719***<br>(0. 115) | 0. 720***<br>(0. 106) | 0. 299**<br>(0. 145) |
| F-value | 13. 704*** | 41. 383*** | 52. 919*** | 42. 972*** |
| R-Square | 0. 471 | 0. 611 | 0. 668 | 0. 736 |

Note: SEE of the parameter assessments have been included in brackets ( ) . The sig. of the significant level have been included in brackets [ ]. **, *** Statistically significant at 0. 1, 0. 05 and 0. 01 levels respectively.

独立变量：RDinv2017

### 5.1.3 创新驱动政策对研发投入的影响

表5-2的第2列和第3列（模型2-1和模型2-2）给出了方程3-2的结果。两种模型都只讨论了三种常用的政府创新政策对研发投资的影响。模型2-1使用当年的研发补贴作为自变量，模型2-2使用上一年的研发补贴作为自变量。结果表明，三个政策变量对2017年企业研发投资的误差解释率分别为：61.1%和66.8%，$F(3, 79) = 41.38$，$p<0.01$ 和 $F(3, 79) = 52.92$，$p<0.01$。在这两种模型中，研发投资与“Pretax（研发费用税前扣除）”和“Hightechtax（高新技术企业所得税减免）”显著相关。研发投资与“Subsidy2017”（2017年的研发补贴）无显著相关性，但与“Subsidy2016”（2016年的研发补贴）显著相关。

研究问题1-2探讨了政府研发补贴政策的溢出效应与杠杆效应。方程3-1和方程3-2通过模型3进行检验，其中研发投资为因变量，显著的企业内在特征（“RDStaff”和“TAssets”）为控制变量，创新驱动政策（“Subsidy2016”“Hightechtax2017”和“PreTax2017”）为自变量。模型结果见表5-2第4列。结果表明，企业内在特征和创新驱动政策对2017年企业研发投资的误差解释率为：73.6%，$F(5, 77) = 42.97$，$p<0.01$。由此可见，以“RDStaff（研发人员数）”和“TAssets（企业资产规模）”为控制变量，研发投资在很大程度上取决于本年度研发费用的税前扣除总额、本年度高新技术企业所得税减免总额和上一年度政府研发补贴。

### 5.1.4 创新驱动政策对研发投入影响的异质性分析

研究问题1-3关注创新驱动政策对不同特征企业的影响。以企业内在特征（“RDStaff”和“TAssets”）与创新驱动政策（“Subsidy”“Hightechtax”和“Pretax”）之间不同组合条件下的交互变量为自变量，以研发投资为独立变量，多元回归结果如表5-3所示。从表5-3可知，这三个回归模型所包含的交互变量对研发投资的误差解释率在73.5%~85.6%的范围内。

表 5-3　　企业内在特征与创新驱动政策的交互效应

| 变量 | Model 4-1 | Model 4-2 | Model 4-3 |
| --- | --- | --- | --- |
| （常数项） | 542.579<br>(1053.224) | 725.430<br>(1148.071) | -2901.346$^{**}$<br>(1435.526) |
| TAssets2017 | 0.004$^{**}$<br>(0.002) | 0.005$^{**}$<br>(0.002) | 0.006$^{**}$<br>(0.002) |
| RDStaff2017 | 83.782$^{***}$<br>(20.012) | 54.773$^{**}$<br>(23.454) | 84.621$^{***}$<br>(27.962) |
| TAssets2016×Subsidy2016 | -0.00000028<br>(0.00000) | | |
| TAssets2017×Hightechtax2017 | 0.000000076$^{***}$<br>(0.000) | | |
| TAssets2017×Pretax2017 | 0.000026$^{***}$<br>(0.000003) | | |
| RDStaff2016×Subsidy2016 | | 0.006<br>(0.006) | |
| RDstaff2017×Hightechtax2017 | | 0.002$^{***}$<br>(0.001) | |
| RDStaff2017×Pretax2017 | | 0.213$^{***}$<br>(0.020) | |
| High-tech2016×Subsidy2016 | | | 1.767$^{**}$<br>(0.784) |
| High-tech2017×Hightechtax2017 | | | 0.287$^{*}$<br>(0.145) |
| High-tech2017×Pretax2017 | | | 21.088$^{***}$<br>(3.002) |
| F-value | 91.347$^{***}$ | 75.205$^{***}$ | 42.765$^{***}$ |
| R-squared | 0.856 | 0.830 | 0.735 |

Note: SEE of the parameter assessments have been included in brackets ( ) . The sig. of the significant level has been included in brackets [ ]. $^{**}$, $^{***}$ Statistically significant at 0.1, 0.05 and 0.01 levels respectively.

模型 4-1 表明，“RDinv2017”与“TAssets2017”和“High-tech2017”之间以及“TAssets2017”与“Pretax2017”之间的交互作用显著相关，但与“TAssets2016”和“Subsidy2016”之间的交互作用不显著相关，$F(5, 77) = 91.347$，$p<0.01$。

模型 4-2 表明，“RDinv2017”与“RDStaff2017”和“Pretax2017”之间以及“RDStaff2017”与“Hightechtax2017”之间的交互作用显著相关，但与“RDStaff2016”和“Subsidy2016”的交互作用不显著相关，$F(5, 77) = 75.205$，$p<0.01$。

模型 4-3 表明，“RDinv2017”与“High-tech2017（2017 年高新技术）”和“Pretax 2017（研发费用税前扣除）”“High-teh2016（2016 年高新技术）”和“Subsidy2016（2016 年补贴）”之间的相互作用以及“High-tech2017（2017 年高新技术）”与“Hightechtax2017（2017 年高新技术企业所得税减免”之间的相互作用显著相关，$F(5, 77) = 42.765$，$p<0.01$。

### 5.1.5 研究结果的鲁棒检验

为了检验上述实证结果的可靠性，在此以滞后期的研发投入为解释变量，进行了若干稳健性检验。这些回归结果见表 5-4。通过比较表 5-4、表 5-3 和表 5-2，可发现稳健性测试结果与上述研究结果基本一致。因此，表 5-2 和表 5-3 的研究结果具有很强的鲁棒性。

表 5-4　企业内在特征与创新驱动政策对研发投资影响的鲁棒检验结果

| 变量 | Model 1' | Model 2-2' | Model 4-1' | Model 4-2' | Model 4-3' |
|---|---|---|---|---|---|
| （常数项） | -6246.774 | -48.725 | 1079.603 | 1453.837** | -3372.696** |
| | (4517.318) | (1377.983) | (692.455) | (675.467) | (0.0012) |
| Assets2017 | 0.009*** | | 0.001 | 0.002* | 0.004 |
| | (0.003) | | (0.001) | (0.001) | (0.002) |
| RDStaff2017 | 150.908*** | | 59.289*** | 12.436 | 58.089** |
| | (45.851) | | (13.157) | (13.799) | (25.513) |
| CurR2017 | -147.302 | | | | |
| | (191.438) | | | | |

续表

| 变量 | Model 1' | Model 2-2' | Model 4-1' | Model 4-2' | Model 4-3' |
|---|---|---|---|---|---|
| ALR2017 | 169.587<br>(5561.746) | | | | |
| High-tech2017 | 8475.477**<br>(3906.927) | | | | |
| Subsidy2016 | | 3.057***<br>(0.685) | | | |
| Pretax2017 | | 25.148***<br>(2.814) | | | |
| Hightechtax2017 | | 1.137***<br>(0.091) | | | |
| TAssets2016*<br>Subsidy2016 | | | 1.95e-007***<br>(0.000) | | |
| TAssets2017*<br>Hightechtax2017 | | | 3.11e-005***<br>(0.000) | | |
| TAssets2017*<br>Pretax2017 | | | 3.24e-007<br>(0.000) | | |
| RDStaff2016*<br>Subsidy2016 | | | | 0.013***<br>(0.003) | |
| RDstaff2017*<br>Hightechtax2017 | | | | 0.005***<br>(0.000) | |
| RDStaff2017*<br>Pretax2017 | | | | 0.253***<br>(0.012) | |
| High-tech2016*<br>Subsidy2016 | | | | | 2.250***<br>(0.715) |

续表

| 变量 | Model 1' | Model 2-2' | Model 4-1' | Model 4-2' | Model 4-3' |
|---|---|---|---|---|---|
| High-tech2017 * Hightechtax2017 | | | | | 0.868 *** (0.132) |
| High-tech2017 * Pretax2017 | | | | | 24.783 *** (2.739) |
| F-value | 15.099 *** | 118.766 *** | 318.649 *** | 338.660 *** | 79.112 *** |
| R-Square | 0.495 | 0.819 | 0.954 | 0.957 | 0.837 |

Note: SEE of the parameter assessments have been included in brackets ( ) . The sig. of the significant level have been included in brackets [ ]. ** , *** Statistically significant at 0.1, 0.05 and 0.01 levels respectively.

独立变量：RDinv2018（特别说明：退市企业的研发投资以上年度数据代替）

### 5.1.6　讨论、结论与改进研发投入的建议

（1）企业内在特征对研发投入影响的分析

在此以我国新三板上市体育企业为研究对象，实证检验了创新驱动政策对研发投资的影响。研究结果表明，企业资产规模是企业研发投资的主要决定因素，因此，假设 1-2 得到了实证数据的支持。结论与现有文献 Kang 等（2017）①、Przychodzen 和 Przychodzen（2018）②、Wu（2017）③ 所示结论一致。规模较大的企业能够承担更多的风险（Liu 等，2018）④，创新信心更高，更容易降低研发活

① Kang T., Baek, C., & Lee, J. The persistency and volatility of the firm R&D investment: revisited from the perspective of technological capability [J]. Research policy, 2017, 46 (9): 1570-1579.

② Przychodzen, W., & Przychodzen, J. Sustainable innovations in the corporate sector-the empirical evidence from IBEX 35 firms [J]. Journal of Cleaner Production, 2018, 172 (20): 3557-3566.

③ Wu, Aihua. The signal effect of government R&D subsidies in China: does ownership matter? [J]. Technological Forecasting & Social Change, 2017 (117): 339-345.

④ Liu, D., Chen, T., Liu, X., & Yu, Y. Do more subsidies promote greater innovation? Evidence from the Chinese electronic manufacturing industry [J]. Economic Modeling, 2018 (80): 441-452.

动成本（Ahmedova，2015）①，更容易获得组织资源（Trianni 等，2016）②；克服固定成本壁垒，获得更多创新机会（Wu，2017③；Zhang 和 Guan，2018④）。因此，企业资产规模反映了企业的抗风险能力，是影响企业研发投资的重要因素。也就是说，创新驱动政策应该支持体育企业降低创新风险，提高创新动力，从而提高风险对抗能力，帮助企业实现可持续创新发展。

研发人员规模也是影响研发投入的重要因素，因此，假设 1-3 得到了实证数据的支持。这一发现证实了 Zhao 等（2018）⑤ 的观点：人力资源约束是影响体育企业研发投入的重要因素。研发人员数量决定企业的创新能力。创新能力低下的企业，在遭遇危机时会急剧削减研发投入，甚至在好的市场机会情况下，其管理人员也不愿在研发项目上投入过多资金（Kang，Baek 和 Lee，2017）⑥。研发人员的薪酬占研发支出的 50%以上（Hall，2002⑦；Baum、Caglayan 和 Talavera，2013⑧），进一步说明，研发人员规模是影响研发投入的重要因素。本研究所选样本中有 15 家（18.07%）体育公司没有研发人员。这说明研发人员是制约我国

---

① Ahmedova, S. Factors for increasing the competitiveness of small and medium-sized enterprises (SMEs) in Bulgaria [J]. Procedia-Social and Behavioral Sciences, 2015, 195 (3): 1104-1112.

② Trianni, A., Cagno, E., & Farné, S. Barriers, drivers and decision-making process for industrial energy efficiency: a broad study among manufacturing small and medium-sized enterprises [J]. Applied Energy, 2016, 162 (15): 1537-1551.

③ Wu, Aihua. The signal effect of government R&D subsidies in China: does ownership matter? [J]. Technological Forecasting & Social Change, 2017 (117): 339-345.

④ Zhang, J., & Guan, J. The Time-varying impacts of government incentives on innovation [J]. Technological Forecasting & Social Change, 2018 (135): 132-144.

⑤ Zhao, S., Xu B., & Zhang W. Government R&D subsidy policy in China: an empirical examination of effect, priority, and specifics [J]. Technological Forecasting & Social Change, 2018, 135: 75-82.

⑥ Kang T., Baek, C., & Lee, J. The persistency and volatility of the firm R&D investment: revisited from the perspective of technological capability [J]. Research policy, 2017, 46 (9): 1570-1579.

⑦ Hall, B. H. The financing of research and development [J]. Oxford Review of Economic Policy, 2002 (18): 35-51.

⑧ Baum, C. F., Caglayan, M., & Talavera, O. The effects of future capital investment and R&D expenditures on firms' liquidity [J]. Review of International Economics, 2013, 21 (3): 459-474.

体育企业研发活动开展的重要短板。所以，体育企业需要大力增加研发人员，提高自主创新能力。

研究发现，融资约束并不是研发投资的决定因素。没有证据表明，体育企业的长期偿债能力和短期偿债能力与研发投资有显著关系。尽管这一结论与 Bhagat 和 Welch（1995）①、Friend 和 Lang（1988）② 的结论不同，但现有证据难以判定融资约束是否限制研发（James 等，2012）③。这一矛盾现象可以解释为：一般认为资产负债率应保持在 40%~60%，流动比率应保持在 2∶1 以上。表 5-1 的结果显示，所选样本在 2017 年和 2016 年的资产负债率平均值分别为 0.45 和 0.40，均在安全范围内。因此，我国体育企业的负债率尚未达到影响其研发投资的水平。大多数体育企业的流动比率都在一个安全的范围内，并且流动比率的平均值从 2016 年的 33.6 大幅降至 2017 年的 4.6。这表明，随着时间的推移，企业资产的流动性和短期偿债能力逐渐减弱，但是流动比率对研发投资尚无显著的影响。研发需要高度专业化的资产，如核心技术人员、高水平实验室等，这些资产很难被替换或转售（Wang，Choi，Wan and Dong，2013）④。这表明人力资源约束对研发投资的影响不容忽视（Zhao 等，2018）⑤。值得注意的是，人力资源不足的问题在我国体育企业中更为突出，对研发投资的影响更大，而财务约束对研发投资的影响可能被掩盖了。

此外，体育企业的“高科技企业认定”并不是决定其研发投资的重要因素。尽管有证据表明，高新技术企业的所得税减免对其研发投资有积极的影响，但无证据表明，高新技术企业比其他企业的研发投资高。政府研发补贴和研发费用加计扣除对高新技术体育企业研发投资的影响比对其他企业的影响更加显著。根据

① Bhagat, S., & Welch, I. Corporate research and development investments: international comparisons [J]. Journal of Accounting and Economics, 1995, 19 (2-3): 443-470.

② Friend, I., Lang, H. H. P. An empirical test of the impact of managerial self-interest on corporate capital structure [J]. Journal of Finance, 1988 (43): 271-283.

③ James R. Brown, Gustav Martinsson, Bruce C. Petersenc. Do financing constraints matter for R&D? [J]. European Economic Review, 2012 (56): 1512-1529.

④ Wang, H., Choi, J., Wan, G., & Dong, J. Q. Slack resources and the rent-generating potential of firm-specific knowledge [J]. Journal of Management, 2013 (20): 1-24.

⑤ Zhao, S., Xu B., & Zhang W. Government R&D subsidy policy in China: an empirical examination of effect, priority, and specifics [J]. Technological Forecasting & Social Change, 2018 (135): 75-82.

我国高新技术企业认定制度，只有研发费用、研发人员和自主知识产权高于最低标准的企业才能被认定为高新技术企业。为了获得高新技术企业认定，一些公司大幅增加研发投入、研发人员和知识产权（Zhang & Guan，2018）①，但是我国体育企业对高新技术企业认定持谨慎态度，并没有盲目加大研发投入，以获取高新技术企业资格。

（2）创新驱动政策对研发投入影响的分析

研究还发现，研发投资与高新技术企业所得税减免、研发费用加计扣除以及上年度政府研发补助有关。此结论与 Görg 和 Strobl（2007）② 和 Pender 和 Wörter（2014）③ 的结论不同，他们认为创新驱动政策对企业研发投资有挤出效应；但是与 Bronzini 和 Iachini（2014）④、Carboni（2017）⑤、Henningsen 等（2014）⑥、廖添土和肖锦生（2018）⑦ 等的结论是一致的，他们认为研发补贴会刺激研发投资。即便如此，本年度的研发补助与研发投资并无显著关系。这说明政府研发补贴对研发投资的影响具有时滞效应。这很可能是因为政府研发补贴下发给企业的时间比较晚，政府补贴只能在下一年度使用。同时，与 Hiroyuki 等（2014）⑧、

---

① Zhang，J.，& Guan，J. The Time-varying impacts of government incentives on innovation [J]. Technological Forecasting & Social Change，2018（135）：132-144.

② Görg，H.，& Strobl，E. The effect of R&D subsidies on private R&D [J]. Economica，2007（74）：215-234.

③ Peneder，M.，& Wörter，M. Competition，R&D and innovation：testing the inverted-U in a simultaneous system [J]. Journal of Evolutionary Economics，2014，24（3）：653-687.

④ Bronzini，R.，& Iachini，E. Are incentives for R&D effective? Evidence from a regression discontinuity approach [J]. American Economic Journal：Economic Policy，2014，6（4）：100-134.

⑤ Carboni，O. A. The effect of public support on investment and R&D：an empirical evaluation on European manufacturing firms [J]. Technological forecasting & Social change，2017（117）：282-295.

⑥ Henningsen，M.，Hægeland，T.，& Møen，J. Estimating the additionality of R&D subsidies using proposal evaluation data to control for research intentions [J]. The Journal of Technology Transfer，2014，40（2）：227-251.

⑦ 廖添土，肖锦生．所得税优惠对企业 R&D 投入的激励效应——基于福建省上市高新技术企业的数据 [J]. 福建农林大学学报（哲学社会科学版），2018，21（6）：49-54.

⑧ Hiroyuki K.，Katsumi S.，& Michio S. Does an R&D tax credit affect R&D expenditure? The Japanese R&D tax credit reform in 2003 [J]. Original Research Article Research Policy，2014，25（8）：72-97.

Howell (2016)①、Lee (2018)② 以及 Mukherjee 等 (2017)③ 等的观点相同，通过创新驱动政策制定的税收减免和政府补贴对于刺激体育企业的研发投资是有效的。

尽快融资约束不是研发投资的决定因素，但是创新驱动政策仍然是激励体育企业研发投资的有效手段。根据 Liu 等 (2019)④ 的观点，政府研发补贴主要通过填补资金缺口、释放良好市场信号和控制创新风险三个方式来影响企业的创新行为。这进一步说明，对于我国体育企业来说，创新驱动政策在释放良好的市场信号和降低创新风险感知方面具有更加突出的作用。研发投资金额大、创新失败风险高可能导致企业管理者不愿意以牺牲短期利益而投资研发活动 (Dalziel et al., 2011)⑤。创新驱动政策的支持降低了体育企业研发的成本和风险 (González & Pazó, 2008⑥; Liu et al., 2019⑦), 提高了体育企业的抗风险能力，并通过改善企业发展条件提高了其对研发的信心。

(3) 创新驱动政策对研发投入影响的异质性分析

研究还发现，创新驱动政策的效果受到企业特征的影响，这意味着创新驱动政策对研发投资的影响具有异质性。研发投资与如下交互变量显著相关：①资产与高新技术企业所得税减免；②资产与研发费用加计扣除；③研发人员与高新技

① Howell, A. Firm R&D, innovation and easing financial constraints in China: does corporate tax reform matter? [J]. Research Policy, 2016, 45 (10): 1996-2007.

② Lee, D. Impact of the excise tax on firm R&D and performance in the medical device industry: evidence from The Affordable Care Act [J]. Research Policy, 2018, 47 (5): 854-871.

③ Mukherjee, A., Singh, M., & Zaldokas, A. Do corporate taxes hinder innovation? [J]. Journal of Financial Economics, 2017, 124 (1): 195-221.

④ Dayong Liu, Tong Chen, Xiaoyang Liu, Yongze Yu. Do more subsidies promote greater innovation? Evidence from the Chinese electronic manufacturing industry [J]. Economic Modelling, 2019 (80): 441-452.

⑤ Dalziel, T., Gentry, R. J., & Bowerman, M. An integrated agency-resource dependence view of the influence of directors'human and relational capital on firms. 'R&D spending [J]. Journal of Management Studies, 2011, 48 (6): 1217-1242.

⑥ González, X., & Pazó, C. Do public subsidies stimulate private R&D spending? [J]. Research Policy, 2008, 37 (3): 371-389.

⑦ Dayong Liu, Tong Chen, Xiaoyang Liu, Yongze Yu. Do more subsidies promote greater innovation? Evidence from the Chinese electronic manufacturing industry [J]. Economic Modelling, 2019 (80): 441-452.

术企业所得税减免；④研发人员与研发费用加计扣除。这进一步证实了创新驱动政策在激励体育企业研发投资方面具有异质效应，同时也揭示了高新技术企业所得税减免和研发费用加计扣除对刺激以下企业的研发投资更有效：资产雄厚的体育企业，或者研发人员雄厚的体育企业。这些现象可以解释为：如果一个创新能力水平较低的企业遭遇危机，将大幅减少研发投入，即使面对大的研发机会，其管理者也不愿意投资（Kang et al.，2017）①。因此，一些重要的企业内在特征（如企业规模和创新能力）对税收减免总额和研发投资（Huergo et al.，2016）②有显著影响。

值得注意的是，研发投资与政府研发补助显著相关，而资产与政府补助两者之间的互动关系对研发投资的影响并不显著。这意味着，政府研发补贴并没有显著地影响资产富裕体育企业的研发投资。它进一步证实，较小的企业比老牌企业更希望获得研发补贴，因为它们的研发投资更容易受到财务约束的影响（Wu，2017）③。

最后，虽然研发投资与企业的高新技术企业资格没有显著的关系，但它与下述交互变量存在显著关系：①高新技术企业资质与政府研发补贴；②高新技术企业资质与研发费用加计扣除；③高新技术企业资质与高新技术企业所得税减免。这说明我国体育企业比较保守，并没有为了获取高新技术企业资质而加大研发投入。但是，这些企业获得高新技术企业资质之后，又非常重视研发投入。这表明，高新技术企业更容易获得政府研发补贴、更善于利用研发费用加计扣除政策和高新技术企业免税政策。

（4）改进体育企业研发投入的政策建议

基于我国体育企业的研发行为，我国政府应从以下几个方面巧妙运用创新驱动政策来刺激企业的研发投资：

---

① Kang T.，Baek，C.，& Lee，J. The persistency and volatility of the firm R&D investment：revisited from the perspective of technological capability [J]. Research policy，2017，46（9）：1570-1579.

② Huergo，E.，Trenado，M.，& Ubierna，A. The impact of public support on firm propensity to engage in R&D：Spanish experience [J]. Technological Forecasting and Social Chang，2016，113（B）：206-219.

③ Wu，Aihua. The signal effect of government R&D subsidies in China：does ownership matter? [J]. Technological Forecasting & Social Change，2017（117）：339-345.

第一，从人才培养、人才奖励、人才引进与交流、人才流通、人才评聘等多方面着手，实施体育创新人才政策，为体育企业加大研发投入提供人才保障。重点培养体育治疗、智能装备、数据处理等领域的技术人才，为“互联网+体育”“体育+医疗”等领域的创新突破创造条件。

第二，在体育产业领域，积极实施研发平台支撑和创新保险政策，降低创新风险，增强企业管理者的创新信心。具体来说，支持体育企业建设实验室和技术中心，搭建产学研技术创新联盟，从而帮助体育企业减少研发领域的私人投资，特别是该领域的固定资产投资，降低体育企业的创新风险。对于当前的我国体育产业而言，降低体育企业管理者的创新风险感知，对刺激体育企业研发投资具有极其重要的意义。

第三，设立体育产业创新创业基金，重点支持体育企业的创新创业行为。因为虽然政府补贴对我国体育企业研发投资的激励效果显著，但对资产富裕体育企业和人力资源富裕体育企业来说，其激励效果并不显著。政府行政部门应该重点面向创新企业和新创企业制定相关政策，确保新创企业得以生存与发展，把创新企业培育成为科技企业和高新技术企业，提高其核心竞争力。

第四，高新技术企业政策是激励体育企业研发投资的有效政策。为了更好地利用该政策工具，体育主管部门应把高新技术企业的培育视作体育产业高质量发展的中心任务。要用好体育产业政策工具，着力培育高新技术企业，包括支持运动休闲小镇、体育服务综合体打造成为双创孵化器，支持把体育产业园区打造为科技示范园区，支持体育场馆的新基建等。

第五，研发费用加计扣除政策是一项普适性政策，对所有体育公司都适用且有效。科技部门应进一步扩大研发费用加计扣除的认定范围，确保文化创新、要素创新等软技术创新活动也能够得到认定；应进一步简化研发费用加计扣除审定流程，确保企业受惠便捷化。体育部门应加大“研发费用加计扣除政策”的宣传力度，确保更多体育企业受惠。

本研究的结果表明，创新驱动政策能有效激励中国体育上市企业的研发投入，但这一系列政策的有效性会由于企业的不同而异，这取决于企业本身的特征。因此，为了提高创新驱动政策对激励中国体育上市企业研发投入的有效性，不同企业应得到不同政策的支持。本研究对创新驱动政策的制定者与实践者在改进和拓展相关政策时能起到一定程度的帮助作用。

## 5.2　创新驱动政策对新三板上市体育企业创新效率的影响

### 5.2.1　数据来源、样本选择与相关指标的描述性统计

截至 2018 年，我国共有 70 家体育企业在新三板上市，考虑到中央政府对高新技术企业创新投入存在最低要求，在此仅选择 42 家新三板上市的高新技术体育企业作为研究样本。表 5-5 显示了这些新三板上市的高新技术体育企业的发展现状。具体而言，体育企业的平均资产规模为 368772.9 元，企业资产规模在 3097.81 元至 5644751 元之间。体育企业的平均员工规模为 296.45 人，员工规模在 44 至 1169 人之间。研发人员是一种非常重要的创新资源。体育企业研发人员的平均强度为 0.2324，其中有一家体育企业的研发人员占员工总数的 75.69%，但也存在一家体育企业的研发人员仅占员工总数的 0.53%。

表 5-5　**体育企业特征的描述性统计数据**

| | 最小值 | 最大值 | 平均值 | 标准偏差 |
|---|---|---|---|---|
| 资产规模（元） | 3097.81 | 5644751 | 368772.9 | 897291.204 |
| 员工规模 | 44 | 1169 | 296.45 | 299.383 |
| 研发人员强度 | 0.0053 | 0.7569 | 0.2324 | 0.1965 |
| 政府研发补贴与资产的比例 | 0.00 | 0.05 | 0.0065 | 0.01034 |
| 研发费用加计扣除与资产的比例 | 0.00 | 0.01 | 0.0027 | 0.00289 |
| 高新技术企业所得税减免与资产的比例 | 0.00 | 0.05 | 0.0071 | 0.01020 |

政府补贴、高新技术企业所得税减免和研发费用加计扣除是支持体育企业发展的三大创新驱动政策。具体来讲，高新技术体育企业获得的最大支持是高新技术企业所得税减免，Higt（高新技术企业所得税减免）与资产比值的平均值为 0.0071；而高新技术体育企业获得的最少支持是研发费用加计扣除，即 Pret，它与资产比值的平均值为 0.0027。有 38.1%的高新技术体育企业没有得到研发费

用加计扣除政策的支持。政府补贴是支持体育企业发展中的重要创新驱动政策，有 76.2%的体育企业获得了政府补贴。

### 5.2.2 效率评价指标的相关分析与输入、输出变量选择

问题 2-1 探讨了如何基于 DEA 模型来评价我国体育企业的创新效率，包括选择合适的创新产出指标和投入指标。通过相关分析来检验研究假设 2-1 和假设 2-2，结果如表 5-6 所示。RDE（研发投入强度）与 Prom（利润率）（$P<0.01$）和 ROA（资产收益率）（$P<0.01$）负相关，而与 IntR（技术资产比例）（$P<0.01$）正相关；RDP（研发人员强度）与 RDS（研发员工总数）（$P<0.01$）正相关。因此，没有任何输出变量同时与输入变量 RDE 和 RDP 相关，因此研究假设 2-2 不被支持。

表 5-6　　**输入变量与输出变量之间的相关性分析**

| | 1 | 2 | 3 | 4 | 5 | 6 |
|---|---|---|---|---|---|---|
| 1. 研发人员强度 | 1 | | | | | |
| 2. 研发投入强度 | 0.309* | 1 | | | | |
| 3. 研发投入规模 | 0.098 | 0.006 | 1 | | | |
| 4. 员工总数 | 0.491** | 0.048 | 0.773** | 1 | | |
| 5. 专利权 | −0.099 | −0.160 | 0.598** | 0.369* | 1 | |
| 6. 销售额 | −0.071 | −0.153 | 0.826** | 0.505* | 0.689** | 1 |
| 7. 纯利润 | 0.090 | −0.058 | 0.646** | 0.716** | 0.063 | 0.374* |
| 8. 生产率 | −0.068 | −0.255 | 0.452** | 0.220 | 0.387** | 0.776** |
| 9. 利润率 | 0.042 | −0.667** | 0.222 | 0.345* | 0.162 | 0.169 |
| 10. 销售额增长率 | −0.027 | −0.242 | 0.151 | 0.248 | 0.130 | 0.102 |
| 11. 技术资产比例 | 0.117 | 0.610** | −0.062 | −0.078 | −0.106 | −0.092 |
| 12. 资产收益率 | −0.065 | −0.664** | 0.105 | 0.167 | 0.137 | 0.120 |
| 最小值 | 0.0053 | 0.0048 | 0.5299 | 1 | 0 | 7.8691 |
| 最大值 | 0.7569 | 0.5932 | 163.52 | 303 | 1760 | 4566.66 |
| 平均值 | 0.2324 | 0.0872 | 13.765 | 50.64 | 193.90 | 288.60 |
| 标准偏差 | 0.1965 | 0.1268 | 30.056 | 59.476 | 323.933 | 713.918 |

续表

| | 7 | 8 | 9 | 10 | 11 | 12 |
|---|---|---|---|---|---|---|
| 7. 纯利润 | 1 | | | | | |
| 8. 生产率 | 0.254 | 1 | | | | |
| 9. 利润率 | 0.395** | 0.158 | 1 | | | |
| 10. 销售额增长率 | 0.172 | −0.015 | 0.541** | 1 | | |
| 11. 技术资产比例 | −0.064 | −0.139 | −0.435** | −0.075 | 1 | |
| 12. 资产收益率 | 0.147 | 0.142 | 0.597** | 0.207 | −0.940** | 1 |
| 最小值 | −103.18 | 106.612 | −2.2771 | −0.935 | 0.000 | −3.8549 |
| 最大值 | 892.56 | 4801.96 | 0.7486 | 1.382 | 0.2671 | 0.4968 |
| 平均值 | 36.217 | 855.30 | −0.7405 | 0.0552 | 0.0119 | −0.0756 |
| 标准偏差 | 142.76 | 840.63 | 0.5026 | 0.3722 | 0.4146 | 0.6239 |

注：* 表示 $p<0.05$，** 表示 $p<0.01$。

Inv（研发投资规模）与 Pat（专利数）（$P<0.01$）、Sale（销售额）（$P<0.01$）和 Prof（纯利润）（$P<0.01$）正相关；RDS 与 Pat（$P<0.05$）、Sale（销售额）（$P<0.01$）、Prof（纯利润）（$P<0.01$）、Inv（研发投资规模）（$P<0.01$）和 RDP（$P<0.01$）正相关。也就是说，与两个输入变量 RDS 和 Inv 相关的输出变量分别是 Pat、Sale 和 Prof。因此，假设 2-1 得到支持，Pat、Sale 和 Prof 是三个合适的输出变量，而 Inv 和 RDS 是两个合适的输入变量，可用于评估体育企业的创新效率。

### 5.2.3　创新驱动政策对体育企业创新效率的影响

问题 2-2 探讨了创新驱动政策如何影响体育企业的创新效率。表 5-7 的第一、第二和第三列分别讨论了创新驱动政策是否影响体育企业的综合创新效率、纯技术效率和规模创新效率。模型 5 的结果表明，创新驱动政策解释了体育企业综合创新效率方差的 23.3%（$F(3, 38) = 3.852$，$P<0.05$）；模型 6 的结果表明，创新驱动政策解释了体育企业纯技术效率方差的 24.3%（$F(3, 38) = 4.067$，$P<0.05$）；模型 7 的结果表明，创新驱动政策解释了体育企业规模创新效率方差的 8.3%（$F(3, 38) = 1.152$，$P>0.1$）。结果表明，尽管模型 5 和模型 6 解释的方差很小，但创新驱动政策对体育企业的综合创新效率和纯技术效率的影响仍然存在并且不可忽略。此外，没有证据表明创新驱动政策与体育企业的规模创新效率显著相关。

表 5-7　　　　创新驱动政策对体育企业创新效率的影响

| | | 模型 5 | 模型 6 | 模型 7 |
|---|---|---|---|---|
| 因变量 | | 综合创新效率 | 纯技术效率 | 规模创新效率 |
| （常量） | | 0.503***<br>(0.059) | 0.606***<br>(0.053) | 0.755***<br>(0.043) |
| 创新驱动政策 | 政府研发补贴 | -5.0E-005**<br>(0.000) | -5.02E-005**<br>(0.000) | -8.99E-06<br>(0.000) |
| | 研发费用加计扣除 | 3.76E-005<br>(0.000) | 3.11E-05<br>(0.000) | 3.62E-05<br>(0.000) |
| | 高新技术企业所得税减免 | 3.71E-005**<br>(0.000) | 3.59E-05***<br>(0.000) | 8.55E-06<br>(0.000) |
| *F* 值 | | 3.852**<br>(3, 38) | 4.067**<br>(3, 38) | 1.152<br>(3, 38) |
| *R* 平方 | | 0.233 | 0.243 | 0.083 |

注：因变量是创新效率；参数评估的标准误差包含在方括号（）中；* 表示 $p<0.1$，** 表示 $p<0.05$，*** 表示 $p<0.01$。

此外，Sub（政府研发补贴）与体育企业的综合创新效率和纯创新效率之间存在显著的负相关关系，Higt 与体育企业的综合创新效率和纯创新效率之间呈现显著的正相关关系，Pret 与体育企业的综合创新效率和纯创新效率都没有显著的相关性。因此，假设 2-3 不被支持，但其逆命题得到支持；同样，假设 2-4 不被支持，但假设 2-5 得到支持。

### 5.2.4 创新驱动政策与企业特征的交互作用对体育企业创新效率的影响

问题 2-3 关注创新驱动政策对不同特征企业影响的差异性。采用多元回归分析来探讨相关研究假设。

表 5-8 的第一列、第二列和第三列分别探讨资产规模和创新驱动政策的交互作用是否与体育企业的综合创新效率、纯技术效率和规模创新效率显著相关。ASS（资产规模）与 Sub、Pret 和 Higt 之间的交互变量分别解释了综合创新效率、纯技术效率和规模创新效率方差的 13.6%、15.8% 和 4%（模型 8：$F$（3, 38）= 1.997，$P$>0.1；模型 9：$F$（3, 38）= 2.385，$P$<0.1；模型 10：$F$（3, 38）= 0.530，$P$>0.1）。因此，没有证据表明 ASS 与 Sub，Pret 和 Higt 之间的交互变量会影响体育企业的综合创新效率和规模创新效率，但不能否认该交互变量对纯技术效率的影响。具体而言，纯技术效率与 ASS 和 Sub 的交互变量显著负相关（$P$<0.1），而 ASS 与 Higt 的交互变量则显著正相关（$P$<0.1）。因此，假设 2-6 得到了部分支持。

表 5-8　　　　资产规模与创新驱动政策之间的相互作用

| | | 模型 8 | 模型 9 | 模型 10 |
|---|---|---|---|---|
| 因变量 | | 综合创新效率 | 纯技术效率 | 规模创新效率 |
| | 常量 | 0.526*** (0.056) | 0.622*** (0.050) | 0.777*** (0.039) |
| 自变量 | 资产规模-政府研发补贴 | −4.74E-008 (0.000) | −5.26E-08* (0.000) | −9.38E-09 (0.000) |
| 自变量 | 资产规模-研发费用加计扣除 | 3.39E-008 (0.000) | 3.01E-08 (0.000) | 1.69E-08 (0.000) |
| 自变量 | 资产规模-高新技术企业所得税减免 | 3.06E-008 (0.000) | 3.37E-08* (0.000) | 6.30E-09 (0.000) |
| | $F$ 值 | 1.997 | 2.385* | 0.530 |
| | $R^2$ | 0.136 | 0.158 | 0.040 |

注：* 表示 $p$<0.1，*** 表示 $p$<0.01。

表 5-9 的第一列、第二列和第三列分别测试了研发员工数和创新驱动政策之间的交互变量是否与综合创新效率、纯技术效率和规模创新效率显著相关。结果表明，综合创新效率、纯技术效率和规模创新效率的变化分别由 Sta（研发员工

规模）和 Sub，Pret，Higt 之间的交互变量解释 15.6%，15.5%和 5.7%。没有证据表明体育企业的规模创新效率与 Sta 和 Sub，Pret，Higt（$F$（3，38）= 0.759，$p$>0.1）之间的交互变量相关。现有证据表明研发员工人数与创新驱动政策之间的交互变量会影响体育企业的综合创新效率和纯技术效率（模型 11：$F$（3，38）= 2.339，$P$<0.1；模型 12：$F$（3，38）= 2.324，$P$<0.1），体育企业的综合创新效率、纯技术效率与 Sta 和 Sub、Pret 和 Higt（$P$>0.1）之间的交互变量没有显著关系。因此，假设 2-7 得到了部分支持和弱支持。

表 5-9　　研发员工规模与创新驱动政策之间的相互作用

| 因变量 | | 综合创新效率 | 纯技术效率 | 规模创新效率 |
|---|---|---|---|---|
| | | 模型 11 | 模型 12 | 模型 13 |
| | （常量） | 0.521***<br>（0.056） | 0.619***<br>（0.051） | 0.772***<br>（0.040） |
| 自变量 | 研发员工规模-政府研发补贴 | -4.30E-08<br>（0.000） | -4.08E-008<br>（0.000） | -1.09E-08<br>（0.000） |
| | 研发员工规模-研发费用加计扣除 | 3.51E-08<br>（0.000） | 3.59E-08<br>（0.000） | 2.10E-08<br>（0.000） |
| | 研发员工规模-高新技术企业所得税减免 | 3.41E-08<br>（0.000） | 3.13E-08<br>（0.000） | 1.02E-08<br>（0.000） |
| | $F$ 值 | 2.339* | 2.324* | 0.759 |
| | $R^2$ | 0.156 | 0.155 | 0.057 |

注：* 表示 $p$<0.1，*** 表示 $p$<0.01。

表 5-10 的第一列、第二列和第三列分别测试了研发人员强度和创新驱动政策之间的交互变量是否与综合创新效率、纯技术效率和规模创新效率显著相关。结果表明，RDP 与 Sub，Pret 和 Higt 之间的交互变量分别解释了综合创新效率、纯技术效率和规模创新效率方差的 21.2%，25.6%和 4.5%。此外，没有证据表明 RDP 与 Sub，Pret 和 Higt 之间的交互变量会影响体育企业的规模创新效率（$F$（3，38）= 0.599，$P$>0.1）。这些交互变量显著影响了综合创新效率（$F$（3，38）= 3.405，$P$<0.05）和纯技术效率（$F$（3，38）= 4.353，$P$<0.01）。更重

要的是，综合创新效率和纯技术效率与 RDP 和 Sub 之间以及 RDP 和 Higt 之间的交互变量正相关。因此，研究假设 2-8 得到了部分支持。

表 5-10　　　　研发人员强度与创新驱动政策的交互作用

| 因变量 | | 综合创新效率 | 纯技术效率 | 规模创新效率 |
|---|---|---|---|---|
| | | 模型 14 | 模型 15 | 模型 16 |
| | （常量） | 0.545***<br>（0.057） | 0.646***<br>（0.050） | 0.771***<br>（0.042） |
| 自变量 | 研发人员强度-政府研发补贴 | 0.00E+00***<br>（0.000） | 0.00E+00***<br>（0.000） | −3.95E-05<br>（0.000） |
| | 研发人员强度-研发费用加计扣除 | 9.30E-05<br>（0.000） | 6.66E-05<br>（0.000） | 0.00E+00<br>（0.000） |
| | 研发人员强度-高新技术企业所得税减免 | 0.00E+00***<br>（0.000） | 0.00E+00***<br>（0.000） | 3.18E-05<br>（0.000） |
| | *F* 值 | 3.405** | 4.353*** | 0.599 |
| | $R^2$ | 0.212 | 0.256 | 0.045 |

注：** 表示 $p<0.05$，*** 表示 $p<0.01$。

## 5.2.5　讨论、结论与改进创新效率的建议

（1）讨论与结论

本研究以我国新三板上市体育企业为研究对象，实证检验了创新驱动政策对创新效率的影响。结果表明，创新驱动政策影响体育企业的创新效率，并且对不同特征体育企业的影响是异质的；研发人员总数和研发投资总额是重要的输入变量，都与专利当量、销售总额、利润总额等产出变量相关。因此，专利当量、总销售额和总利润是衡量体育企业创新效率的合适输出变量。变量的选择与 Lin 等（2018）①

① Lin, Y., Deng, N., & Gao, H. Research on technological innovation efficiency of tourist equipment manufacturing enterprises [J]. Sustainability, 2018 (10): 4826.

不同，但得到 Kim 和 Shin（2019）①，Goto 和 Suzuki（1989）②，Song 等（2015）③，以及 Wang 等（2019）④ 等学者成果的部分支持。此外，没有证据支持：研发人员数量与销售增长率、利润率、无形资产比率和生产率有关；研发投资额与销售增长率、利润率、无形资产比率和销售利润比率有关。这进一步说明，我国体育企业对无形资产的保护和开发尚缺乏足够的重视。

此外，本研究还发现创新驱动政策影响体育企业的综合创新效率和纯技术效率，但不影响体育企业的规模创新效率。这些结论表明，创新驱动政策是影响企业创新的外部因素，直接影响纯技术效率，进而影响综合创新效率。另外，增加所有企业的内部研发是促进创新最直接、最有效的方法（Guan 和 Yam，2015）⑤。因此，规模创新效率的提高主要取决于企业内部的研发管理和创新能力，并且与外部因素创新驱动政策无关。对此，下面将进一步解释：

首先，政府补贴对体育企业的综合创新效率和纯技术效率产生负面影响，这项研究结论与 Hong 等（2016）⑥、Hong 等（2015）⑦ 的发现相似，他们认为，政府拨款会对研发强度低的高新技术子行业以及国内高新技术行业的大型企业产

① Kim, C., & Shin, W. S. Does information from the higher education and R&D institutes improve the innovation efficiency of logistic firms? [J] The Asian Journal of Shipping and Logistics, 2019, 35 (1): 70-76.

② Goto, A., & Suzuki, K., . R&D capital, rate of return on R&D investment and spillover of R&D in Japanese manufacturing industries [J]. The Review of Economics and Statistics, 1989, 71 (4): 555-564.

③ Song, M., Ai, H., & Li, X. Political connections, financing constraints, and the optimization of innovation efficiency among China's private enterprises [J]. Technological Forecasting & Social Change, 2015 (92): 290-299.

④ Wang, Y., Zhu, Z., & Liu, Z. Evaluation of technological innovation efficiency of petroleum companies based on BCC-Malmquist index model [J]. Journal of Petroleum Exploration and Production Technology, 2019 (9): 2405-2416.

⑤ Guan, J., & Yam, R. C., . Effects of government financial incentives on firms' innovation performance in China: evidences from Beijing in the 1990s [J]. Research Policy, 2015, 44 (1): 273-282.

⑥ Hong, J., Feng, B., Wu, Y., & Wang, L. Do government grants promote innovation efficiency in China's high-tech industries? [J] Technovation, 2016, 57 (58): 4-13.

⑦ Hong, J., Hong, S., Wang, L., Xu, Y., & Zhao, D. Government grants, private R&D funding and innovation efficiency in transition economy [J]. Technology Analysis & Strategic Management, 2015, 27 (9): 1068-1096.

生负面影响（Hong et al.，2015）①，这表明政府补贴对于提高体育企业的创新效率具有消极作用。本结论可以借助 Hong 等（2016）② 的观点进一步解释：首先，政府拨款被挪用于其他活动，从而导致创新效率降低（Guan 和 Chen，2010③）；其次，企业内部缺乏激励机制，影响了员工的创新积极性，从而抑制了企业的创新效率（Hong，et al.，2016）④；最后，政府补贴与企业资产规模比值的平均值非常小，为 0.0065（见表 5-5），这些补贴大部分来自政府研究项目，而且这些项目的获取有严格的评审程序。

其次，研发费用加计扣除对体育企业创新效率的影响不显著。这表明，研发费用加计扣除并不能提高体育企业的创新效率。这一发现与 Li（2018）⑤ 的发现不同，Li 认为税收优惠政策对研发效率具有显著的正向影响。本结论的成因来源于：第一，税收优惠政策对市场转换效率有积极但不显著的影响，税收优惠政策实施后研发效率的分布将更加集中；第二，研发费用加计扣除政策的支持范围和力度很小。在 42 个研究样本中，有 16 家企业（占 38.1%）未获得相关支持，并且研发费用加计扣除占总资产比值的平均值仅为 0.0027，也非常小，因此其激励作用有限；第三，我国研发费用加计扣除是尚未完善的政策：其支持范围和标准近年来还在调整，其中两次大的调整发生在 2015 年和 2017 年（来自国家税务总局）⑥。由于政策不稳定，来自该政策的风险很高，以致实际享受该政策的企业数量减少，因此该政策对创新效率的影响不显著。

再次，高新技术企业所得税减免对体育企业的综合创新效率和纯技术效率产

① Hong, J., Hong, S., Wang, L., Xu, Y., & Zhao, D. Government grants, private R&D funding and innovation efficiency in transition economy [J]. Technology Analysis & Strategic Management, 2015, 27 (9): 1068-1096.

② Hong, J., Feng, B., Wu, Y., & Wang, L. Do government grants promote innovation efficiency in China's high-tech industries? [J]. Technovation, 2016, 57 (58): 4-13.

③ Guan, J. C., & Chen, K. Measuring the innovation production process: a cross-region empirical study of China's high-tech innovations [J]. Technovation, 2010 (30): 348-358.

④ Hong, J., Feng, B., Wu, Y., & Wang, L. Do government grants promote innovation efficiency in China's high-tech industries? [J]. Technovation, 2016, 57 (58): 4-13.

⑤ Li, Y. Preferential tax policy and innovation efficiency of high-tech industry [J]. Journal of Quantitative and Technical Economics, 2018, 35 (1): 60-76.

⑥ 国家税务总局．研发费用加计扣除政策执行指引 [EB/OL]. http://www.chinatax.gov.cn/n810219/n810744/n3213637/index.html.

生积极影响。该结论与 Guan 和 Yam (2015)① 的见解相似，他们发现专项贷款和税收减免对企业创新绩效产生积极影响，这说明高新技术企业所得税减免促进体育企业综合创新效率和纯技术效率的提高。在我国，高新技术体育企业可以从高新技术企业所得税减免政策中获得更多的财政支持。同时，政府对高新技术企业的管理是动态的，每三年会根据其研发投入和产出对其高新技术企业资质进行复核。为此，高新技术企业高度重视技术创新。

尽管如此，更加重要的是，创新驱动政策对创新效率的影响受企业特征的调节，这意味着创新驱动政策对创新效率的影响是异质性的。研究发现：①纯技术效率与资产规模-政府补贴两者的交互变量负相关。这表明，政府补贴对大型体育企业创新效率的负面影响更加突出。在我国，政府补贴大多来自政府直接拨款的政府研究项目，这会对企业的创新绩效产生负面影响（Guan 和 Yam，2015）②。此外，研发补贴与资产的平均比率仅为 0.0065，比重过低，因此政府补贴对大型体育企业的激励作用非常弱；②纯技术效率与资产规模-高新技术企业所得税减免两者的交互变量正相关。这表明，高新技术企业所得税减免对大型体育企业创新效率的正向影响较为突出。企业规模、市场竞争程度与技术创新效率之间存在正相关关系（Fan 和 Ming-Yue，2018）③，因为大型企业的业务利润更高，从高新技术企业所得税减免中获得的政策支持力度更大，所以对其创新效率的影响更加明显。

本研究还发现，员工总数与创新驱动政策之间的交互作用影响体育企业的综合创新效率和纯技术效率，但这个交互变量的单一影响并不显著。这表明，创新驱动政策对员工规模较大企业的创新效率的影响较弱。一方面，如果研发人员的

① Guan, J., & Yam, R. C. Effects of government financial incentives on firms' innovation performance in China: evidences from Beijing in the 1990s [J]. Research Policy, 2015, 44 (1): 273-282.

② Guan, J., & Yam, R. C. Effects of government financial incentives on firms' innovation performance in China: evidences from Beijing in the 1990s [J]. Research Policy, 2015, 44 (1): 273-282.

③ Fan, D. C., & Ming-Yue, D. U. Research on technological innovation resource allocation efficiency and its influencing factors in high-end equipment manufacturing industries—based on the empirical analysis of the two-stage stoned-tobit model [J]. Chinese Journal of Management Science, 2018 (26): 13-24.

规模稳定，那么增加人员总数会增加业务成本，导致研发投资减少，从而对创新产出产生负面影响；另一方面，人力资本可以促进中型企业以外的高新技术企业的创新绩效（Hong，et al.，2015）①，因此企业规模削弱了人力资本对技术创新效率的影响。

最后，本研究发现，体育企业的综合创新效率和纯技术效率与以下两个交互变量正相关：研发人员占比-政府补贴的交互变量、研发人员占比-高新技术企业所得税减免的交互变量。这表明，政府补贴和高新技术企业所得税减免，可以有效提高研发人员数量和体育企业的创新效率。这些结论突出了研发人员对于体育企业创新效率的重要性，这与 Li 等（2019）② 的发现相似，他们认为，高新技术行业拥有更高水平的研发人员可以提高技术创新的效率。

（2）提高体育企业创新效率的建议

首先，为了提高体育企业的创新效率，我国政府应不断完善创新驱动政策，我国体育企业也应进一步优化其创新战略，不断丰富其创新资源，增加研发投资和研发人员数。体育企业还应改善其人力资源结构，增加研发人员在企业员工中的占比。此外，专利当量、销售额和利润是体育企业的三个重要创新成果。当前，利润与专利当量没有显著相关性，与销售额也存在较弱的相关性。通过改善这三个产出变量之间的相关性，可以提高体育企业的创新效率。研发人员是提高体育企业创新效率的重要因素，因此我国政府应重视体育工程、体育医学、大数据等体育技术人才的培养，改善体育产业的人力资源供给结构，鼓励更多的技术人才通过产学研合作来支持体育产业发展。

其次，作为创新驱动政策的重要内容，我国政府应进一步优化研发费用加计扣除政策，扩大支持范围，进一步推广和宣传该政策，确保更多的体育企业获得支持。政府补贴也是一项重要的创新驱动政策，为了提高政府补贴对企业创新效

① Hong，J.，Hong，S.，Wang，L.，Xu，Y.，& Zhao，D. Government grants，private R&D funding and innovation efficiency in transition economy［J］. Technology Analysis & Strategic Management，2015，27（9）：1068-1096.

② Li，C.，Li，M.，Zhang，L.，Li，T.，Ouyang，H.，& Na，S. Has the high-tech industry along the Belt and Road in China achieved green growth with technological innovation efficiency and environmental sustainability?［J］. International Journal of Environmental Research & Public Health，2019，16（17）：3117.

率的积极影响，我国政府应建立体育产业科研专项，降低体育企业的补贴申请成本，提高成功申请概率。与此同时，积极开展创新项目的“后资助”计划。

再次，要以体育科学和技术成果的转化为重点，推进体育科学技术可持续创新能力的构建。重视体育科学和技术成果的转化，首先要发挥政府的领导作用，特别是政府部门通过“首件购买”政策引领体育科学和技术成果转化；其次，积极开展体育科学和技术成果评价，通过评价增加成果曝光度，促进成果转化；按照分类管理的原则，借助标准化手段，推进体育科学和技术成果转化。此外，科研机构、高校和企业也要共同鼓励科研，推进产学研结合，搭建“地方”成果转化桥梁。

最后，应增强高新技术企业所得税减免对体育企业创新效率的积极影响。体育产业政策应在培育体育科技企业、体育高新技术企业、体育科技园、体育孵化器等方面发挥更加积极的作用，确保在体育产业政策的支持下，更多的体育企业成长为高新技术企业。另外，除了坚持高新技术企业资格复核制度，还应鼓励企业积极发布年报，让其科研投入行为与产出结果主动接受社会监督。

有证据表明，体育企业的创新效率受创新驱动政策的影响，每个创新驱动政策的作用机理都不相同。因此，我国政府应该改进创新驱动政策，以提高体育企业的创新效率，特别是应组合利用多种创新驱动政策，确保体育企业以更高的效率进行创新。

## 5.3 企业治理结构、财务能力对中国新三板上市体育企业研发强度的影响

### 5.3.1 相关评价指标的描述性统计

为了了解中国体育产业环境下企业的创新机制，在此以新三板上市体育企业为研究对象，考察了企业治理结构和财务能力对企业研发强度的影响。2017 年，中国共有 95 家新三板上市体育企业，其中，有 12 家企业未按时发布年报，无法纳入研究范围，在此仅选择剩下的 83 家企业作为研究对象。虽然研究样本的规模看起来不大，但这项研究包括在新三板名单上的所有体育企业，它们实际上代

表了整个群体。在总体参数水平上的数据分析将大大减少统计推断中的误差(Pearson, et al., 2003)①；而且，当涉及整个群体时，样本量不再是主要关注的问题。考虑到本研究有 10 个自变量，样本量接近提出的 10∶1 比率标准。更重要的是，在这 83 家企业中，主要是体育用品制造商、体育场地建设企业、电子竞技企业、体育媒体企业，或是为了企业的可持续性发展而极其依赖企业家精神、技术和创新的体育软件开发企业，这些企业占研究对象的 82%。除这些企业外，还有 3 家体育俱乐部、7 家健康健身中心和 5 家体育器材销售企业，它们的主要业务是客户服务，与专门从事制造和生产的体育企业相比，其创新活动的性质和过程不同。例如，为了创新客户服务，1 家健康健身中心提供运动药物护理，1 家运动器材销售企业为客户提供技术支持。值得注意的是，在被纳入样本的企业中，有 59.04%的体育企业属于高新技术企业，这进一步说明所选样本在体育产业创新发展中发挥了重要作用。本节从年度报告中提取关键企业变量，表 5-11 阐述了这些变量的描述性统计结果。

表 5-11　　**企业财务能力与企业治理结构变量的描述性统计**

| 变量 | 最小值 | 最大值 | 平均值 | 标准偏差 |
|---|---|---|---|---|
| 研发强度 | 0 | 0.44 | 0.0405 | 0.05822 |
| 销售回报率 | -1.87 | 1.02 | 0.0121 | 0.34992 |
| 股权收益率 | -8.67 | 1.11 | -0.1850 | 1.33909 |
| 资产收益率 | -0.97 | 0.62 | 0.0039 | 0.24605 |
| 杠杆率 | 0.01 | 2.59 | 0.4515 | 0.34218 |
| 现金流比例 | -1.27 | 0.63 | 0.0041 | 0.23469 |
| 应收账款周转率 | 0 | 277.14 | 15.5607 | 41.51761 |
| 资产周转率 | 0.15 | 3.14 | 1.1407 | 0.71957 |
| 资产增长率 | -0.62 | 3 | 0.4587 | 0.71596 |
| 销售增长率 | -0.59 | 18524.68 | 223.5341 | 2033.31015 |

① Pearson D. W., Curtis R. L., Haney C. A., et al. Sport films: social dimensions over time, 1930-1995 [J]. Journal of Sport & Social Issues, 2003, 27 (2): 145-161.

续表

| 变量 | 最小值 | 最大值 | 平均值 | 标准偏差 |
|---|---|---|---|---|
| 利润增长率 | -28.26 | 11.20 | -0.4737 | 4.66542 |
| 股权集中度 | 0.20 | 0.99 | 0.5195 | 0.18665 |
| 股权平衡度 | 0.01 | 0.72 | 0.3608 | 0.14349 |
| 董事会规模 | 5 | 12 | 5.6867 | 1.33369 |
| 董事会独立性 | 0 | 0.40 | 0.0209 | 0.08325 |

根据表 5-11，销售回报率（ROS）、股权收益率（ROE）和资产收益率（ROA）的平均值分别为 0.0121、-0.1850 和 0.0039。平均杠杆率为 0.4515，在 0.4 与 0.6 之间，是一个合适的水平。资产增长率（GRA）和销售增长率的平均值较大，但销售增长率的偏差很大，利润增长率（GRP）的平均值小于 0。这是因为大多数体育企业的利润在下降，个别企业的销售增长率非常高。股权集中度（EC）的平均值很大，大于 0.5，而股权平衡度（EB）的平均值相对较小。也就是说，大多数体育企业的股权集中度较高，股权平衡度较低。董事会规模（BS）和董事会独立性（BI）的平均值分别为 5.6867 和 0.0209，两者的偏差较小。这是因为大多数体育企业（72.3%）只有 5 名董事，只有极少数企业（6.02%）有独立董事，这意味着大多数体育企业的治理结构非常简单，缺乏开放性和多样性。

## 5.3.2 企业财务能力对研发强度的影响

研究问题 3-1 探讨有哪些企业财务能力指标与研发强度相关。通过多元回归分析，检验研究假设，解析研究问题。表 5-12 的第 3 列和第 5 列显示了模型 17 和模型 19 的结果，它们测试了假设 3-1、假设 3-2、假设 3-3 和假设 3-4（企业的财务能力与企业的研发强度显著相关）。模型 17 的结果表明，企业财务能力直接解释了企业研发强度方差的 50%（$F$（10，72）= 7.201，$p<0.01$）。与此同时，模型 19 的结果表明，企业财务能力和企业治理结构共同解释了企业研发强度方差的 53.1%（$F$（14，68）= 5.489，$p<0.01$）。但研发强度与 ROE 正相关，与 ROS、ROA 无显著相关性，因此，假设 3-1 得到了部分支持。研发强度与 LEV 负

相关，因此，假设 3-2 得到了支持。研发强度与 ART 和 AT 正相关，与 CFR 负相关，因此，假设 3-3 得到了部分支持。最后，研发强度与 GRP 正相关，与 GRS 或 GRA 无显著相关性，假设 3-4 得到部分支持。

表 5-12　　**企业财务能力和企业治理结构影响研发强度的结果回归分析**

| 变量 | 简称 | 模型 17 | 模型 18 | 模型 19 |
|---|---|---|---|---|
| | 常量 | 0.039***<br>(0.013) | 0.065<br>(0.071) | -0.008<br>(0.057) |
| 盈利性 | 销售回报率 | -0.019<br>(0.028) | | -0.002<br>(0.032) |
| | 股权收益率 | 0.013**<br>(0.006) | | 0.012**<br>(0.006) |
| | 资产收益率 | -0.082<br>(0.052) | | -0.085<br>(0.053) |
| 偿债能力 | 杠杆率 | -0.057***<br>(0.020) | | -0.043**<br>(0.021) |
| 营运能力 | 现金流比率 | -0.145***<br>(0.032) | | -0.147***<br>(0.032) |
| | 应收账款周转率 | 0.000**<br>(0.000) | | 0.000**<br>(0.000) |
| | 资产周转率 | 0.029***<br>(0.007) | | 0.028***<br>(0.007) |
| 增长性 | 资产增长率 | -0.011<br>(0.008) | | -0.010<br>(0.008) |
| | 销售增长率 | -0.000<br>(0.000) | | -0.000<br>(0.000) |
| | 利润增长率 | 0.005***<br>(0.001) | | 0.005***<br>(0.001) |

续表

| 变量 | 简称 | 模型 17 | 模型 18 | 模型 19 |
|---|---|---|---|---|
| 治理性 | 股权集中度 | | -0.041 | 0.036 |
| | | | (0.058) | (0.047) |
| | 股权平衡度 | | 0.055 | $0.104^{*}$ |
| | | | (0.073) | (0.060) |
| | 董事会规模 | | -0.004 | -0.002 |
| | | | (0.006) | (0.005) |
| | 董事会独立性 | | -0.056 | 0.004 |
| | | | (0.086) | (0.071) |
| $F$ 值 | | $7.201^{***}$ | 1.642 | $5.489^{***}$ |
| $R^2$ | | 0.500 | 0.078 | 0.531 |

注：因变量是研发强度（RDA）；参数评估的标准误差包含于括号（）中；* 表示 $p<0.1$，** 表示 $p<0.05$，*** 表示 $p<0.01$。

## 5.3.3 企业治理结构对研发强度的影响

问题 3-2 探讨了企业治理结构对中国体育企业研发强度的影响，其中表 5-12 的第 4 列和第 5 列测试了企业治理结构是否与企业的研发强度显著相关。模型 18 考察了企业治理结构对研发强度的影响，发现公司治理结构对企业研发强度的误差解释率 7.8%（$F(4, 78)=1.642$，$p>0.1$）。没有证据表明企业治理结构对研发强度有直接影响。模型 19 的结果表明假设 3-7 得到支持，即研发强度与 EB 弱正相关；没有证据证实假设 3-5、假设 3-6 和假设 3-8，即研发强度与 EC、BS 和 BI 没有显著相关性。比较模型 18 和模型 19 发现，公司治理结构对研发强度有一定的影响，但是这种影响仅发生在公司财务能力影响研发强度的背景下。

## 5.3.4 企业财务能力与企业治理结构的交互作用对研发强度的影响

研究问题 3-3 探讨企业财务能力对不同治理结构企业研发强度的差异影响。采用多元回归分析对研究假设和问题进行检验。表 5-13（模型 20）的第 2 列测试了股权平衡度与企业财务能力之间的交互变量是否与企业的研发强度显著相关。结果表明，这种交互变量解释了企业研发强度方差的 56.3%（$F(10, 72)=9.271$，$p<0.01$）。进一步研究发现，研发强度与股权收益率与股权平衡度、应收账款周转率与股权制衡度、资产周转率与股权平衡度、利润增长率与股权平衡度之间的交互变量正相关，但研发强度与现金流量率与股权平衡度之间的交互变量负相关。

表 5-13　**企业财务能力与企业治理结构交互变量影响研发强度的回归分析**

| 变量 | 模型 20 | | 模型 21 | | 模型 22 | |
|---|---|---|---|---|---|---|
| | （常量） | 0.019*<br>(0.010) | （常量） | 0.050**<br>(0.012) | （常量） | 0.048***<br>(0.012) |
| 盈利性 | 销售回报率×股权平衡度 | 0.003<br>(0.064) | 销售回报率×股权集中度 | −0.068<br>(0.012) | 销售回报率×董事会规模 | 0.000<br>(0.004) |
| | 股权收益率×股权平衡度 | 0.029**<br>(0.014) | 股权收益率×股权集中度 | 0.032**<br>(0.013) | 股权收益率×董事会规模 | 0.002**<br>(0.001) |
| | 资产收益率×股权平衡度 | −0.125<br>(0.115) | 资产收益率×股权集中度 | −0.217*<br>(0.121) | 资产收益率×董事会规模 | −0.018*<br>(0.009) |
| 偿债能力 | 杠杆率×股权平衡度 | −0.019<br>(0.057) | 杠杆率×股权集中度 | −0.129***<br>(0.047) | 杠杆率×董事会规模 | −0.011***<br>(0.003) |
| 研发性 | 现金流比例×股权平衡度 | −0.370***<br>(0.072) | 现金流比例×股权集中度 | −0.223***<br>(0.067) | 现金流比例×董事会规模 | −0.026***<br>(0.006) |
| | 应收账款周转率×股权平衡度 | 0.001**<br>(0.000) | 应收账款周转率×股权集中度 | 0.001**<br>(0.000) | 应收账款周转率×董事会规模 | 0.000**<br>(0.000) |
| | 资产周转率×股权平衡度 | 0.067***<br>(0.017) | 资产周转率×股权集中度 | 0.052***<br>(0.015) | 资产周转率×董事会规模 | 0.004***<br>(0.001) |
| 增长性 | 资产增长率×股权平衡度 | −0.024<br>(0.017) | 资产增长率×股权集中度 | −0.019<br>(0.016) | 资产增长率×董事会规模 | −0.003**<br>(0.01) |
| | 销售增长率×股权平衡度 | −0.000<br>(0.000) | 销售增长率×股权集中度 | −0.000<br>(0.000) | 销售增长率×董事会规模 | 0.000<br>(0.000) |
| | 利润增长率×股权平衡度 | 0.011***<br>(0.003) | 利润增长率×股权集中度 | 0.010***<br>(0.003) | 利润增长率×董事会规模 | 0.001***<br>(0.000) |

续表

| 变量 | 模型 20 | | 模型 21 | | 模型 22 | |
|---|---|---|---|---|---|---|
| $F$ 值 | | 9.271*** | | 4.433*** | | 6.255*** |
| $R^2$ | | 0.563 | | 0.381 | | 0.465 |

注：因变量是研发强度（RDA）；参数评估的标准误差包含于括号（）中；* 表示 $p<0.1$，** 表示 $p<0.05$，*** 表示 $p<0.01$。

表 5-13 的第 3 列（模型 21）测试了股权集中度与企业财务能力之间的交互变量是否与企业的研发强度显著相关。结果表明，这种交互变量解释了企业研发强度方差的 38.1%（$F$（10，72）= 4.433，$p<0.01$）。此外，研发强度与股权收益率和股权集中度、资产周转率和股权集中度、利润增长率和股权集中度之间的交互变量正相关，但与资产收益率和股权集中度、杠杆率和股权集中度、现金流比率和股权集中度之间的交互变量负相关。

表 5-13 的第 4 列显示了模型 22 的结果，该模型测试董事会规模与企业财务能力之间的交互变量是否与企业的研发强度显著相关。结果表明，这种交互变量解释了企业研发强度方差的 46.5%（$F$（10，72）= 6.255，$p<0.01$）。此外，研发强度与股权收益率与董事会规模、应收账款周转率与董事会规模、资产周转率与董事会规模、利润增长率与董事会规模之间的交互变量正相关，与资产收益率与董事会规模、杠杆率与董事会规模、现金流比率与董事会规模、资产增长率与董事会规模之间的交互变量负相关。

### 5.3.5 讨论、结论与改进研发强度的建议

（1）讨论和结论

在此以我国新三板上市体育企业为研究对象，实证检验了企业治理结构和企业财务能力对研发强度的影响。结果表明，企业财务能力是决定研发强度的主要因素；企业治理结构同样影响研发强度，但影响程度非常有限。

第一，我国体育企业的盈利能力影响其研发强度。特别是，股权收益率对研发强度有显著的正面影响，但没有证据显示销售回报率和资产收益率对研发强度有影响。我国体育企业的平均股本回报率很小，因此，当股权收益率增加时，股

东对研发投资的热情也会随之提高。但是，如果它们的销售回报率和资产收益率增加，股东会增加销售投入和固定资产投资。

第二，研究发现偿付能力影响研发强度。具体来说，杠杆率对研发强度有负面影响。这项研究的结果与 Hillier 等（2011）① 的研究结果相似，表明杠杆率影响了企业获取流动性的能力。尽管杠杆率的平均值在 0.4 与 0.6 之间且处于适宜范围，体育企业能够通过贷款筹集资金，但杠杆率仍然对它们的研发强度产生负面影响。这说明我国体育企业管理者对研发投资方面具有较高的风险厌恶和较低的自信心。

第三，研究发现我国体育企业的营运能力影响其研发强度。资产周转率和应收账款周转率与研发强度正相关，表明它们是衡量企业财务安全、资本保全程度和资产盈利能力的两个重要指标。研究发现，研发强度与现金流比率负相关。这些结果与 Himmelberg 和 Petersen（1994）②、Hottenrott 和 Peters（2012）③ 和 Sasidharan 等（2015）④ 的研究结果形成对比。然而，本结果支持 Seifert 和 Gonenc（2012）⑤ 等的结果，他们发现现金流与研发投资之间存在类似的负相关关系。根据 Dasgupta 等（2011）⑥、Driver 和 Guedes（2012）⑦ 和 Huang 和 Wang

① Hillier, D., Pindado, J., Queiroz, V., Torre, C. The impact of country-level corporate governance on research and development [J]. Journal of International Business Studies, 2011 (42): 76-98.

② Himmelberg, C. P., Petersen, B. C. R&D and internal finance: a panel study of small firms in high-tech industries [J]. The Review of Economics and Statistics, 1994 (76): 38-51.

③ Hottenrott, H., Peters, B. Innovative capability and financing constraints for innovation: more money, more innovation? [J]. The Review of Economics and Statistics, 2012 (94): 1126-1142.

④ Subash Sasidharan, P. J. Jijo Lukose, Surenderrao Komera. Financing constraints and investments in R&D: Evidence from Indian manufacturing firms [J]. Quarterly Review of Economics and Finance, 2015 (55): 28-39.

⑤ Seifert, B. M., Gonenc, H. Creditor rights and R&D expenditures [J]. Corporate Governance: An International Review, 2012 (20): 3-20.

⑥ Dasgupta, S., Noe, T. H., Wang, Z. Where did all the dollars go? The effect of cash flows on capital and asset structure [J]. Journal of Financial and Quantitative Analysis, 2011 (46): 1259-1294.

⑦ Driver, C., Guedes, M. J. C. Research and development, cash flow, agency and governance: UK large companies [J]. Research Policy, 2012 (41): 1565-1577.

(2015)① 的观点，负相关关系是现金流使用的“优先顺序”造成的。也就是说，现金流的任何直接增加都会被用来建立短期的现金储备和减少债务，而不是投资于研发等项目（Alam，et al.，2019②；Dasgupta，et al.，2011 ③）。此外，研发项目的调整成本较高可能会阻碍管理者对其进行投资（Himmelberg 和 Petersen，1994④；Sasaki，2016⑤）。为了资助研发项目，减少短期和长期的财务负债比增加企业的现金结余更为重要（Dasgupta，et al.，2011⑥；Sasaki，2016⑦）。

此外，我国体育企业的成长性正向影响其研发强度，具体而言，利润增长率与研发强度正相关，而销售增长率和资产增长率与研发强度无显著相关性。资产增长率作为企业发展的一个重要方面，反映了资产管理规模在一定时期内的扩张速度。销售增长率是衡量企业经营状况、市场占有率和预测企业发展趋势的重要指标，高资产增长率和高销售增长率对外部投资者具有吸引力，但我国体育企业的资产收益率和销售回报率都比较低，限制了外部投资。对于内部投资者而言，由于研发活动产生的资产收益率低（回报率具有高度不确定性，且投资回报周期长、属于高风险投资），高资产增长率很难进一步激励企业的研发投资

① Huang，Y. S.，Wang，C. J. Corporate governance and risk-taking of Chinese firms：the role of board size [J]. International Review of Economics and Finance，2015 (37)：96-113.

② Alam，A.，Uddin，M.，& Yazdifar，H. Institutional determinants of R&D investment：evidence from emerging markets [J]. Technological Forecasting and Social Change，2019 (138)：34-44.

③ Dasgupta，S.，Noe，T. H.，Wang，Z. Where did all the dollars go? The effect of cash flows on capital and asset structure [J]. Journal of Financial and Quantitative Analysis，2011 (46)：1259-1294.

④ Himmelberg，C. P.，Petersen，B. C. R&D and internal finance：a panel study of small firms in high-tech industries [J]. The Review of Economics and Statistics，1994 (76)：38-51.

⑤ Sasaki，T. Financial cash flows and research and development investment [J]. Pacific-Basin Finance Journal，2016 (39)：1-15.

⑥ Dasgupta，S.，Noe，T. H.，Wang，Z. Where did all the dollars go? The effect of cash flows on capital and asset structure [J]. Journal of Financial and Quantitative Analysis，2011 (46)：1259-1294.

⑦ Sasaki，T. Financial cash flows and research and development investment [J]. Pacific-Basin Finance Journal，2016 (39)：1-15.

(Holmstrom，1989 ①)。而且，当企业的销售额增长时，它们的管理者可能会投资于销售和生产，而不是研发。

对于我国体育企业而言，其治理结构对研发强度的影响不容忽视。虽然只关注企业治理结构而不关注企业财务能力时，企业治理结构对研发强度的影响并不显著，但当企业治理结构和企业财务能力共同发挥作用时，它对研发强度的影响就显示出来了。这一结论与 Vo 和 Le（2017）② 的结论相近，即一些财务能力指标推动了企业治理结构对研发投资的影响。因此，企业财务能力是企业治理结构与研发强度之间的一个重要中介变量，解释了这种关系的额外 3.1%的方差。

股权平衡度与研发强度正相关，但研发强度与股权集中度、董事会规模或董事会独立性无显著相关性。这与 Dong 和 Guo（2010）③ 和 Driver 和 Guedus (2012)④ 的研究结果不同，本研究发现董事会独立性并未直接影响我国体育企业的研发强度。在此给出了如下解释：只有极少数的体育企业（6.02%）有独立董事，独立董事对研发投资的影响在本研究中并没有体现出来。这与 Huang 和 Wang（2015）⑤ 的结论一致，没有发现董事会规模对研发强度的影响。同样，我国大多数体育企业（72.3%）只有 5 名股东，仅符合中国企业法的最低要求。因此，董事会规模的价值对我国体育企业来说并不明显。此外，我国体育企业第一大股东的平均持股比例超过 50%，这意味着大多数企业是由家族企业主持有。家族持有的较高股份通常会导致研发投资水平的下降，因为家族所有者将他们的

---

① Holmstrom, B. Agency Costs and Innovation [J]. Journal of Economic Behavior & Organization, 1989 (12): 305-327.

② Vo, L. V. & Le, H. T. T. Strategic growth option, uncertainty, and R&D investment [J]. International Review of Financial Analysis, 2017 (51): 16-24.

③ Dong, J. & Gou, Y. Corporate governance structure, managerial discretion, and the R&D investment in China [J]. International Review of Economics and Finance, 2010 (19): 180-188.

④ Driver, C. & Guedes, M. J. C. Research and development, cash flow, agency and governance: UK large companies [J]. Research Policy, 2012 (41): 1565-1577.

⑤ Huang, Y. S., Wang, C. J. Corporate governance and risk-taking of Chinese firms: the role of board size [J]. International Review of Economics and Finance, 2015 (37): 96-113.

大部分财富投资于企业，以致具有较高的风险规避度（Munari，et al.，2010）①。由主要股东控制的企业更有可能追求次优、低风险的投资（Huang 和 Wang，2015②；Mishra，2011 ③）。Lazzarotti 和 Pellegrini（2015）④ 进一步证实了这一解释，他们认为，与由家族管理者管理的家族企业相比，由非家族管理者管理的家族企业更具创新进取性，因此，研发强度与股权平衡度正相关。

最后，虽然研发强度与股权集中度和董事会规模没有显著关系，但企业财务能力对研发强度的影响受到股权集中度和董事会规模的影响。通过比较模型 1 与模型 4、模型 5、模型 6，进一步发现模型 1 中的研发强度与杠杆率负相关，而模型 4 中的研发强度与杠杆率与股权平衡度之间的交互变量无显著相关性，这表明，股权平衡度较好的企业更容易克服财务约束，增加研发投资。在治理良好的企业中，其财务约束的影响将消失，因为“柠檬”问题被削弱、投资者更自信。所谓“柠檬”问题是指买方和卖方之间不对称信息导致投资价值被低估或高估的问题。此外，在模型 1 中，研发强度与资产回报率没有显著关系，但在模型 5 中研发强度与资产收益率和股权集中度之间的交互变量以及在模型 6 中研发强度与董事会规模之间的交互变量负相关。这表明，对于股权过度集中的企业来说，资产收益率更可能影响其研发投资。Dong 和 Guo（2010）⑤ 得出了类似的结论，认为 CEO 的管理自由裁量权与研发投入显著负相关。需要注意的是，在模型 1 中，研发强度与资产增长率没有显著相关性；相反，研发强度与资产增长率和董事会规模之间的交互变量负相关。这些结果表明，董事会规模大、资产收益率高、资

---

① Munari，F.，Oriani，R.，Sobrero，M. The effects of owner identity and external governance systems on R&D investments：a study of Western European firms [J]. Research Policy，2010（39）：1093-1104.

② Huang，Y. S.，Wang，C. J. Corporate governance and risk-taking of Chinese firms：the role of board size [J]. International Review of Economics and Finance，2015（37）：96-113.

③ Mishra，D. Multiple large shareholders and corporate risk taking：evidence from East Asia [J]. Corporate Governance：An International Review，2011（19）：507-528.

④ Valentina Lazzarotti，Luisa Pellegrini. An explorative study on family firms and open innovation breadth：do non-family managers make the difference?[J]. European Journal of International Management，2015，9（2）：179-200.

⑤ Dong，J. & Gou，Y. Corporate governance structure，managerial discretion，and the R&D investment in China [J]. International Review of Economics and Finance，2010（19）：180-188.

产增长率高的企业更有可能影响其研发投资。资产回报率较低的企业所有者可能会加剧担忧，降低研发风险；而随着董事会规模的扩大，董事会的监督效率降低（Huang 和 Wang，2015）①。

（2）建议

基于企业财务能力和公司治理结构对研发强度的影响，我国体育企业在自主创新的过程中，应通过以下途径改善治理结构，提高财务能力：第一，除了技术创新外，体育企业应该更加重视管理创新。具体来说，体育企业应消除对研发投入的约束，提高研发活动的效率，降低研发项目的风险，增强创新的自信和积极性。同时，体育企业可以通过购买技术保险来降低它们对研发风险的忧虑。第二，体育企业要完善治理结构。虽然股权集中度、董事会规模、董事会独立性等因素对研发强度的影响没有得到实证支持，但体育企业应适度降低股权集中度。具体来说，应该打破家族治理机制，建立企业代理机制。体育企业应进一步完善股权制衡机制，扩大董事会规模，吸引有技术背景的外部董事。第三，体育企业应提高自身的财务能力。具体而言，应进一步提高股权收益率，提高股东的投资热情和信心。提高研发项目成功率，重视高潜力产品的研发，提高研发成果对销售回报率和资产收益率的贡献率。第四，体育企业应提高研发决心，降低对资产负债率的焦虑。第五，完善企业治理结构和内部控制，不仅需要监管与权力制约，也需要建立有效的激励与评价机制。适当的激励和评价机制是对制约的缓冲，有利于刺激企业员工的积极性，犹如治水，疏堵结合，才能真正实现目的。企业要结合自身发展特点，鼓励创新，依靠特色的激励方式和手段来促进企业员工的成长，从而促进企业发展。第六，考虑到企业财务能力与企业治理结构的交互作用，不同财务能力的体育企业应采取差异化的治理结构，努力提高其创新能力和市场竞争力，以适应不断变化的市场环境。

综上所述，企业财务能力对我国体育企业研发强度有显著影响，但对不同治理结构体育企业研发强度的影响效果不同。企业治理结构对研发强度的影响虽然很小，但意义重大，其影响取决于企业的财务能力。因此，为了促进体育企业自

① Huang, Y. S., Wang, C. J. Corporate governance and risk-taking of Chinese firms: the role of board size [J]. International Review of Economics and Finance, 2015 (37): 96-113.

主创新，必须改善治理结构和财务健康状况。政府也应重视体育企业的管理创新，加强对上市公司的监管；应通过提供培训项目、标杆项目和评估项目，为体育企业的管理创新提供指导。本研究结果为希望改善和扩大创新驱动尝试的体育企业管理者提供了重要参考。

# 第6章 新常态下我国体育产业的创新驱动政策建议

加快体育产业创新发展、增强体育产业发展新动能，关系人民福祉增进，是更好满足人民日益增长物质文化需求、培养新生活方式、拉动消费变革的重要内容；关系经济转型升级，是深入推进供给侧结构性改革、推动实体经济振兴、支持体育强国和健康中国建设、助力一二三次产业融合发展的重要抓手；关系国家长远发展，是全面提升综合国力、国际竞争力和可持续发展能力的重要途径。新形势下，推进我国体育产业创新发展，要以提高体育产品质量和树立核心竞争力为中心，以改革创新和科技进步为动力，构建优质高效、充满活力、竞争力强的体育产业新体系，强化创新驱动，增强创新动力，推动“体育+”，加快形成体育产业发展新动能，更好地服务于经济结构调整、产业转型升级、民生福祉改善。

## 6.1 注重要素利用，驱动体育产业高质量发展

转变政府职能，实施创新驱动政策，营造良好创新环境，深入推进大众创业、万众创新，产学研用协同，促进技术创新、业态创新、内容创新、模式创新和管理创新，增强体育经济发展新动能。

### 6.1.1 优化体育产业结构

落实体育强国建设纲要，优化体育产业结构，提高体育服务业占比，引导体育用品制造企业向服务业延伸，形成体育全产业链。

第一，促进体育与相关产业深度融合。做足体医结合、体教融合、体育旅

游、体育文化、体育展览、体育康养、体育影视、竞赛表演等“体育+”“+体育”工作，促进体育产业融合发展，催生新技术、新产品、新服务、新业务，满足市民新需求，推进体育产业结构优化。

第二，强化运动休闲小镇建设、体育服务综合体建设、体育旅游示范区建设、体育产业园区建设等，是推进体育产业结构优化的有效举措。应积极依托运动休闲小镇、体育服务综合体、体育旅游示范区打造创业孵化基地，以运动休闲小镇、体育服务综合体、体育旅游示范区、体育产业园区为载体引领体育服务业聚集，促进体育产业高质量发展。

第三，强化区块链、大数据、云计算、物联网等高科技产品在体育领域的应用，搭建各类体育公共服务信息平台，构建以体育为主题、体育活动为载体的商业生态圈，发展线上线下相结合的平台经济。借助线上技术手段优化消费的虚拟体验，借助体育活动聚集人气，增加消费体验，形成新型商业生态圈。

第四，全面支持体育产业融入实体经济。技术创新是推进体育产业融合发展的重要手段。在生产、销售、售后服务、研究与开发、人力资源管理等价值链环节可以引入体育服务，以增添实体经济的运营活力，有效提升经济发展质量。

### 6.1.2 强化复合型人才培养

人才是体育产业高质量发展的关键，是落实体育产业创新发展、协调发展、绿色发展、开放发展、共享发展的重要载体。

第一，发挥体育在提高人民健康水平、促进人全面发展等方面的作用，需要培养健身指导、体育教育、体育科普等方面的重点人才。

第二，体育产业创新发展需要懂体育、会工程、有技术的复合型人才，体育大数据管理、体育智能装备、物理医疗师、体育场馆规划师等复合型人才，这些复合型人才是推进“互联网+体育”“体医结合”“体教融合”“体旅融合”“文体融合”等策略的实施主体。

第三，体育是促进经济社会发展的重要动力。体育产业区域协调发展、跨界协调发展是体育促进经济社会发展的两条重要途径。推进体育产业协调发展需要懂体育、善经营、会管理的复合型人才，这类人才在推进资源整合、业务融合方面具有优势，是推进“体育+”的关键主体。

第四，体育产业绿色发展需要既懂技术创新又懂管理创新的综合人才。体育产业绿色发展的核心是推进体育产业结构调整，提高体育服务业的比重，降低高能耗、高污染、高排放的体育用品制造业比重，这既需要体育工程人才的技术创新、工艺创新，也需要体育管理人才的管理创新、制度创新。

第五，体育是展示国家、区域、企业文化软实力的重要平台。发挥体育在企业形象展示、产品营销等方面中的功能，需要懂体育、网络、营销的复合型人才；体育产业开放发展取决于“互联网+”拓展体育产业发展的空域，取决于“体育外交”“区域合作”“跨行业合作”所拓展的体育价值链，这些依赖于懂体育并且掌握计算机或外语技能的复合型人才。

第六，体育产业共享发展取决于体育领域的公益创业水平，应通过发挥复合型体育经营管理人才的作用，鼓励公益创业，确保体育公共服务更好地惠及大众。

### 6.1.3　注重体育科技创新

创新驱动的核心是科技创新，体育产业创新驱动发展应以科技创新为主导，管理创新、制度创新、文化创新、营销创新等相结合。体育产业包括体育管理活动、体育竞赛表演活动、体育场地和设施管理活动、体育经纪与代理、广告与会展、表演与设计服务、体育教育与培训、体育传媒与信息服务、体育用品及相关产品销售、出租与贸易代理、体育用品及相关产品制造、体育场地设施建设等多种业态，不同业态创新的内容不尽相同。例如，体育用品及相关产品制造业以产品创新、工艺创新为主，这些都属于技术创新的范畴；体育管理活动、体育场地和设施管理活动等业态以管理创新为主，通过管理系统智能化、标准化、商业模式创新等增加企业运营活力；体育竞赛表演活动、体育教育与培训、体育传媒与信息服务等以服务创新为主，通过服务创新增加消费体验。推进体育产业创新发展，应重点抓实抓牢体育科技创新，主要集中在如下重点领域：

第一，围绕体育发展重大需求，特别是运动医疗、鹰眼技术、智能影像、移动视频、虚拟现实技术等，加强技术研发、集成应用和产业化示范，实现体育标准化、品牌化建设的重大突破，大幅提升技术创新对体育产业增长贡献率。

第二，强化关于“人体科学”的研究，做实运动生理生化理论与技术研究，深化运动医学和康复医学研究，拓展体育在未病防治、康复医疗方面的功能；强化“人机工程学”研究，理清生产劳作工程中的人机关系，处理好生产劳作过程中职业病的防范，从运动科学与劳作健康的高度去落实人机工程。

第三，推进生物芯片、智能制造、信息网络、虚拟现实、大数据、云计算、物联网、3D打印、功能饮品等高新技术在体育领域的广泛应用，实现体育科技创新水平显著提高、体育重点领域服务质量持续改进、消费满意度持续改善。

### 6.1.4 完善体育产业政策

我国体育产业发展起步较晚、产业基础较为薄弱、产业体系不尽完善。在这种背景下，推进体育产业高质量发展需要完善体育产业政策，建立良好的市场秩序，引导体育产业创新发展。

第一，投融资政策重点在于降低投资门槛，为社会资本投资体育产业创造便利；降低投资风险，保障社会投资权益；提供融资便利，破解体育产业融资难问题。

第二，监管政策旨在保障企业和消费者的权益，维护市场秩序，保持良好的市场环境，尤其要将知识产权保护作为监管政策的重要内容，这对促进体育产业技术创新具有积极意义。

第三，示范引领政策旨在通过体育产业示范单位、示范基地、示范项目的遴选，运动休闲小镇的遴选与评估验收，体育服务综合体典型案例征集等举措，强化示范引领作用，促进社会资源向试点工程聚集，多维度推进体育产业高质、高效发展。

第四，通过强化青少年体育教育、体育文化宣传与运动项目推广，促进健身习惯的形成；强化文宣，培育健身习惯、健身行为，引领社会重视体育、关注体育。

## 6.2 实施重点工程，推进体育产业跨越发展

### 6.2.1 体育赛事品牌化工程

完善赛事体系。持续完善、不断创新，打造顶级赛事引领、专业赛事推动、

业余赛事普及的赛事层级体系。有机结合户外运动、水上运动、冰雪运动等精品赛事活动和大众赛事活动，积极推进竞技体育赛事和群众体育赛事的有效衔接，推进全国赛事活动和地方赛事活动的有效衔接。

培育特色活动。着力策划一批高水平、高质量的户外运动、水上运动、冰雪运动、民族体育、电子竞技等主题赛会活动，打造以区域特色、地方文化为主题的户外运动会、户外运动节、冰雪节、龙舟节、电竞节等，培育以环境保护、知识普及、技能培养、人格塑造为主题的体验活动，创办以运动项目推广、体育文化传承和赛事产业交流为主题的论坛和展示会。

打造品牌赛事。实施精品赛事提升计划，推进赛事创新，扩大赛事规模，增加赛事种类，优化赛事服务、丰富赛事亮点，培育一批能够展现中国形象、凸显国家影响力的国际知名品牌赛事活动，打造一批能够展现民族风采、地域风貌、国内知名的品牌赛事活动，提升体育赛事的附加值和软实力，形成“重点赛事”“一项一品赛事”“一地一品赛事”和“潜力拓展赛事”协同推进的良好局面。

挖掘品牌价值。开展品牌价值提升行动，创建和培育一批体育赛事品牌，提升体育赛事的附加值和软实力。鼓励构建集体育赛事活动、体育电影节、体育赛事论坛、体育用品展、体育文化展与体验活动为一体的品牌培育体系，进一步挖掘赛事品牌价值。发挥体育赛事在文化建设和品牌塑造方面的作用，鼓励各地举办品牌赛事展现“中国智造”“体育强国”“美丽中国”。发挥体育赛事的体育营销功能，鼓励企业与体育赛事举办方开展合作，提高企业品牌知名度，推动企业国际化发展战略的实施。

强化赛事创新。鼓励体育赛事主办方从赛场表现（赛事公平性、对抗性）、赛事服务、赛事呈现（转播/直播、赛场灯光、赛场氛围、赛场色调等）、赛事参与等方面，持续推进体育赛事创新，完善体育赛事服务，增加体育赛事新鲜感、体验感与活力。鼓励各地成立体育赛事研究中心，持续开展体育赛事评价，增加体育赛事曝光点，增添体育赛事创新活力，促进体育赛事品牌建设。落实体育赛事满意度提升行动。

重视赛事监管。广泛动员社会各界力量，协同建设集监测、采信、分析、发布于一体的体育赛事质量信息监测体系，搭建体育赛事质量信息共享与社会监督平台。支持安保、环卫、通信、交通运输、安监、金融、卫生、媒体、电子商务等部门相互协助、共享数据，提高体育赛事质量监测能力建设，鼓励建立体育赛事质量和安全数据库。完善品牌维权与争端解决机制，加大体育品牌、商标保护执法力度，依法打击侵权行为。发挥体育协会在体育赛事品牌培育和保护方面的作用。

### 6.2.2 体育装备智能化工程

树立互联网、大数据思维，推动信息技术在体育领域深度应用，促进体育服务数字化、体育产品智能化发展。培育人工智能产业生态，促进人工智能在体育教育、运动训练、体育医疗、体育传媒、体育金融、体育治理等重点领域推广应用，促进规模化发展。丰富移动智能终端、可穿戴设备等服务内容及形态。

制订体育器材装备行业技术成长方案。对体育器材的系统层次进行研究，确定器材、材料、工艺的分类标准，明确新材料、新技术、新技术的应用，列出技术要求清单，并提出发展规划，以促进体育器材的智能化。制定和研究体育器材、服装、装备、测试系统、认证体系和认证环节的开发及更新的关键技术标准。推动《国家企业技术中心的认定领域和重点》目录增列“体育装备与服务领域”并引导企业参与。

加强重点方向体育器材装备系统的技术供给。鼓励社会体育组织、企业推介技术成果，支持办好“中国国际体育用品博览会”“国际户外用品博览会”等各类体育装备系统展示、交易活动，培育体育器材装备民族品牌并支持其“走出去”。鼓励主办或承办有国际影响力的体育赛事活动，并把体育赛事活动打造成为高科技产品展销平台、博览会。

着力提高体育器械装备水平。聚焦体育赛事组织、交互体验、智能演播等方向，提升体育赛事活动的竞技呈现效果和艺术呈现效果，改善线上线下观赛氛围，增强线上线下观赛体验。重点支持体育场地类、体育器材类、运动康复类、场地灯光类、观演视效类、体育着装类关键部件和系统装备的研发应用，推进智慧场馆建设，加快数字化、智能化、网络化进程。

促进国家重大科研设施和科研仪器开放共享。协调体育企业和体育科研院所共享国家高科技装备研发资源。体育主管部门应强化体育重点实验室建设、工程技术研究中心建设，把体育总局重点实验室、体育总局工程技术研究中心培育成为国家重点实验室、国家工程技术研究中心。

### 6.2.3　体育产品标准化工程

加快体育技术标准、行业管理标准、体育服务质量标准的制定和修订，完善标准化机制。鼓励企业标准的发展，发挥体育协会的引领作用，建立更加完善的标准体系。加强标准的公布和实施，加强员工的标准化意识和应用水平。

☞ **专栏 1**

**体育产品与服务标准化行动**

——加强高危体育项目安全强制性标准制定与实施，健全体育场馆、运动场地、运动器材的质量检测标准体系，推进运动安全。

——制定并实施体育旅游、运动医学、青少年体育达标、电子竞技等项目标准，引领体育产业融合发展。

——制定并实施新建居民小区体育设施达标标准、运动休闲小镇建设评估标准、体育服务综合体评估标准等，促进社会资本助力体育发展。

——制定星级体育俱乐部、星级体育旅游目的地、星级运动训练基地、星级研学基地、星级户外营地、星级体育场馆服务、星级步道、星级骑行道等行业管理标准，推进体育服务质量上台阶。

——积极推进健身服务质量规范、体育培训质量规范、体育社会指导员服务规范、低免开放体育场馆服务质量规范等管理标准建设，推进体育公共服务优化①。

——建立健全符合行业特点的体育赛事质量评价标准，在赛事举办、赛事安保、交通通信、餐饮住宿、商贸旅游、医疗卫生、邮政通信等方面建立观众满意度评价制度，以体育赛事品牌评价促进城市品牌形象建设。

——研究制定基本公共体育服务标准，通过体育服务标准化，提高体育

① 湖北日报．湖北省首批民政地方标准颁布实施养老服务有了规范标准［EB/OL］.［2017-06-03］. http：//www.hubei.gov.cn/zwgk/zcsd/zcsd/snzc/201706/t20170613_1005678.shtml.

健身服务品质，引领健身服务产业的发展。

加强标准建设。加强运动项目技术标准化和服务标准化建设，全面推动体育标准体系建设，制定相关技术标准、服务规范和质量标准，提高场地设施建设与运营、服务提供、技能培训、活动管理、人员资质、器材装备制造等各方面标准化水平；积极参加国际体育治理，推进国际标准交流；引导和鼓励体育企业、体育协会积极主导行业和国家标准制定，争做行业发展领头羊；积极参与国际体育治理，参与国际行业标准的制定，推动国际标准交流，争取话语权。以国家体育产业统计分类为基础，完善体育产业统计制度和指标体系，建立健身休闲产业监测机制。

推进标准服务。完善相关政府部门和行业协会服务标准，积极为体育领域创新创业、各类专项体育赛事活动举办、体育产品质量监测等提供服务。以兴奋剂检测标准为依据，推动成立“运动健康食材检验中心”，加强对运动性功能饮品、食材的安全监测；以体育场地器械标准为依据，推动成立“体育场地设施质量监督检验中心”，加强对体育、教育系统和社会场馆设施安全检测；依托运动服饰、体育装备等生产园区建设，设立“体育产品质量检验中心”①，推动体育产品质量的提升。

强化标准实施。加强运动项目服务标准化试点示范建设，提升运动项目服务质量和安全技术保障，推进标准的实施，提升标准化管理水平。依托标准化专业委员会，进行标准化知识推广和标准培训。严格执行目前的标准检查系统，清除阻碍行业发展的标准。对体育标准化做出卓越贡献的组织和支持团体进行奖励和表彰。

### 6.2.4 体育大数据共享工程

鼓励利用新一代信息技术改造提升体育服务业，创新要素配置方式，推动体育服务产品数字化、个性化、多样化。加强数据资源在体育服务领域的开发利用和云服务平台建设，推进政府信息、公共信息等数据资源开放共享，发展大数据

---

① 湖北省首个运动服饰产品质量检验中心正式设立［EB/OL］.（2020-08-29）. https：//www. sohu. com/a/415494033_120056442.

交易市场。全面推进重点领域大数据高效采集、有效整合、安全利用和应用拓展。

建立统筹机制。贯彻国务院《促进大数据发展行动纲要》《关于积极推进“互联网+”行动的指导意见》，组建体育大数据工程领导小组，制订工作方案。推动各相关单位制定数据资源开放目录，完成“数字体育”资源共享清单。

组织重大项目。以体育场馆、运动训练基地、体育传统特色学校、社会体育组织、体育博物馆、体育科研平台（实验室、研究基地、智库）和体育科研院所等机构的数据资源为主要内容展开调查，掌握基础数据存量和增量情况。加强体育大数据收集、分析、共享、清洗、可视化的研究开发，提高大数据技术的服务能力和应用开发水平，促进大数据核心技术的整合，建构应用程序示范和公共平台构筑。

加强服务规范。加快技术、管理、开放和安全标准的制定。促进体育资源的统一识别编码、核心元数据、分类、数据收集、指标载体、数据质量、数据交易、技术产品、安全性和机密性等共同关键标准的制定和实施。

建立服务载体。依靠“数字体育”资源元数据平台建设，促进数据被收集、组织、联系、分析，促进用户数据收集标准的研究，使居民的体力监测、体育设施和体育服务资源的数据在平台中统一完成收集和共享。促进高质量的体育资源和高质量的体育数据融合，推进市民体质监测数据与国家大健康数据的融合。

### 6.2.5　体育新经济培育工程

坚持鼓励探索、包容创新、积极培育的发展导向，促进各种形式的商业模式、产业形态的创新应用。

促进平台经济的发展。为满足平台经济快速发展的需要，向平台企业不断提供资金援助、复合人才供应及合并和重组政策。加强资源整合、需求对接、需求和协调创新功能。驱动支持平台企业，整合上游和下游产业。

支持分享经济发展。建立健全适应分享经济发展的企业登记管理、灵活就业、质量安全、税收征管、社会保障、信用体系、风险控制等政策法规，妥善协调并保障各方合法权益。引导企业依托现有生产能力、基础设施、能源资源等发展分享经济，不断提供基于互联网的个性化、柔性化、分布式服务。

促进体验经济发展。鼓励企业探索生产、流通等各流程的体验值，使用虚拟现实（VR）和其他新技术创新体验模式，开发新的在线和离线体验服务。

## 6.3 培育创新主体，增强体育产业创新能力

### 6.3.1 夯实企业创新主体地位

充分发挥市场和政府在资源配置方面的作用，双向推动科学技术创新与体制机制创新双向推动，加快建设以企业为主体的技术创新体系，发挥企业在创新决策、研发投入、成果转化中的主体作用。引导各种创新要素向高新技术体育企业集聚，培育创新型领军企业。

支持体育企业发展。鼓励具有自主品牌、创新能力和竞争实力的体育企业做大做强；支持体育企业在产品开发、外观设计、产品包装、市场营销等方面的创新，积极开展个性化定制、柔性制造；支持有实力的体育企业通过管理输出、连锁经营、规模发展等方式，进一步提升核心竞争力；鼓励大型体育企业实现跨地区、跨行业、跨所有制的兼并、重组、上市，延伸产业链和利润链，推进体育产业融合发展；鼓励有品牌优势的体育企业“走出去”，开展海外并购，抢占体育资源，拓展国际市场，培育一批具有国际竞争力和影响力的领军企业；鼓励各类中小微体育企业持续创新，做专、做精、做特、做新，强化特色经营、特色产品和特色服务。

壮大体育社会组织。推进体育社团、体育协会、体育基金会、体育联合会、自发性体育组织、民办非企业单位等体育社会组织发展。支持体育协会强化自身建设，加强氛围营造、运动指导、活动组织和文化传播功能，健全内部治理结构，增强服务功能。落实中共中央办公厅、国务院办公厅印发的《关于改革社会组织管理制度促进社会组织健康有序发展的意见》，对在城乡社区开展健身休闲活动的社区社会组织，降低准入门槛，加强分类管理和业务指导，鼓励开展文体娱乐活动的社区社会组织发展。搭建社区社会组织综合服务平台，设立孵化培养资金，为社区社会组织提供人才队伍、活动经费、活动场地、组织运作等方面支持，建立社区体育社会组织孵化机制，建设孵化基地。落实国家《行业协会商会

与行政机关脱钩总体方案》，加快体育主管部门与行业协会脱钩，推动体育协会试点改革，推动体育协会建立法人治理结构，依法独立运行。采取政府购买服务，设立补贴活动经费、项目资金等措施，加大对体育社会组织扶持力度①，鼓励体育社会组织承接政府公共体育服务职能，提供体育公共服务和产品。鼓励各类社会组织依法独立运行，降低体育俱乐部从事相关业务的门槛。

推动体育创新创业。充分利用救助帮扶基金，鼓励退休运动员开始自己的事业，加入健身和休闲行业。积极推进商业系统改革，为健身和休闲产业提供良好的生存环境。为体育产业的革新和创业者教育建立服务平台，帮助企业有效连接相关企业、大学和金融机构。构建社会化、专业化和网络化的创新服务平台，加强孵化场地的建设，支持“专业、精致、特殊、新颖”的开发。鼓励体育企业和机构、大学科技园和科研机构合作，构建低成本、便利化、全要素和开放式的众创空间。鼓励社会力量在体育科技领域投资公共创新项目。

增强自主创新能力。鼓励体育企业提高研发投资，提高重要技术和产品的独立创新能力。支持体育企业使用互联网技术，根据不同的人群，特别是年轻人和老年人的需求，开发多样化和适应性的健身和休闲设备。鼓励体育企业牵头组建新获批国家级重点实验室、工程研究中心、技术创新中心、临床医学（运动康复）研究中心及企业技术中心②，对核心技术、关键技术和共性技术进行重点攻关，形成具有自主知识产权的核心技术支撑体系。开展重大技术应用示范和推广，对产品研发与设计的创新技术、产品营销、零售商业模式等环节的先进经验进行推广普及。

☞ **专栏 2**

### 体育社会组织创新发展

——鼓励体育协会发挥“众包”功能，集成众多会员（或会员企业），

---

① 中共中央办公厅，国务院办公厅．关于改革社会组织管理制度促进社会组织健康有序发展的意见［EB/OL］．（2016-08-21）．http：//www. gov. cn/gongbao/content/2016/content_5106178. htm.

② 武汉东湖新技术开发区管委会．武汉东湖新技术开发区支持创新创业发展新经济的政策清单［EB/OL］．（2017-06-26）．https：//www. chinagazelle. cn/notice/detail/401f35c7cf294f54baef28608aa161b2.

积极承担政府公共体育服务职能，挖掘公益服务价值；积极开展区域性体育联赛，挖掘赛事品牌价值；积极承包体育基础设施，挖掘设施经济价值；积极承包企事业单位文体活动、开展送服务下基层活动，挖掘体育服务价值。

——鼓励体育协会发挥“众扶”功能，集成政府和民间公益机构支持、企业之间帮扶援助、企业内部协调互助互扶等多种途径，共助小微企业和创业者成长，构建创业创新发展良好生态的创新形式；集成众多会员（或会员企业）需求，开展跨区域合作，开拓会员（或会员企业）市场服务空间。

——鼓励体育协会联系企业、场馆、政府、上级协会、其他区域同级协会，拓展体育协会“众包众扶”能力。重点强化跨区域体育协会合作，建立体育协作区，打造跨区域体育联赛。

——鼓励体育协会以运动项目推广为载体，进一步挖掘“体育+”价值。服务于大众体育的体育协会应以运动项目的推广为载体，积极打造为新零售平台，进一步挖掘体育营销新价值。鼓励体育协会在运动休闲小镇、景区、商贸中心、文化中心举办体育赛事活动，通过赛事活动聚人气，展现体育营销新机制。支持体育彩票销售模式、产品类型创新，积极推进“体育彩票+”，挖掘体育彩票的营销价值、文化传播价值。

### 6.3.2 构建体育创新发展平台

搭建体育科技创新平台。按照优化布局、重点建设、分层管理、规范运行原则，建设一批突破型、引领型、平台型的国家体育创新研究中心、国家体育总局重点实验室。建立和完善体育产业、全民健身、体育资源、体育项目大数据平台，推动体育产业资源的共享共建和有效利用。深化体育产业“互联网+”，推动、加强大数据、云计算、人工智能等科技创新成果在体育领域的应用，利用现代科技推动体育产业创新。实现创新与创业结合、孵化与投资结合、线上与线下结合，把运动休闲小镇、体育产业基地、体育服务综合体、大学科技园区等建设成为体育产业双创服务平台。鼓励对体育场馆、体育赛事、体育文化、体育明星、训练基地等体育资源进行活化利用和创意产品开发。

搭建体育创新发展智库。紧密联系一批国内外体育专家、健康管理专家、科技政策专家、知名企业家以及相关领域有较大影响力的专家，建立体育创新发展专家库，形成立足中国特色、具有国际视野的高端体育创新发展智库。发挥智库作用，引导科研机构、高校、研究院所、体育企事业单位及相关社会组织参与体育科技创新活动。及时把握国内外体育创新发展前沿问题，加强体育创新发展实践研究，提出切实可行的解决方案，为政府决策和行业发展提供智力支持。

搭建体育协同创新平台。建立国家体育总局体育综合工程研究中心，支持体育科学与技术创新联合和区域体育科技创新平台的建立。需要在新的市场导向组织、研发服务中介和研发服务外包的体育科技领域加强培养。推进产业和教育的融合和科学、教育的调整，引导高校和科研院所进行基础研究，致力于体育强国构建中的重要技术课题。探索体育企业与机关、科技企业与科研机构之间合作的新机制，通过职业分工、服务外包、订单生产、技术合作等方法建立合作创新关系。发展壮大各类体育协会、中介组织，充分发挥体育产业技术创新联盟在行业研究、标准制定、跨界合作、资源对接等方面的主导作用。

### 6.3.3　加强创新创业人才培养

完善科技创新人才优惠政策。高水平的科技人才是中小体育企业创新的源泉，在推进体育产业发展过程中，可以采用职工教育经费税前扣除、职工职业培训财政补贴、研发人员劳务费税前扣除、创业担保贷款贴息等科技人才政策，并进一步完善企业科技人才在科研立项、子女入学、住房福利补贴、科研奖励、户籍、医疗保健、职称评审、科研经费资助等方面配套措施，激发科技人才创新创业热情，促进中小体育企业创新。

培养多层次体育工程技术人才。形成体育领域科学研究、工程技术、科技管理、科技创业人员和技能型人才梯次齐备的人才结构。加大对运动医学、体育大数据管理、体育智能装备等重点领域的体育企业急需紧缺人才的支持力度。将民族传统体育及其他非物质文化遗产传承人群的培养纳入体育职业教育体系。

完善体育工程技术人才培养模式。依靠国家科技人才专项项目和其他人才项目，构建产学研协同育人机制，以技术研发项目为载体，通过创新实践促进体育工程技术人才培养。推动体育工程技术专家资源库的成立，支持跨学科跨专业人才开展体育科技创新，实现复合型人才培养。支持实施国家创新人才培养计划和建立创新人才培养示范基地。

加大创新人才培养培训力度。加强在大型体育领域培养高端专业人员，扩大应用和技术人才规模，积极培养复合型人才。加强综合质量和创新能力的培养，创新训练方法，形成产业和教育综合人才培训模式，加强学校企业合作和学习内容与工作内容的结合。实施终身职业训练制度，改善职业训练补助金政策。

积极实施人才引智工程。对从事体育及相关领域研究、创作、表演、传承、传播、经营管理等工作的人才，以及取得系统性、创新性成果或者获得本领域公认的国内外重大奖项的在聘在岗优秀人才，给予奖励。通过鼓励体育创意企业以无形资产、技术要素入股等方式，激励骨干人才。鼓励各地区公布体育行业高端人才紧缺专业名单，重点加强行业综合管理，支持体育旅游、体育展示会、体育器械、体育外贸等领域吸收专业人才和主要人才，并提供一定数量的人才资金或项目资金援助。加大人才培训力度，优先推荐体育领军人才和体育名人参加国内外高级研修培训，并给予其相应的培训经费补助。把人才作为核心资源，壮大体育工程技术人才队伍，提高其职业素养，充分调动各类体育人才的积极性和创造性，使其有力支撑体育强国和健康中国建设。

## 6.4 促进融合，构建体育产业协同发展体系

推进“体育+”“+体育”，鼓励体育产业融合发展，打造一批以体育服务为主体的多业态融合型龙头企业，强化体育服务业对旅游产业、教育培训产业、文化传媒产业和康复医疗产业等的全产业链支撑作用，形成交叉渗透、交互作用、跨界融合的产业生态系统。

### 6.4.1 推进体育产业跨界融合

丰富体育产业内容，推动体育与养老服务、助残服务、文化创意和设计服务、品牌塑造与营销服务、教育培训等融合，促进体育旅游、体育金融、运动康复、体育传媒、体育会展、体育广告、体育影视等相关业态的发展。

(1) 推进“体育+旅游”融合发展

制定体育旅游发展纲要，实施体育旅游精品示范工程，编制国家体育旅游重

点项目名录，促进体育与旅游产业融合。扩大体育旅游项目，鼓励国内旅行社丰富体育项目介绍和推荐，鼓励发展旅游产品和健身、休闲活动与体育活动结合起来开发新路线。鼓励旅游景区举办文体活动，聚人气、增活力，增添旅游服务新体验。鼓励各地发挥品牌赛事优势及体育旅游精品赛事、民族传统体育活动的影响力，聚集城市客源，创造体育旅游附加值。依托各地丰富的体育运动项目、体育赛事活动、大型体育场馆和优良的山水条件等资源，开发旅游新产品，创建“体育+旅游”示范基地，实现体育资源的价值挖掘。引导旅游企业、体育企业向体育旅游服务转型，开展体育、旅游一体化经营业务，为顾客提供一体化整体解决方案。支持有条件的体育培训、竞赛表演、体育传媒、健身指导企业开发面向青少年研学、企业团建的专业化服务，赋予旅游服务新文化内涵。支持旅游景区与体育场地设施托管开发、体育旅游联合体、体育旅游创客空间等融合模式创新。

（2）推进“体育+文化”融合发展

释放体育文化消费需求，大力塑造体育 IP，推动体育与传媒、影视、动漫及相关衍生产品联合开发。争取国际知名体育赛事转播商落户，建立体育媒体发布中心和体育影视传播中心。鼓励各地充分利用政策优势和地域优势，拓展与“一带一路”沿线国家和地区的体育产业对外贸易与体育文化交流。鼓励各地强化民族传统体育研究，做大做强民族传统体育活动，并通过文体活动、体育展览、体育论坛、影视作品评选等，聚人气、创品牌，提高当地的影响力。鼓励各地研究当地文化（红色文化、饮食文化、建筑文化、服饰文化等），开发具有当地文化特色的体育活动，展现当地文化魅力，打造有文化内涵的精品体育旅游赛事活动。

（3）推进“体育+科技”融合发展

鼓励体育科技创新，开发体育科技与相关产业融合发展的集成技术，增强相关产业体育科技含量。开展“互联网+体育”行动，实施智慧体育发展战略，重点利用 5G、人工智能等新技术发展智慧体育，利用互联网、数字化等技术手段发展线上体育。大力支持 VR（虚拟现实）、AR（增强现实）、3D 打印技术、可穿戴设备等前沿科技在体育产业领域的应用。推动“体医结合”，开展运动医疗研究，加强科学健身指导，积极推广覆盖全生命周期的运动健康服务，发挥中医药在运动康复等方面的特色作用，促进健身休闲与文化、养老、教育、健康等产业融合发展。鼓励发展由移动互联网、大数据和云计算技术支持的健身和休闲服务，提高会场预约、健身指导、体育分析的综合服务水平。发展智能科技运动产品，推动体育企业与移动互联网的融合，充分利用大数据、云计算、智能硬件和各类主题 App 拓展发展空间。支持场地预订、教练预约、向导预约、运动社交、运动品销售、运动康复等 App 开发，不断优化运营管理模式，充分利用和挖掘健康群体的大数据，丰富经营服务内容，全面提升综合服务功能。

（4）推进“体育+金融”融合发展

支持有条件的市场主体进入资本市场融资，通过发行债券、股权置换、资产重组、项目融资、上市等方式筹措发展资金。大力支持各类金融机构开发适合初创型、小微体育企业的金融产品，鼓励采取项目补助、贷款贴息和奖励等措施，扶持新兴潜力企业发展。推动体育保险逐步发展，搭建体育保险研发和推广平台，丰富职业运动员、体育旅游、体育意外等险种，为体育运动领域提供更优质高效的保险服务。

### 6.4.2 扩大体育产业服务范围

（1）拓展体育活动新价值

推动体育服务向制造拓展，诠释体育工程新价值。鼓励体育服务企业、体育社会组织积极为企事业单位提供企业团建服务、职工体育服务，助力企业文化建设、品牌建设；鼓励体育企业、科研院所深入参与居民体质检测，并借助人机工程学，参与民生产品开发，确保市场上供应的民生产品符合中国人体质与运动习惯。支持地产、金融、交通、建筑、信息、制造、食品药品等企业开发体育金融、体育地产、运动场地建筑、步道体系、骑行体系、智慧健身服务、智能运动装备、运动功能饮品、营养保健食品药品等体育产品和服务，并借助这些特色产品和服务的推出，进一步诠释体育的新功能、挖掘体育的新价值。

（2）诠释体育营销新内涵

推动体育服务向销售拓展，诠释体育营销新内涵。支持体育社会组织借助运动项目的推广与公益培训，积累信息、创意、营销渠道、社会网络等优势，并利用其优势搭建“新零售”平台。支持体育彩票创新、体育彩票销售系统改革，把体育彩票销售网络打造为具有“带货”功能的新平台，在广告进社区、彩票进商超、运动促进与推广中发挥作用，进一步挖掘体育彩票的潜在价值。支持竞赛表演、体育场馆、体育经纪人等企业大力开发赞助业务，借助体育资源黏性，打造品牌培育生态圈，开展品牌营销业务。

（3）掀起运动项目新玩法

新科技助力人类挑战运动新极限，形成运动新玩法，造就媒体新引爆点。挑战运动极限的领域包括：奥运赛场破纪录、野外生存与户外探险、极限运动、极限登山、潜水等；科技助力挑战运动极限的领域包括（但不限）：新材料、新工艺、新技术的应用，运动安全与防护技术，运动装备、运动服饰、训练装备、运动餐饮、体能恢复、运动损伤防护与救治，以及视角传达、视频编辑、运动图像采集等技术。以国家科技攻关计划“奥运科技专项”为载体，以运动场上破纪录为主攻方向，支持竞技体育领域的科技创新。

新科技创造运动新场景、新体验，形成运动新玩法，造就消费新热点。旱雪场、人造冰、仿真冰、气膜馆等冰雪场地建筑技术创新，使“冬雪夏玩”“南方人玩冰雪”“四季玩冰雪”等成为新体验①，引爆消费新热点；虚拟攀岩、虚拟攀壁、虚拟赛车等虚拟仿真技术创新，引发消费场景革命，让消费者在更加安全的环境中体验对高度的恐惧②以及竞赛刺激；运动 App 的广泛应用，引领线上马拉松、线上篮球赛、线上骑行挑战赛③等赛事产品创新。

新科技创造“人机大战”新玩法，形成带有智能色彩的体育活动新产品。人工智能技术在围棋、象棋、国际象棋、桥牌等智力运动项目、乒乓球、羽毛球、网球等中的广泛应用，引领运动类人工智能机器人的创新；运动类机器人在体育赛事中的广泛应用，掀起“人机大战”新玩法，也助力运动极限不断调整，形成新高度、新挑战，增添新体验，促进带有“智能色彩的体育活动”创

① 新科技之于体育产业的终极意义［EB/OL］.（2017-10-16）. https：//www.sohu.com/a/198657949_482792.

② 虚拟攀岩问世以一种安全的方式来处理用户对高度的恐惧［EB/OL］.（2018-09-28）. https：//sports.eastday.com/a/180928110306931000000.html.

③ 北京石景山举办线上篮球挑战赛［EB/OL］.（2016-06-09）. https：//baijiahao.baidu.com/s？id=1669002420177344425&wfr=spider&for=pc.

新；运动类机器人在体育培训中的广泛应用，掀起人工智能“大师”开展体育培训新教法。

### 6.4.3 推进体育产业集群发展

（1）搭建体育产业融合发展新平台

支持有条件的地区打造电子商务集聚区，系统构建信息、营销、售后等个性化服务体系，智能化生产体系，电子商务、金融、物流等社会化协同体系。依托体育产业示范基地、运动休闲小镇等体育产业集聚区，聚焦共性服务需求，加快建设公共服务支撑平台。支持高质量的健康云计算和大数据中心建设，创立体育产业虚拟集群区，挖掘体育的传播价值。

（2）培育体育产业融合发展新载体

培养提供系统解决方案的供应商，超越区域、产业和所有权界限，促进企业整合，开发具有综合服务功能的大企业集团。推动体育产业生产要素优化配置和体育服务系统集成，创新体育服务供给，拓展增值空间。发挥平台型、枢纽型体育服务企业的引领作用，带动创新创业和小微企业发展，共建“平台+模块”体育产业集群。支持体育企业拓展经营领域，加快业态和模式创新，构建体育产业生态圈。顺应体育消费升级和体育产业升级的趋势，促进体育产业跨界融合发展。

（3）推进体育产业平台高质量发展

优化健身休闲服务业、器材装备制造业及相关产业结构，着力提升体育服务业比重。实施健身服务精品工程，打造一批优秀健身休闲俱乐部、场所和品牌活动。结合各级体育产业基地建设，培育一批以健身休闲服务为核心的体育产业示范基地、单位和项目。发挥重大体育旅游项目的引领带动作用，发展一批体育旅游示范基地。拓宽健身休闲服务贸易领域，探索在自由贸易试验区开展健身休闲产业政策试点，鼓励地方积极培育一批以健身休闲为特色的服务贸易示范区①。以体育设施为载体、以文体活动为引爆点，推动体育与住宅、休闲、商业综合开

① 国务院办公厅．关于加快发展健身休闲产业的指导意见［EB/OL］．（2016-10-25）．http：//www.gov.cn/zhengce/content/2016-10/28/content_5125475.htm.

发，通过典型案例评选①、全国优选体育产业项目名录推荐②，培育一批具有区域影响力高质量发展的城市体育服务综合体。强化政策措施落实，通过“以评促建”③，推动运动休闲小镇创新运营模式，优化双创环境，形成产业集聚区，培育一批高质量发展的运动休闲小镇。

☞ **专栏3**

### 体育产业集群发展平台建设

——体育产业基地建设。落实《关于支持打造特色载体 推动中小企业创新创业升级的实施方案》，以体育产业基地为载体，积极搭建各类双创平台载体，集聚资源要素、强化组合优势、深化分工合作、探索开放创新，为服务业发展提供有效支撑。鼓励体育产业基地打造集体育产业孵化器、体育科技项目内部创业、体育园区运营为一体的体育产业创新集合发展平台；鼓励通过政策扶持、资金支持、人才吸纳、智力支撑、市场服务、信息服务等措施，扶持入驻中小微体育企业发展，建成体育双创基地④，为打造体育产业“众创空间”，吸引“互联网+体育”、体育科技企业入驻园区。鼓励建设集体育科技创意、体育加工贸易出口、体育休闲文化为一体，体育生产、体育销售与物流、体育旅游和品牌赛事为主导的新概念体育产业特区。

——运动休闲特色小镇建设。鼓励运动休闲小镇坚持特色发展、创新发展、融合发展、集约发展，把运动休闲特色小镇打造成践行新发展理念的创新创业大平台，加大要素聚合力度，助推运动休闲特色小镇良性发展；鼓励

---

① 体育总局办公厅．关于报送体育服务综合体典型案例的通知［EB/OL］.（2020-07-14）. http：//www. sport. gov. cn/n316/n336/c955218/content. html.

② 国家体育总局，中国工商银行，中国农业银行，中国银行，中国建设银行．2018年全国优选体育产业项目名录［EB/OL］.（2018-07-24）. https：//www. sohu. com/a/243135734_806068.

③ 体育总局办公厅．关于推进运动休闲特色小镇健康发展的通知［EB/OL］.（2018-11-19）. https：//www. sohu. com/a/276454004_505689.

④ “青云社”体育双创基地重庆首个体育产业孵化基地加快构建［EB/OL］.（2019-01-28）. http：//jiangsu. sina. com. cn/news/life/2019-01-28/detail-ihqfskcp1080657. shtml.

运动休闲特色小镇明确主导产业发展方向，突出区位条件优势，积极完善功能配套，加快打造培育发展新产业新业态的重要平台①；鼓励运动休闲特色小镇以创业带动就业，因地制宜培育特色小镇创新创业生态，提高就业吸纳能力②；鼓励运动休闲特色小镇，积极创新金融产品，激活特色小镇投融资链条，引导金融机构对运动休闲产业实行定向支持；通过人才团队政策，为特色小镇高层次人才项目提供股权投资，孵化特色小镇优质项目③；鼓励引进各类孵化服务机构，引导股权机构搭建孵化平台，为企业提供市场化、多样化的新型孵化服务，通过市场的力量来支持大众创业。

——体育服务综合体建设。鼓励体育服务综合体搭建区域内公共服务平台，开展产业孵化、投资融资、信息咨询、行业交流、人才培训等服务，为区域内企业发展提供全方位服务。体育服务综合体要统筹规划业态结构、服务项目和商业模式，合理选择入驻企业，提高持续经营能力。鼓励体育服务综合体引进现代科技和信息技术，提高数字化、智能化水平，打造智慧型体育服务综合体。推动体育服务综合体开发以移动互联网、大数据、云计算技术为支撑的体育服务，切实加强商业模式和服务方式创新④。

——推进体育产业联盟建设。体育产业联盟不限于体育企业、体育社会组织，应积极涵盖体育器械研发制造、健身俱乐部运营、医院、景区、旅行社、康养机构、训练基地、健身房等机构，以及相关新兴支撑技术的国内知名企业、研究机构、社团、高等院校、金融投资机构、媒体等，整合研发、生产、运营、投资等关键节点的关键资源，形成全产业链布局。

① 把特色小镇打造成创新创业大平台［EB/OL］.（2019-05-23）. https：//new. qq. com/cmsn/20190523/20190523000945. html？pc.

② 因地制宜培育特色小镇创新创业生态［EB/OL］.（2020-09-26）. https：//www. sohu. com/a/420940286_319303.

③ 安徽芜湖依托特色小镇激活创新创业［EB/OL］.（2020-09-18）. http：//finance. sina. com. cn/jjxw/2020-09-18/doc-iivhuipp5041547. shtml.

④ 省体育局关于加快体育服务综合体建设的指导意见［EB/OL］.（2020-06-05）. http：//jssports. jiangsu. gov. cn/art/2020/6/5/art-78440_9198211. html.

## 6.5　深化改革，优化体育产业创新发展环境

健全体育产业配套制度和基础设施，改善社会信用环境，加强人才队伍建设，保障消费者权益，夯实体育产业持续健康发展基础。

### 6.5.1　优化体育创新管理体制

转变政府管理职能，突出服务意识，发挥市场积极作用。加大重点领域关键环节市场化改革力度，深入推进简政放权、放管结合、优化服务改革，最大程度释放市场主体活力和创造力。进一步完善体育产业相关法律法规体系，健全知识产权保护、信息安全、社会组织管理、统计等制度。进一步加强体育部门与科技部门联系机制，开展对体育科技发展规划、政策的制定、评估，完善体育科技创新成效评价。各级体育行政部门应加强与宣传、发展改革、财政、科技、教育、工信、旅游、农业等部门对接，鼓励跨部门、跨区域联合推动体育科技工作。

（1）支持体育社会组织发展

完善体育社会组织直接依法登记制度。稳妥推进体育协会与行政机关脱钩，增强体育协会助推运动项目发展、促进行业自律的功能。完善公益性捐赠税前扣除、非营利性组织相关税收等政策。逐步扩大政府向体育社会组织购买服务的范围和规模，同等条件下优先向体育社会组织购买民生保障、社会治理、行业管理等公共服务项目。安排专项资金，支持体育社会组织参与社会服务，加强社会组织能力建设，有计划有重点地扶持一批品牌性体育社会组织。落实国家对体育社会组织各项税收优惠政策，改进和落实公益慈善事业捐赠税收优惠制度①。鼓励银行业金融机构加大对符合条件社会组织的金融支持力度。把社会组织人才工作

① 中共中央办公厅，国务院办公厅．关于改革社会组织管理制度促进社会组织健康有序发展的意见［EB/OL］.（2016-08-21）. http：//www.gov.cn/gongbao/content/2016/content_5106178.htm.

纳入国家人才工作体系，对符合条件的社会组织专门人才给予相关补贴①。

（2）支持体育场馆资源开发

制定特许经营、公建民营、民办公助、PPP 等制度，支持社会资本参与公共体育场馆建设，政府可以向社会资本投资经营的体育场馆提供补助金。鼓励社会力量建设小规模、多样化的体育活动场所和健身设施，并通过政府购买服务给予相关财政支持；鼓励社会资本参与公共体育场馆的建设和管理，并根据协议分享体育场地设施收益。积极推动各级各类公共体育设施免费或低收费开放，促进服务供给，满足人民群众健身需求。优先资助智能化改造类体育场地设施开放，优先鼓励持续开展服务创新的体育场馆。加快推进企事业单位等体育设施向社会开放。推动学校体育场馆设施在课余时间和节假日对学生开放，积极举办面向当地学生的体育培训活动。允许安全保障措施有力的学校体育场馆向社会开放，将开放情况定期向社会公开。通过管办分离、公建民营等模式，推行市场化商业运作，满足多层次健身消费需求。提高农民体育健身工程设施使用率。

（3）持续推动“放管服”改革

加快政府职能转变，强化高危运动项目的审批，大幅度削减其他运动项目、体育活动相关审批事项，实施负面清单管理。以体育为载体促进空域、水域、山地资源的先期开放，带动矿产勘探、科学考古、动植物溯源、海底资源勘探等业态发展。推进体育协会脱钩工作落到实处，扶持与监管相结合促进体育协会发展，以扶持公益创业的举措促进体育行业协会改革，积极落实购买公共服务的模式为体育协会发展保驾护航；通过网络手段在事件前后加强监督，改进相关安全服务标准，加强产业信用系统的建设。

（4）体育主管部门工作机制创新

推动体育主管部门改革，强化体育主管部门对体育产业的统筹协调、公共服务、市场监管和安全监管职能。各级体育主管部门应把创新发展纳入中心工作，着力强化高新技术企业、技术先进型服务企业和高新技术产品备案企业的培育。改革工作体制与机制，强化政策调节、市场监管、公共服务和社会管理等行政职

① 王向民，鲁兵．社会组织治理的“法律—制度”分析［J］．华东师范大学学报（哲学社会科学版），2019，51（5）：43-52，236-237.

能。稳步推进体育赛事、体教结合、体育场馆建设运营、体育公共服务改革，实现从“办体育”向“管体育”、从管理政府体育单位向管理整个体育行业的转变。强化体育领域安全管理，建立以体育主管部门和地方政府相关部门履行安全监管责任，相关企业全面落实安全主体责任，相关个体全面参与的安全管理体制。

(5) 科技主管部门工作机制创新

利用国家科技计划（专项、基金等）管理部际联席会议机制，将体育科技创新活动纳入国家科技管理工作体系。积极实施国家科技攻关计划“奥运科技专项”，以科技引领竞技体育发展，保障“奥运增光”计划得到有效落实；积极争取将涉及重大民生的体育科技项目、体育领域共性技术需求纳入国家科技发展规划和现代服务业科技专项；把现代健身服务、运动康复治疗等纳入科技惠民计划，确保科技惠民计划在全民健身、全民健康领域得到落实。鼓励各地制定支持体育科技深度融合的政策措施。加强地区间、部门间、行业间的协同联动，确保政策措施落实到位。引导各地科研院所申报实施地方科技项目。

(6) 建立协同服务工作机制

建立体育、发展改革、旅游、教育、卫生、民政、农业、信息等多部门合作的体育产业发展工作协调机制，促进部门沟通，及时分析体育产业发展情况，共同解决存在的问题，为体育产业发展打造公共服务体系。各地要把发展体育产业纳入国民经济和社会发展规划，积极编制体育产业发展规划、体育产业高质量发展方案。各级体育行政部门要加强职能建设，充实体育产业工作力量，推动体育产业创新发展。健全体育产业发展考核机制，加大对体育产业工作的考核力度，把体育产业发展纳入国民经济和社会发展综合考核体系之中。

### 6.5.2 完善体育科技政策措施

(1) 创新财税政策

积极构建有利于体育产业创新发展的财税政策环境。落实支持体育产业及小微企业发展的税收优惠政策。加大政府购买服务力度，研究制定政府购买服务指导性目录。有效发挥相关产业基金和体育产业引导资金作用。推广政府与社会资本合作模式，引导社会资本投入体育产业。

加大中小企业科技创新的税收优惠力度。在国家大力推行结构性减税的背景下，多项促进企业科技创新的税收政策陆续出台。各地可以根据本地体育产业发展现状，灵活选用这些税收政策工具。特别是可借助技术转让收入减免征企业所得税、固定资产加速折旧、捐赠非关联科研机构和高校的研究开发经费的扣除、转制科研机构减免税过渡等科技税收政策促进体育用品制造、销售等产业“去产能”“去库存”；可借助科技型中小企业、服务企业税收优惠，促进体育健身活动、体育传媒与信息服务等产业“补短板”。

对单位和个人从事与体育产业有关的技术转让、技术开发和与之相关的技术咨询、技术服务取得的收入，免征增值税。体育企业开发新技术、新产品、新工艺发生的研究开发费用，未形成无形资产计入当期损益的，在按规定扣除的基础上，按照研发费用的50%加计扣除；形成无形资产的，按照无形资产成本的150%摊销；符合条件的体育企业创意和设计费用税前加计扣除；对经认定为高新技术企业的体育企业，减按15%的税率征收企业所得税；各类企业和个人向公益性体育事业单位或组织捐赠财物，向贫困和农村地区捐赠体育服装、器材、装备等，依法享受税前扣除政策。提供体育服务的社会组织，经认定取得非营利组织企业所得税免税优惠资格的，依法享受相关优惠政策。体育组织、企业，按照相关规定，依法享受水、电、气、热价格优惠。文化创意和设计服务企业发生的职工教育经费支出，不超过工资薪金总额8%的部分，准予在计算应纳税所得额时扣除。

（2）完善土地政策

优化土地供应调控机制，合理确定用地供给，保障服务业用地需求。依据不同服务门类特性及产业政策导向，有针对性地制定土地政策。探索对知识密集型服务业实行年租制、“先租赁后出让”等弹性供地制度。依法支持利用工业、仓储等用房用地兴办符合规划的服务业。创新适应新产业、新业态特点的建设用地用途归类方式。推进《国务院办公厅关于加强全民健身场地设施建设发展群众体育的意见》的落实，积极按照土地所有权承包权经营权分置办法的思路①，强化

① 中共青岛市委办公厅，青岛市人民政府办公厅．关于完善农村土地所有权承包权经营权分置办法的意见［EB/OL］．（2017-10-10）．http：//www.qingdao.gov.cn/n172/n68422/n68423/n31282149/180502092441107425.html.

体育用地政策研究，有效规避利用非体育用地建设体育场地设施引发的投资风险。充分考虑体育产业用地的规模控制、选址科学性，在地方各级土地资源的总体规划局部分配中进行合理安排。对于体育场支援服务设施的建设，根据建设地的管理，加快办理建设地的批准手续，鼓励使用已有设施及新设施装备。利用现有的山岳河流，综合整修运动场和设施，进行现场建设管理，不占用多余土地、不改变土地原有的地表形态，充分发挥自然之势。在土地审批方面，可按原地类管理，涉及土地征收的依法办理土地征收手续。对非营利性的体育运动项目专业比赛和专业训练场（馆）及其配套设施，符合划拨用地目录的，可以划拨方式供地；不符合划拨用地目录的，应当有偿使用，可以协议方式供地。

（3）优化金融支持

建立健全多元化、多渠道的科技金融体系。在落实国发〔2014〕46号文件的过程中，仅少数地区采用知识产权质押融资、无形资产和知识产权投资入股等科技金融政策。这些科技金融手段应该在更多地区得到应用，不仅如此，各地还可以采用科技贷款贴息、中小企业贷款风险补偿、奖励补助、科技担保等手段，构建“拨、贷、投、贴”的财政金融联动投入机制，推动银行、创投基金、风投企业等金融机构共同为中小体育企业科技创新提供融资支持，改善企业融资环境（王晓芳，2016）①。

拓宽融资渠道，调整修订不适应服务企业特点的政策规定，支持通过发行股票、债券等直接融资方式筹集资金。允许营利性医疗、养老、教育等社会领域机构使用有偿取得的土地、设施等财产进行抵押融资。完善动产融资服务体系，鼓励金融机构开发适应服务业特点的融资产品和服务。鼓励有条件的地方建立小微企业信贷风险补偿机制。支持融资担保机构扩大小微企业担保业务规模。

（4）深化价格改革

加快完善主要由市场决定价格机制，合理区分基本与非基本需求，放开竞争性领域和环节服务价格。健全交通运输价格机制，放开具备竞争条件的客货运输价格。创新公用事业和公益性服务价格管理方式。深化教育、医疗、养老等领域价格改革，营利性机构提供的服务实行经营者依法自主定价。全面清理规范涉企

① 王晓芳．东莞中小企业科技创新财税政策研究［J］．合作经济与科技，2016（24）：164-166.

收费，推进实施涉企收费目录清单管理并常态化公示。

(5) 完善投入机制

健全财政对体育项目的投入机制，支持人才培养、公益活动等。积极推动有资格的体育器械设备企业申请中小企业创新基金，引导社会资本投资。利用政府和社会资本合作等多种模式来吸引社会资本参与体育产业发展。鼓励设立体育产业投资基金，拉动社会资本投资体育产业。鼓励特许化和政府购买服务，以支持由各种社会力量举办的大量体育活动。

建立稳定增长、方式灵活的财政科技投入机制。各地实施意见多数“支持符合条件的体育企业牵头承担各类科技计划（专项、基金）等科研项目”，仅此政策工具不足以从科技投入的视角支持体育企业创新。为了强化科技投入，各地可以通过如下方式完善科技投入机制：第一，设立体育科研专项，确保体育企业及其他类型企业转型从事体育专项研究都能够得到资助；第二，调整体育产业引导资金支持方向，应优先支持从事体育科技创新创业的企业、项目和基地；第三，积极落实科技创新券、补助改股份、补助改贴息等科技创新后补助政策，改善科技投入效果。

### 6.5.3 落实科技政策工具

在“新常态”背景下，我国多地沿“推进产品创新，丰富市场供给”“推进企业创新，培育市场主体”“推进业态创新，促进融合发展”“推进产业创新，改善产业结构”等四条路径推进体育产业创新发展。借助一些有效的科技政策，在这四条路径的引导下，可以加快实现体育产业创新发展，具体有效的政策工具包括：

第一，采取科技计划（专项、基金）、专利新产品开发扶持、政府采购自主创新产品、企业自主创新专项资金、科技型中小企业技术创新基金、研发费用加计扣除优惠政策、科技保险等政策措施，推进企业加大研发投入，实施自主创新，持续开发科技含量高、具有自主知识产权的体育产品与服务，丰富市场供给，培育市场需求。

第二，采取知识产权保护、无形资产和知识产权投资入股、推出先进典型、知识产权质押融资、安排自主品牌建设专项资金、扶持自主品牌企业海外发展、广告费用税前加计扣除等政策措施，推动体育企业实施“品牌战略”“商标战略”，强化品牌建设，打造自主品牌赛事、自主品牌服务，提升市场竞争力，“做专做强做精”市场主体。

第三，采取知识产权示范企业扶持、专利培育企业-试点企业-示范企业扶持、拥有自主知识产权企业扶持、技术先进型服务企业扶持、科技小巨人培育企业扶持、双软企业扶持、高新技术企业税负优惠、科技园区扶持等政策措施推进企业创新，培育具有自主知识产权、自主品牌的市场主体。

第四，采取公益捐赠税前扣除、现代服务业引导资金、信息化发展专项资金、产业转型升级发展专项资金、固定资产加速折旧、“互联网+体育”行动方案、体育服务业标准化示范项目、示范企业等政策措施推进产业创新，扶持高端制造、健身服务、体育医疗等企业发展，促进制造业创新发展，现代服务业跨越发展。

第五，采取产学研协同创新、健全体育产业领域科研平台体系、标准化推进专项资金、技术转让所得减免企业所得税、体育服务业标准化示范项目、特色小镇建设等政策措施推进康体结合、综合体开发、高科技产品研发制造营销，促进体育旅游、体育会展、体育传媒、体育教育、体育医疗等相关业态的发展。

### 6.5.4 营造体育产业创新氛围

（1）引导消费理念

加大宣传力度，鼓励各级报纸、杂志、广播、电视、网络等各类媒体加强对体育文化、运动项目、运动健康知识和赛事活动的宣传和展示，普及科学健身知识、方法，推介健身场所和消费信息，积极引导广大人民群众形成运动健身习惯和消费观念，增强公众自觉健身意识。加强对相关体育创意活动的扶持，鼓励举办以时尚运动为主题的群众性活动，鼓励具备条件的城市、企业、学校、俱乐部、体育场馆、旅游景区有序开展运动健身主题文化活动，建设好协会官方宣传网站，积极与门户网站和电视台开展宣传合作，制作和推出国产健身休闲类节目，支持形式多样的体育题材文艺创作，举办体育论坛、体育展览等活动，推广体育文化。鼓励发展网络广播电视、手机应用程序、多媒体广播电视等体育传媒新业态，促进消费者利用各类社交平台互动交流，提升消费体验。利用奥运会、全运会以及各单项赛事的契机，开展宣传、展览、征文、集邮等丰富多彩的体育文化、体育展览、体育论坛活动，弘扬奥林匹克精神和中华体育精神，践行社会主义核心价值观。鼓励和引导地方体育协会和各类体育俱乐部开展运动项目进社区、进校园、进厂区等主题宣传活动，积极推动高校组建各项目运动队，进一步促进运动项目的普及和推广。

（2）深挖消费潜力

以创新意识和责任意识破解体制和机制上的难点，准确把握体育消费者的消费心理、习惯、能力，着力创造各地扩大体育消费的条件，关注新兴业态和高科技手段，有效探索试点经验，不断整合资源、创新工作思路。政府机关、企业、机构、社会团体、学校等应实施工作间隙和课余时间的健身体制体系，提倡每天健身一小时。企业和机构应鼓励健身行为，为职工创造健身条件。举办各种各样的群众体育活动及群众赛事，合理安排职业联赛，在休息日丰富体育活动的排布，充分发挥体育明星和体育达人的典型作用，为公共健身和休闲提供服务，满足群众健身活动的需求。积极推进《国家体育锻炼标准》、业余运动等级标准、业余赛事等级标准，增强健身休闲消费的黏性。改进国家体质监测系统，为群众提供体质检查服务，并定期发布国家体质监测报告。促进与各类学校的体育部门、体育社会团体和职业体育训练机构的合作，提供专业的支持，培养年轻人的体育爱好和体育技能。各级教育、体育部门应积极配合，按照“一校一品”的原则，共同推进运动项目进校园，将运动项目列入体育课教学内容；鼓励中小学积极与体育场馆或体育俱乐部建立合作，开设体育课程。以政府购买服务方式，支持学校与社会培训机构合作开展运动项目教学活动。切实保障中小学体育课课时，鼓励实施学生课外体育活动计划，促进青少年培育体育爱好，掌握一项以上体育运动技能，确保学生校内每天体育活动时间不少于一小时。

（3）完善消费政策

加大政府采购对中小体育企业科技创新的激励。各地实施意见中尚未涉及创新产品首购政策、政府购买技术服务等政府采购政策。创新产品首购政策可以降低中小体育企业研发风险和市场竞争风险；政府购买技术服务政策可以提高体育企业技术创新能力。因此，各地可以进一步完善政府采购管理办法，建立对自主创新产品的认定标准和认证制度，落实中小企业创新产品的“首购”和“优先购买”制度以及政府购买公共技术服务政策，降低中小企业参与政府采购的准入条件。

积极推动国家体育消费试点城市先试先行，探索适宜于体育消费的政策，积极通过政府采购、消费补贴等途径有效拉动体育消费、推动体育创新。完善政府购买政策，确保政府购买主要面向“首件产品”、技术服务等领域，促进体育企事业单位创新；优化政府购买机制，面向弱势人群、低收入人群等，发放“体育消费券”，刺激体育服务消费，保障公共体育服务供给。推动体育元素融入商业业态，鼓励把体育消费嵌入各类消费场所，支持体育服务综合体建设，完善体育消费配套设施，支持社会力量在大型商业综合体、中心城区户外空间举行体育展览和体育活动。创新消费信贷产品，推动体育消费线上线下融合创新，鼓励开发新型体育消费金融服务模式。鼓励健身休闲企业与金融机构合作，试点发行健身休闲联名银行卡，实施特惠商户折扣。支持各地创新健身休闲消费引导机制。引导保险公司根据健身休闲运动特点和不同年龄段人群身体状况，开发场地责任保险、运动人身意外伤害保险，支持企事业单位、学校、个人购买运动伤害类保险，为健身休闲、竞赛表演、场地服务、户外运动等项目推广保驾护航。积极推动青少年参加体育活动相关责任保险发展。

（4）强化金融支持

进一步拓宽体育产业投融资渠道，支持符合条件的企业利用企业债、公司债、中期票据、短期融资券、中小企业私募债、中小企业集合票据等融资工具融资。鼓励各类金融机构开发社会体育企业的信贷品种，加强对体育企业的信贷资金支持。借助多部门合作的体育产业发展工作协调机制，优化科技资源配置，创新财政科技投入方式，引导金融机构加大对科技型中小体育企业的信贷支持，引导和支持体育企业进入多层次资本市场，积极引导体育企业利用科技保险服务，建设助力体育创新的科技金融合作平台，组织开展多种科技金融专项活动，积极设立创新创业投资风险补助、创新创业项目补助和科技贷款担保补助等科技金融资助专项①。探索建立体育科技支持基金。鼓励结合体育企业特点的创新金融产品和服务，推进知识产权和股权质押贷款。支持符合条件的体育科技企业在创业

① 郑州入选国家促进科技和金融结合试点城市［EB/OL］.（2016-06-16）. 河南日报网，https：//www.henandaily.cn/content/fzhan/sxzchuang/2016/0616/8058.html.

板和新三板上市，通过并购、股权合作等方式提高创新能力和市场竞争力，充分发挥多层次资本市场作用，支持符合条件的体育企业上市，加大债券市场对体育企业的支持力度。完善抵质押登记制度，鼓励金融机构在风险可控的前提下，扩大体育企业抵质押的种类和范围。

（5）优化财政投入

落实完善扶持体育产业发展的财政政策、投融资政策，引导社会投资，保障体育产业发展、体育基础设施建设的资金供应。中央和地方财政应努力扩大体育领域科技投入，政府部门要通过财政补贴、间接投资等给予支持，引导体育企业早日投入研发。各县市区要依托扶贫、环境治理等项目资金，增加援助体育设施建设的投资；改进彩票公益金使用规则，支持政府购买体育公共服务。制定体育产业发展引导资金管理办法，合理利用体育产业发展引导资金，对符合条件的企业、社会组织给予项目补助、贷款贴息和奖励，重点支持依托体育设施开设并运营的创业孵化器，鼓励有条件的县市区设立体育产业发展引导资金，支持以体育产业发展引导资金为载体设立体育创业服务基金。

（6）拓展全球服务

鼓励体育协会、体育企业在全球范围内配置体育资源，推广体育项目，开拓体育市场，拓展发展新空间，挖掘体育新价值，提升国际竞争力和国际体育治理话语权。巩固体育用品出口优势，积极开拓欧美等发达国家和地区市场、“一带一路”沿线国家和地区、拉美和非洲等新兴市场。鼓励竞赛表演、运动医疗、体育传媒、体育旅游、体育展览、体育培训、体育法律、体育资产评估、公共关系、海外救援等服务国际化发展，加强民族传统体育、体育数据服务、竞技体育指导等特色服务领域的国际交流合作，支持体育协会深化海外合作，参与建设国际体育治理体系。大力发展体育服务外包，推动体育服务外包向价值链高端延伸。围绕关键短板和战略需求，支持体育企业以跨国并购、绿地投资、联合投资等方式，高效配置全球体育人才、体育技术、体育品牌等核心资源。鼓励体育企业通过在境外设立研发中心、分销中心、物流中心、展示中心等形式，构建跨境体育服务产业链。鼓励体育企业利用信息技术改造提升传统服务投资贸易方式，积极发展跨境电商、全球维修、全球采购等服务。

# 参考文献


[1] 程武．中国电竞未来发展的三个关键词——工业化、过程体育化、全球化 [EB/OL]．（2020-12-09）．http：//finance. sina. com. cn/stock/relnews/hk/2019-06-20/doc-ihytcerk8175823. shtml.

[2] 体育产业的 8 个数字化趋势 [EB/OL]．https：//legacy. iyiou. com/p/31783. html.

[3] 夏宇，赵文．体育运动全球化思考 [J]．长春师范大学学报（自然科学版），2014，33（6）：89-90.

[4] Malin Song，Hongshan Ai，& Xie Li. Political connections，financing constraints，and the optimization of innovation efficiency among China's private enterprises [J]. Technological Forecasting & Social Change，2015.

[5] Lin Yun. The efficiency study of regional technological innovation：based on the provinces level [J]. Energy Procedia，2011，5：1579-1583.

[6] Porter，M. E. & Millar，V. E. How information gives you competitive advantage [J]. Harvard Business Review，1985，63（4）：149-174.

[7] Honoré，F.，Munari，F.，& de La Potterie，B. V. P. Corporate governance practices and companies' R&D intensity：evidence from European countries [J]. Research Policy，2015（44）：533-543.

[8] Jing Dong & Yan-nan Gou. Corporate governance structure，managerial discretion，and the R&D investment in China [J]. International Review of Economics and Finance，2009，19（2）：180-188.

[9] Ly Thi Minh Pham，Lai Van Vo，Huong Thi Thu Le，& Danh Vinh Le. Asset liquidity and firm innovation [J]. International Review of Financial Analysis，

2018 (58): 225-234.

[10] Lee, C., Park, G., & Kang, J. The impact of convergence between science and technology on innovation [J]. The Journal of Technology Transfer, 2018, 43 (2): 522-544.

[11] Pandej Chintrakarn, Pornsit Jiraporn, & Sameh Sakr, Sang Mook Lee. Do co-opted directors mitigate managerial myopia? Evidence from R&D investments [J]. Finance Research Letters, 2016 (17): 285-289.

[12] Tamar Almor, Ofra Bazel-Shoham, & Sang Mook Lee. The dual effect of board gender diversity on R&D investments [J]. Long Range Planning, 2019.

[13] Ashraful Alam, Moshfique Uddin, & Hassan Yazdifar. Financing behaviour of R&D investment in the emerging markets: the role of alliance and financial system [J]. R&D Management, 2019, 49 (1): 21-32.

[14] Brown, J. R., Martinsson, G., & Petersen, B. C. What promotes R&D? Comparative evidence from around the world [J]. Research Policy, 2016, 46 (2): 447-462.

[15] Czarnitzki & Hussinger. Input and output additionality of R&D subsidies [J]. Applied Economics, 2018, 50 (12): 1324-1341.

[16] Hanna Hottenrott & Cindy Lopes-Bento. (International) R&D collaboration and SMEs: the effectiveness of targeted public R&D support schemes [J]. Research Policy, 2014, 43 (6): 1055-1066.

[17] Carboni, O. A. The effect of public support on investment and R&D: an empirical evaluation on European manufacturing firms [J]. Technological Forecasting & Social Change, 2017 (117): 282-295.

[18] Soogwan Doh, Byungkyu Kim. Government support for SME innovations in the regional industries: the case of government financial support program in South Korea [J]. Research Policy, 2014, 43 (6): 1055-1066.

[19] JianCheng Guan, Richard C. M. Yam. Effects of government financial incentives on firms' innovation performance in China: evidences from Beijing in the 1990s [J]. Research Policy, 2015, 44 (1): 273-282.

[20] Jin Hong, Bing Feng, Yanrui Wu, &Liangbing Wang. Do government grants promote innovation efficiency in China's high-tech industries? [J]. Technovation, 2016 (57-58): 4-13.

[21] Hsu F. M., Horng D. J., Hsueh C. C. The effect of government-sponsored R&D programmes on additionality in recipient firms in Taiwan [J]. Technovation, 2009, 29 (3): 204-217.

[22] Scott J. Wallsten. The effects of government-industry R&D programs on private R&D: the case of the small business innovation research program [J]. The RAND Journal of Economics, 2000, 31 (1): 82-100.

[23] Andrew Watkins, Theo Papaioannou, Julius Mugwagwa, & Dinar Kale. National innovation systems and the intermediary role of industry associations in building institutional capacities for innovation in developing countries: a critical review of the literature [J]. Research Policy, 2015, 44 (8): 1407-1418.

[24] Suk Bong Choi, Soo Hee Lee, & Christopher Williams. Ownership and firm innovation in a transition economy: evidence from China [J]. Research Policy, 2011, 40 (3): 441-452.

[25] Jin Hong, Song Hong, Liangbing Wang, Yi Xu, Dingtao Zhao. Government grants, private R&D funding and innovation efficiency in transition economy [J]. Technology Analysis & Strategic Management, 2015, 27 (9): 1068-1096.

[26] Haiyang Li, Yan Zhang. The role of managers' political networking and functional experience in new venture performance: evidence from China's transition economy [J]. Strategic Management Journal, 2007, 28 (8): 791-804.

[27] Christos Dimos, Geoff Pugh. The effectiveness of R&D subsidies: a meta-regression analysis of the evaluation literature [J]. Research Policy, 2016, 45 (4): 797-815.

[28] Klette, T. J., Møen, J., & Griliches, Z. Do subsidies to commercial R&D reduce market failures? Microeconometric evaluation studies [J]. Research

Policy, 2000, 29 (4-5): 471-495.

[29] Huatao Peng, Yang Liu. How government subsidies promote the growth of entrepreneurial companies in clean energy industry: an empirical study in China [J]. Journal of Cleaner Production, 2018 (188): 508-520.

[30] HOLGER GÖRG, ERIC STROBL. The effect of R&D subsidies on private R&D [J]. Economica, 2007, 74 (294): 215-234.

[31] Michael Peneder, Martin Woerter. Competition, R&D and innovation: testing the inverted-U in a simultaneous system [J]. Journal of Evolutionary Economics, 2014, 24 (3): 653-687.

[32] Qi Huang, Marshall S. Jiang, & Jianjun Miao. Effect of government subsidization on Chinese industrial firms' technological innovation efficiency: a stochastic frontier analysis [J]. Journal of Business Economics and Management, 2016, 17 (2): 187-200.

[33] Anming Zhang, Yimin Zhang, & Ronald Zhao. A study of the R&D efficiency and productivity of Chinese firms [J]. Journal of Comparative Economics, 2003, 31 (3): 444-464.

[34] Paul A. David & Bronwyn H. Hall, Andrew A. Toole. Is public R&D a complement or substitute for private R&D? A review of the econometric evidence [J]. Research Policy, 2000, 29 (4-5): 497-529.

[35] 陈刚. 新常态下我国体育产业发展的创新驱动政策供给研究——基于国务院 [2014] 46 号文件及各地实施意见 [J]. 体育成人教育学刊, 2017, 33 (5): 31-35, 95.

[36] 王玲, 朱占红. 基于事件分析法的国家创新政策对高新技术产业的影响分析 [J]. 科学学与科学技术管理, 2011, 32 (9): 43-50.

[37] Dolfsma W., Seo D B. Government policy and technological innovation—a suggested typology [J]. Technovation, 2013, 33 (6): 173-179.

[38] 刘薇. 北京绿色产业发展的科技创新政策研究 [J]. 经济论坛, 2012 (1): 36-38.

[39] 周莹. 中国汽车产业创新政策体系及其系统失灵研究 [D]. 武汉: 华中科

技大学博士学位论文，2011.

[40] 李小芬. 新兴产业创新发展的政策驱动机制——基于我国风能产业案例研究 [D]. 合肥：中国科学技术大学博士学位论文，2012.

[41] 汪涛，赵国栋，王婧. 战略性新兴产业创新政策研究：以 NEVI 为例 [J]. 科研管理，2016，37 (6)：1-9.

[42] 常晓然，李靖华. 我国流通产业创新政策演化分析 [J]. 科技管理研究，2015 (8)：37-43.

[43] 郭淑芬，赵晓丽，郭金花. 文化产业创新政策协同研究——以山西为例 [J]. 经济问题，2017 (4)：76-81.

[44] Huergo, E., Trenado, M., & Ubierna, A. The impact of public support on firm propensity to engage in R&D: Spanish experience [J]. Technological Forecasting and Social Change, 2016, 113 (B): 206-219.

[45] 廖添土，肖锦生. 所得税优惠对企业 R&D 投入的激励效应——基于福建省上市高新技术企业的数据 [J]. 福建农林大学学报（哲学社会科学版），2018，21 (6)：49-54.

[46] Lach, S. Do R&D subsidies stimulate or displace private R&D? Evidence from Israel [J]. The Journal of Industrial Economics, 2020, 50 (4): 369-390.

[47] Okamuro, H., Nishimura, J. Not just financial support? another role of public subsidy in university-industry research collaborations [J]. Economics of Innovation and New Technology, 2015, 24 (7): 633-659.

[48] Anokhin, S., Schulze, W. S. Entrepreneurship, innovation, and corruption [J]. Journal of Business Venturing, 2009, 24: 465-476.

[49] Boubakri, N., Cosset, J. C., & Guedhami, O. From state to private ownership: issues from strategic industries [J]. Journal of Banking & Finance, 2009, 33: 367-379.

[50] Li, C., Li, M., Zhang, L., Li, T., Ouyang, H., & Na, S. Has the high-tech industry along the Belt and Road in China achieved green growth with technological innovation efficiency and environmental sustainability? [J]. International Journal of Environmental Research & Public Health, 2019, 16

(17): 3117.

[51] Brown, J. R., Martinsson, G., &Petersen, B. C. Do financing constraints matter for R&D? [J]. European Economic Review, 2012, 56 (8): 1512-1529.

[52] Yung, Chris. Making waves: To innovate or be a fast second [J]. Journal of Financial and Quantitative Analysis, 2016, 51 (2): 415-433.

[53] 华奥星空．中国体育产业平台．各省市陆续晒出体育产业数据单五万亿之路再迈坚实步伐 [EB/OL]. http://www.sports.cn/sj/qwsj/2019/0202/197998.html.

[54] 赵勇．新时代中国体育产业发展战略路径和对策措施研究 [J]. 体育文化导刊, 2018 (3): 1-7.

[55] 中国政府网．2019 年居民收入和消费支出情况 [EB/OL]. (2020-01-17). http://www.gov.cn/xinwen/2020-01/17/content_5470095.htm.

[56] 易剑东．论体育产业的发展逻辑 [J]. 体育学研究, 2019, 2 (4): 1-12.

[57] 袁勇, 王飞跃．区块链技术发展现状与展望 [J]. 自动化学报, 2016, 42 (4): 481-494.

[58] 中国首个全球化体育 IP 的逆袭之路 [EB/OL]. (2016-11-30). https://www.sohu.com/a/120260563_513271.

[59] 安踏体育：收购 Amer Sport 全球化多品牌战略持续发力 维持“买入”指数 [EB/OL]. (2018-12-12). https://www.wdzj.com/hjzs/ptsj/20181212/909295-1.html.

[60] 第一时间．安踏体育 2019 年收益达 339.3 亿元 FILA 贡献了 43.5% [EB/OL]. (2020-03-25). http://www.sjfzxm.com/baby/202003-25-565504.html.

[61] 杨子超．投资拉加代尔体育亚洲乐视体育成为新一代独角兽 [EB/OL]. (2015-10-29). https://m.sohu.com/a/38547328_116136.

[62] 约瑟夫·熊彼特．经济发展理论 [M]. 北京：商务印书馆, 1990.

[63] 张来武．论创新驱动发展 [J]. 中国软科学, 2013, 28 (1): 1-5.

[64] 中国生产力学会课题组, 郑新立, 高铁生, 翟立功, 陈胜昌, 常义．实施创新驱动发展战略和建设创新型国家的提出及现状分析 [J]. 经济研究参

考，2015（14）：4-15.

[65] 傅兆君．中国发展道路的创新驱动特征研究 [J]. 南京理工大学学报（社会科学版），2012（3）：24-29.

[66] 迈克尔·波特．国家竞争优势 [M]. 北京：华夏出版社，2002.

[67] 刘志彪．从后发到先发：关于实施创新驱动战略的理论思考 [J]. 产业经济研究，2011（4）：1-7.

[68] 洪银兴．论创新驱动经济发展战略 [J]. 经济学家，2013（1）：5-11.

[69] 郭英远，张胜．创新驱动发展的内涵和标志 [J]. 科技管理研究，2018，38（6）：1-5.

[70] 王海兵，杨蕙馨．创新驱动及其影响因素的实证分析：1979-2012 [J]. 山东大学学报（哲学社会科学版），2015（1）：23-34.

[71] 张银银，黄彬．创新驱动产业结构升级的路径研究 [J]. 经济问题探索，2015（3）：107-112.

[72] 王玉民，刘海波，靳宗振，梁立赫．创新驱动发展战略的实施策略研究 [J]. 中国软科学，2016（4）：1-12.

[73] 任保平，郭晗．经济发展方式转变的创新驱动机制 [J]. 学术研究，2013（2）：69-75.

[74] 魏庆文，杨蕙馨，王军．创新驱动对现代产业发展新体系演进的作用机理——基于生产函数的视角 [J]. 天津财经大学学报，2018（7）：103-113.

[75] 郑烨．创新驱动发展战略与科技创新支撑：概念辨析、关系厘清与实现路径 [J]. 经济问题探索，2017（12）：163-170.

[76] 刘姿媚，谢科范．创新驱动的系统动力学模拟——以武汉东湖国家自主创新示范区为例 [J]. 科技进步与对策，2016，33（14）：47-54.

[77] 张伟，朱启贵，高辉．产业结构升级、能源结构优化与产业体系低碳化发展 [J]. 经济研究，2016，51（12）：62-75.

[78] 杨蕙馨，邱晨，冯文娜，王军．创新驱动及其动能转换的策略选择与政策设计——基于构建现代产业发展新体系的视角 [J]. 山东社会科学，2019（2）：137-142.

[79] 王伟光，马胜利，姜博．高技术产业创新驱动中低技术产业增长的影响因素研究［J］．中国工业经济，2015（3）：70-82.

[80] 杨阳．新常态背景下中国创新驱动发展一般性理论模型研究——基于《科技创新论述摘编》分析［J］．华东经济管理，2017，31（2）：43-50.

[81] 盛楠，孟凡祥，姜滨，李维桢．创新驱动战略下科技人才评价体系建设研究［J］．科研管理，2016，37（S1）：602-606.

[82] 陈曦．创新驱动发展战略的路径选择［J］．经济问题，2013（3）：42-45.

[83] Paul M Romer. Increasing returns and long-run growth［J］. Journal of Political Economy，1986，94（5）：1002-1037.

[84] 李建波．论创新型经济的含义、特征与发展趋势［J］．前沿，2011（7）：110-112.

[85] North D C.，Thomas R P. The first economic revolution［J］. The Economic History Review，1977，30（2）：229-241.

[86] 陈春晖，曾德明．我国自主创新投入产出实证研究［J］．研究与发展管理，2009，21（1）：18-23.

[87] 储德银，张同斌．自主研发、技术引进与高新技术产业成长［J］．科研管理，2013，34（11）：53-60，113.

[88] 张贵．创新驱动与高新技术产业发展［M］．北京：社会科学文献出版社，2014.

[89] 魏江，李拓宇，赵雨菡．创新驱动发展的总体格局、现实困境与政策走向［J］．中国软科学，2015（5）：21-30.

[90] 郭传杰．科技协同创新的深层次思考［J］．中国高等教育，2012（20）：17-19.

[91] Richard Florida. The Rise of the Creative Class［M］. New York：Basic Books，2003.

[92] 刘刚．中国经济发展的新动力［J］．华东经济管理，2014，28（7）：1-7.

[93] 刘战豫．区域产业发展的创新驱动关键影响因素及路径研究［J］．世界地理研究，2014，23（4）：70-76.

[94] 郭春野，庄子银．知识产权保护与“南方”国家的自主创新激励［J］．经

济研究，2012（9）：32-45.

[95] 马一德．创新驱动发展与知识产权战略实施［J］．中国法学，2013（4）：27-38.

[96] 宋河发，穆荣平，任中保．创新型国家特征、指标体系与建设目标研究［J］．科技促进发展，2010（1）：14-18.

[97] Mazzucato，Mariana. From market fixing to market-creating：a new framework for innovation policy［J］. Industry & Innovation，2015，23（2）：140-156.

[98] Rothwell R.. Public innovation policy：to have or to have not［J］. R&D Management，1986，16（1）：34-63.

[99] 陈劲，王飞绒．创新政策：多国比较和发展框架［M］．杭州：浙江大学出版社，2005.

[100] 刘凤朝，孙玉涛．我国科技政策向创新政策演变的过程、趋势与建议——基于我国289项创新政策的实证分析［J］．中国软科学，2007（5）：34-42.

[101] 徐大可，陈劲．创新政策设计的理念和框架［J］．国家行政学院学报，2004（4）：26-29.

[102] 王超，许海云，董坤，方曙．基于形式概念分析的创新政策内容结构研究方法［J］．中国科技论坛，2017（12）：41-52.

[103] 孙蕊，吴金希，王少洪．中国创新政策演变过程及周期性规律［J］．科学学与科学技术管理，2016，37（3）：13-20.

[104] 柳卸林．新时期我国促进自主创新的政策解读——以财政政策为例［J］．山西大学学报（哲学社会科学版），2007（3）：177-182，226.

[105] 黄灿．欧盟和中国创新政策比较研究［J］．科学学研究，2004（2）：212-217.

[106] 李良成．政策工具维度的创新驱动发展战略政策分析框架研究［J］．科技进步与对策，2016，33（11）：95-102.

[107] 肖文圣，侯梅．创新驱动战略对经济发展影响分析及路径——以江苏省为例［J］．青岛行政学院学报，2017（2）：50-56.

[108] Weber，K. M.，Rohracher，H.. Legitimizing research，technology and

innovation policies for transformative change: Combining insights from innovation systems and multi-level perspective in a comprehensive "failures" framework [J]. Research Policy, 2012, 41 (6): 1037-1047.

[109] 张学文，田华，陈劲．激发企业内生动力的创新政策：基于使命驱动型创新的视角 [J]. 技术经济，2019，38 (7)：10-14，108.

[110] Fulvio Castellacci. Technological paradigms, regimes and trajectories: Manufacturing and service industries in a new taxonomy of sectoral patterns of innovation [J]. Research Policy, 2008, 37 (6): 978-994.

[111] 陈强，陈凤娟，刘园珍．韩国创新驱动发展的路径与特征分析 [J]. 科学管理研究，2015 (3)：115-118.

[112] 杨武，杨淼．基于产业创新系统的创新驱动发展案例研究 [J]. 科技进步与对策，2015，32 (17)：67-72.

[113] David Shilbury, Considering Future Sport Delivery Systems [J]. Sport Management Review, 2000, 3 (2): 199-221.

[114] 巢旭．基于结构方程的体育产业集群影响因素模型研究 [D]. 上海：上海体育学院硕士学位论文，2010.

[115] Critiano Ciappei, Christian Simoni. Drivers of new product success in the Italian sport shoe cluster of Montelluna [J]. Journal of Fashion Marketing and Management, 2005, 9 (1): 20-30.

[116] 孙耀吾，贺石中．论技术标准合作与高技术企业集群虚拟化发展 [J]. 软科学，2005 (5)：82-85.

[117] Bond III E. U., Houston M. B., Tang Y. H., Establishing a high-technology knowledge transfer network: the practical and symbolic roles of identification [J]. Industrial Marketing Management, 2008, 37 (6): 641-652.

[118] Liu C. H. The effects of innovation alliance on network structure and density of cluster [J]. Expert Systems with Applications, 2010, 38 (1): 299-305.

[119] Cristofoli D, Markovic J, Meneguzzo M. Governance, management and performance in public networks: how to be successful in shared-governance networks [J]. Journal of Management & Governance, 2012 (10): 254-265.

[120] 王来军. 基于创新驱动的产业集群升级研究 [D]. 北京：中共中央党校博士学位论文，2014.

[121] Hashino T. Otsuka K. Cluster-based industrial development in contemporary developing countries and modern Japanese economic history [J]. Journal of the Japanese and International Economies, 2013 (30): 19-32.

[122] 闫俊周. 新常态下战略性新兴产业创新驱动发展的路径选择 [J]. 企业经济，2016 (5): 147-151.

[123] 辛欣. 文化产业与旅游产业融合研究：机理、路径与模式 [D]. 开封：河南大学硕士学位论文，2013.

[124] Bierly, P., & Chakrabarti. A. K. Managing through industry fusion [M] // Brockhoff, K. The dynamics of innovation: strategic and managerial implications. Berlin: Springer, 1999: 7-26.

[125] Nils Stieghtz. Industrial Convergence: the evolution of the handheld computers market [M]. Aldershot: Edward Elgar Publishing Limited, 2003.

[126] Yoffie D. B. Introduction: chess and competing in the age of digital convergence [M] //Yoffie D. B. Competing in the age of digital convergence. Boston: The President and Fellows of Harvard Press, 1997.

[127] Lind J. Ubiquitous Convergence: market redefinitions generated by technological change and the industry life cycle [C]. Paper for the DRUID Academy Winter 2005 Conference, 2005 (1): 27-29.

[128] Haeklin F., Niklas Adamsson, Christian Marxt, Margareta NorelL. Design for convergence: managing technological partnerships and competencies across and within industries [R]. International Conference on Engineering Design ICED 05 Melbourne, 2005 (8): 15-18.

[129] 胡汉辉，邢华. 产业融合理论及其对我国发展信息产业的启示 [J]. 中国工业经济，2003 (2): 16-21.

[130] Bernd W. Wirtz. Reconfiguration of value chains in converging media and communications media and communications market [J]. Long Range Planning, 2001, 34 (4): 489-506.

[131] Uttethack J M. Mastering the dynamics of innovation [M]. Boston: Harvard Business School Press, 1994: 36-82.

[132] Charles W. L. Hill & Gareth R. Jones. Strategic management theory: an integrated approach [M]. Boston: Houghton Mifflin Company, 2001.

[133] 张先进.创新驱动：中国供给侧结构性改革的动力与保障 [J]. 改革与战略, 2017, 33 (5): 12-15.

[134] 惠宁，仇萌，李勃昕.论产业创新驱动的关联体系、构建内容及实现路径 [J]. 西北大学学报（哲学社会科学版），2014, 44 (5): 5-13.

[135] P. A. Geroski. What do we know about entry? [J]. International Journal of Industrial Organization, 1995, 13 (4): 421-440.

[136] Kleeper S. Firm survival and the evolution of oligopoly [J]. The RAND Journal of Economics, 2002, 33 (1).

[137] 陈爱容.科学革命、技术革命、产业革命的相互作用及其社会效益 [J]. 现代哲学, 1986 (3): 55-58.

[138] 刘若霞，李宇飞.我国新能源产业创新驱动发展路径研究 [J]. 科技进步与对策, 2015, 32 (17): 73-77.

[139] 张蕾.中国创新驱动发展路径探析 [J]. 重庆大学学报（社会科学版），2013, 19 (4): 107-111.

[140] Inyong Shin, Hyunho Kim. The effect of subsidy policies on the product quality improvement [J]. Economic Modelling, 2010, 27 (3): 687-696.

[141] 吴建南，郑烨，徐萌萌.创新驱动经济发展：美国四个城市的多案例研究 [J]. 科学学与科学技术管理, 2015, 36 (9): 21-30.

[142] 邓衢文，李纪珍，褚文博.荷兰和英国的创新平台及其对我国的启示 [J]. 技术经济, 2009 (8): 11-16, 103.

[143] 连燕华.技术创新政策体系的目标与结构 [J]. 科学学研究, 1999, 17 (3): 30-36.

[144] Rothwell R. Zegveld W. Reindustrialization and technology [M]. London: Londman Group Limited, 1985.

[145] 汪凌勇，杨超.国外创新政策评估实践与启示 [J]. 科技管理研究，

2010，15：28-31.

[146] Rothwell R.，Dodgson M. European technology policy evolution：convergence towards SMEs and regional technology transfer [J]. Technovation，1992，12 (4)：223-238.

[147] 陈宝明．进一步引导北京企业成为创新主体的对策研究 [R]. 中国科学技术发展战略研究院调研报告，2013：57.

[148] Rothwell R.，Zegveld W. Industrial innovation and public policy：preparing for the 1980s and the 1990s [M]. London：F. Pinter，1981.

[149] Shyu J Z.，Chiu Y C.，You C C. A cross-national comparative analysis of innovation policy in the integrated circuit industry [J]. Technology in Society，2001，23 (2)：227-240.

[150] 许萧迪，王子龙．技术创新的动力机制研究 [J]. 科技与管理，2003 (5)：131-133.

[151] 侯继虎．江浙沪创新驱动发展的政策文本研究——基于政策工具与创新过程双重视角 [J]. 科学管理研究，2019，37 (2)：93-98.

[152] 张韵君．政策工具视角的中小企业技术创新政策分析 [J]. 中国行政管理，2012 (4)：43-47.

[153] 周海泰，林映华．政府支持企业科技创新市场主导型政策构建研究 [J]. 科学学与科学技术管理，2016，37 (5)：3-16.

[154] Edquist C.，Hommen L.，Tsipouri L. Public technology procurement and innovation. Dordrecht：Kluwer Academic Publishers，2000 (16)：5-70.

[155] 宋河发，张思重．自主创新政府采购政策系统构建与发展研究 [J]. 科学学研究，2014，32 (11)：1639-1645.

[156] 吴静，周曼，白志远．政府采购扶持自主创新研究文献综述 [J]. 中国政府采购，2011 (4)：75-78.

[157] 杨东奇，朱建新，刘茂长等．高新技术企业自主创新环境研究 [M]. 北京：科学出版社，2009.

[158] 王铁山，冯宗宪．政府采购对产品自主创新的激励机制研究 [J]. 科学学与科学技术管理，2008 (8)：126-130.

[159] 叶伟巍，郑锦宜．激发高技术企业自主创新的政府采购制度研究［J］. 2007，25：101-105.

[160] 王俊．R&D 补贴对企业 R&D 投入及创新产出影响的实证研究［J］. 科学学研究，2010，28（9）：1364-1374.

[161] 李再扬，杨少华．GSM：技术标准化联盟的成功案例［J］. 中国工业经济，2003（7）：89-95.

[162] Porter M E. The Competitive Advantage of Nations［J］. Harvard Business Review，1990.

[163] 童毛弟，童业冬．金融深化、科技创新对产业结构升级的影响研究：基于江苏省 1984—2013 年的数据［J］. 求索，2015（9）：88-91.

[164] 李良成，于超．基于内容分析法的广东省科技创新人才开发政策研究［J］. 科技管理研究，2018（5）：50-56.

[165] 刘俊杰．大庆高新技术企业自主创新环境评价及 SD 分析［D］. 哈尔滨：哈尔滨工程大学，2009.

[166] 李左峰，张铭慎．政府科技项目投入对企业创新绩效的影响研究——来自我国 95 家创新型企业的数据［J］. 中国软科学，2012（12）：123-132.

[167] 杨立岩，潘慧峰．人力资本、基础研究与经济增长［J］. 经济研究，2003（4）：72-78.

[168] Hewitt-Dundas Nola，Stephen Roper. Output additionality of public support for innovation：evidence for irish manufacturing plants［J］. European Planning Studies，2010，18（1）：107-122.

[169] Hoff K.，Stiglitz J E. Moneylenders and bankers：price-increasing subsides in a monopolistically competitive market［J］. Journal of Development Economics，1998，55（2）：485-518.

[170] Guellec D.，Van Pottelsberghe DE LA Potterie B. The impact of public R&D expenditure on business R&D［J］. Economics of Innovation and New Technology，2003，12（3）：225-243.

[171] 刘凤朝，姜滨滨，孙玉涛．基于机构-过程的公共 R&D 投入技术创新效应机理分析［J］. 管理学报，2013，10（3）：420-428.

[172] Grupp H. The links between competitiveness, firms' innovative activities and public R&D support in Germany: and empirical analysis [J]. Technology Analysis & Strategic Management, 1997, 9 (1): 19-34.

[173] 柳光强，杨芷晴，曹普桥．产业发展视角下税收优惠与财政补贴激励效果比较研究——基于信息技术、新能源产业上市公司经营业绩的面板数据分析 [J]. 财贸经济，2015 (8): 38-47.

[174] Bloom, Griffiths, Reenen. The economics of regulation of high technology industries [M]. Oxford: Oxford University Press, 2002: 207-223.

[175] 程曦，蔡秀云．税收政策对企业技术创新的激励效应——基于异质性企业的实证分析 [J]. 中南财经政法大学学报，2017 (6): 94-102.

[176] 李彦龙．税收优惠政策和高新技术产业创新效率 [J]. 数量经济技术经济研究，2018 (1): 60-76.

[177] 方重．企业自主创新与税收政策相关性研究 [D]. 合肥：合肥工业大学博士学位论文，2010.

[178] 刘雯雯，杨震宁，王以华．科技园区差异性创新环境：地域要素的主效应和交互效应 [J]. 科学学研究，2009 (4): 629-638.

[179] Qian Q L., Chen Y B. Technological innovation and regional environment: the case of guangdong, China [J]. Procedia Earth and Planetary Science, 2011, 2 (4): 327-333.

[180] 徐彪，李心丹，张珣．区域环境对企业创新绩效的影响机制研究 [J]. 科研管理，2011, 32 (9): 147-156.

[181] 李习保．区域创新环境对创新活动效率影响的实证研究 [J]. 数量经济技术经济研究，2007 (8): 13-24.

[182] 刘凤朝，冯婷婷．国家创新能力形成的系统动力学模型——以发明专利为能力表征要素 [J]. 管理评论，2011, 23 (5): 30-38.

[183] 邬龙，张永安．基于 SFA 的区域战略性新兴产业创新效率分析：以北京医药和信息技术产业为例 [J]. 科学学与科学技术管理，2013 (10): 95-102.

[184] 朱岩梅，吴霁虹．我国创新型中小微企业发展的主要障碍及对策研究

[J]. 中国软科学, 2009 (9): 23-31.

[185] Brown J D., Earle J S., Lup D. what makes small firms grow? Finance, human capital, technology assistance, and the business environment in Romania [R]. IZA Discussion Paper Series, 2004.

[186] 唐德祥, 李京文, 孟卫东. R&D 对技术效率影响的区域差异及其路径依赖: 基于我国东、中、西部地区面板数据随机前沿方法 (SFA) 的经验分析 [J]. 科研管理, 2008 (2): 115-121.

[187] 李晨光, 张永安. 区域创新政策对企业创新效率影响的实证研究 [J]. 科研管理, 2014 (9): 25-35.

[188] 郭秀强, 孙延明. 广东珠三角地区创新政策分析——基于科技型中小企业技术创新视角 [J]. 科技管理研究, 2019 (11): 55-62.

[189] 秦军. 科技型中小企业自主创新的金融支持体系研究 [J]. 科研管理, 2011, 32 (1): 79-88.

[190] 黄国平, 孔欣欣. 金融促进科技创新政策和制度分析 [J]. 中国软科学, 2009 (2): 28-37.

[191] Koh W T H., Narasimhalu D A., Tan W L. Innovation policies and technology management in Asia: lessons learnt and future challenges [J]. Technological Forecasting and Social Change, 2005, 72 (3): 249-254.

[192] 陈剑平, 盛亚. 创新政策激励机理的多案例研究——以利益相关者权利需求为中介 [J]. 科学学研究, 2013, 31 (7): 1109.

[193] 罗晖, 程如烟. 加大基础研究和人才投资提高长远竞争力:《美国竞争力计划》介绍 [J]. 中国软科学, 2006 (3): 158-160.

[194] 杜军. 黑龙江省装备制造企业自主创新支持系统研究 [D]. 哈尔滨: 哈尔滨工程大学, 2011.

[195] 崔萍. 承接服务外包对企业技术创新的影响——基于我国 IT 行业上市公司面板数据的实证研究 [J]. 国际经贸探索, 2010, 26 (8): 47-51.

[196] 王升. FDI 影响我国企业模仿或自主创新机制分析 [J]. 科学学研究, 2008, 25 (A02): 492-499.

[197] 柯银斌, 康荣平, 沈泱. 中国企业海外研发的功能与定位 [J]. 经济界,

2011（6）：22-31.

[198] 汤易兵．促进产学合作政策工具：英，美与中国比较研究［J］．科学学研究，2006，23（12）：131-135.

[199] 范柏乃，班鹏．基于SD模拟的企业自主创新财税政策激励研究［J］．自然辩证法通讯，2008，30（3）：49-56.

[200] 张鹏，李新春．专利制度与技术创新之间关系的思考［J］．自然辩证法研究，2002（6）：1821-1830.

[201] 王元地，刘凤朝，潘雄锋．专利技术许可与中国企业创新能力发展［J］．科学学研究，2012，29（12）：1821-1828.

[202] 郭雯，刘爱，王胜光．创新驱动的市场形成与需求侧政策［J］．中国科学院院刊，2015（5）：626-631.

[203] 程华，李冬琴，杨永凤，等．技术创新政策力度对企业创新绩效的影响研究［J］．浙江理工大学学报，2013（5）：770-773.

[204] 宋晨晨，张永安，王燕妮，等．区域科技创新政策响应机理分析与仿真研究——基于中关村国家自主示范区数据［J］．科技进步与对策，2018（11）：126-133.

[205] 陈劲．科学、技术和创新政策［M］．北京：科学出版社，2013.

[206] Geroski P A. Procurement policy as a tool of industrial policy [J]. International Review of Applied Economics，1990（2）：182-198.

[207] Rolfstam. The utilities directive and how it might affect innovation：the case of innovative procurement of maritime radio technology [J]. Journal of Public Procurement，2007：435-460.

[208] Rothwell R. Technology based small firms and regional innovation potential：the role of public procurement [J]. Journal of Public Policy，1984（4）：307-332.

[209] 多恩布什．新制度经济学前沿：从新制度经济学角度透视［M］．北京：经济科学出版社，2003.

[210] Berube，Mohnen. Are firms that receive R&D subsidies more innovative? [J]. Canadian Journal of Economics，2009，42（1）：207-223.

[211] 陈越，于润．中小微企业创新的政府扶持研究——基于江苏4980家中小

微企业数据的实证分析 [J]. 经济体制改革, 2019 (4): 110-118.
[212] 伦晓波, 刘颜, 杨竹莘. 我国中小微企业制度供给分析 [J]. 上海经济研究, 2017 (5): 71-75.
[213] 熊维勤, 丁谦. 早期阶段创新项目的财政资助政策研究 [J]. 科研管理, 2012 (6): 24-30.
[214] Geroski A. Procurement policy as a tool of industry Policy [J]. International Review of Applied Economics, 1990, 4 (2): 182-198.
[215] 张永安, 耿喆, 李晨光, 王燕妮. 区域科技创新政策对企业创新绩效的影响效率研究 [J]. 科学学与科学技术管理, 2016, 37 (8): 82-93.
[216] 邢斐. 加强专利保护对我国创新活动影响的实证研究 [J]. 科学学研究, 2009, 27 (10): 1495-1499.
[217] 朱平芳, 徐伟民. 政府的科技激励政策对大中型工业企业 R&D 投入及其专利产出的影响——上海市的实证研究 [J]. 经济研究, 2003 (6): 45-52.
[218] Aschhoff B. Sofka W. Innovation on demand-Can public procurement drive market success of innovation? [J]. Research Policy, 2009, 38 (8): 1235-1247.
[219] 马伟红. 税收激励与政府资助对企业 R&D 投入影响的实证研究——基于上市高新技术企业的面板数据 [J]. 科技进步与对策, 2011 (17): 111-114.
[220] 郑春美, 李佩. 政府补助与税收优惠对企业创新绩效的影响——基于创业板高新技术企业的实证研究 [J]. 科技进步与对策, 2015 (16): 83-87.
[221] 江静. 公共政策对企业创新支持的绩效——基于直接补贴与税收优惠的比较分析 [J]. 科研管理, 2011, 32 (4): 1-8.
[222] 黄悦胜. 中国中小企业技术创新政策与创新模式研究 [D]. 长沙: 中南大学博士学位论文, 2002.
[223] 武欣. 国内外创新政策研究的评述 [J]. 经济研究参考, 2010, 42: 45-53.
[224] 张雅娴, 苏竣. 技术创新政策工具及其在我国软件产业中的应用 [J]. 科

研管理，2001（4）：65-72.

[225] 常静．重视“需求侧”创新政策，完善新时期创新政策［J］．科技管理研究，2012（22）：31-34.

[226] 刘宇佳，李春艳，孟维站．我国科技政策对高技术产业成长能力影响研究——基于单一政策和政策组合特征的分阶段实证检验［J］．工业技术经济，2019，38（6）：105-113.

[227] 彭纪生，仲为国，孙文祥．政策测量、政策协同演变与经济绩效：基于创新政策的实证研究［J］．管理世界，2008（9）：25-36.

[228] 郭元源，葛江宁，程聪，段姗．基于清晰集定性比较分析方法的科技创新政策组合供给模式研究［J］．软科学，2019（1）：45-49.

[229] Kieron Flanagan，Elvira Uyarra，Manuel Laranja. Reconceptualising the "policy mix" for innovation［J］. Forthcoming in Research Policy，2011，40（5）：702-713.

[230] 彭纪生，孙文祥，仲为国．中国技术创新政策演变与绩效实证研究［J］．科研管理，2008（4）：134-150.

[231] Atanassov，J. Arm's length financing and innovation：evidence from publicly traded firms［J］. Management Science，2015，62（1）：128-155.

[232] Holmstrom，B. Agency costs and innovation［J］. Journal of Economic Behavior and Organization，1989（12）：305-327.

[233] James R. Brown，Steven M. Fazzari，Bruce C. Petersen. Financing innovation and growth：cash flow，external equity，and the 1990s R&D Boom［J］. The Journal of Finance，2009，64（1）：151-185.

[234] Stephen R. Bond，Måns Söderbom. Conditional investment-cash flow sensitivities and financing constraints［J］. Journal of the European Economic Association，2013（11）：112-136.

[235] Stephen Bond，Julie Ann Elston，Jacques Mairesse，Benoît Mulkay. Financial factors and investment in Belgium，France，Germany，and the United Kingdom：a comparison using company panel data［J］. Review of Economics and Statistics，2003，85（1）：153-165.

[236] Krzysztof Szczygielski, Wojciech Grabowski, Mehmet Teoman Pamukcu, Vedat Sinan Tandogan. Does government support for private innovation matter? Firm-level evidence from two catching-up countries [J]. Research Policy, 2017, 46 (1): 219-237.

[237] 黄艺翔，姚铮 . 风险投资对上市公司研发投入的影响——基于政府专项研发补助的视角 [J]. 科学学研究，2015，33 (5)：674-682，733.

[238] Mario Daniele Amore, Cédric Schneider, Alminas Žaldokas. Credit supply and corporate innovation [J]. Journal of Financial Economics, 2013, 109 (3): 835-855.

[239] Haiyan Jiang, Yuanyuan Hu, Honghui Zhang, Donghua Zhou. Benefits of downward earnings management and political connection: evidence from government subsidy and market pricing [J]. International Journal of Accounting, 2018, 53 (4): 255-273.

[240] Aihua Wu. The signal effect of government R&D subsidies in China: does ownership matter? [J]. Technological Forecasting & Social Change, 2017 (117): 339-345.

[241] Anthony Howell. Firm R&D, innovation and easing financial constraints in China: does corporate tax reform matter? [J]. Research Policy, 2016, 45 (10): 1996-2007.

[242] Sanjai Bhagat, Ivo Welch. Corporate research & development investments international comparisons [J]. Journal of Accounting and Economics, 1995, 19 (2-3): 443-470.

[243] Liu, D., Chen, T., Liu, X., & Yu, Y. Do more subsidies promote greater innovation? Evidence from the Chinese electronic manufacturing industry [J]. Economic Modeling, 2018 (80): 441-452.

[244] Fabio Schiantarelli, Alessandro Sembenelli. Form of ownership and financial constraints: panel data evidence from flow of funds and investment equations [J]. Empirica, 2000, 27 (2): 175-192.

[245] Wojciech Przychodzen, Justyna Przychodzen. Sustainable innovations in the

corporate sector—tThe empirical evidence from IBEX 35 firms [J]. Journal of Cleaner Production, 2018, 172 (20): 3557-3566.

[246] JingJing Zhang, Jiancheng Guan. The time-varying impacts of government incentives on innovation [J]. Technological Forecasting & Social Change, 2018 (80): 441-452.

[247] Andrea Trianni, Enrico Cagno, Stefano Farné. Barriers, drivers and decision-making process for industrial energy efficiency: a broad study among manufacturing small and medium-sized enterprises [J]. Applied Energy, 2016, 162 (15): 1537-1551.

[248] Sibel Ahmedova. Factors for increasing the competitiveness of small and medium- sized enterprises (SMEs) in Bulgaria [J]. Procedia - Social and Behavioral Sciences, 2015, 195 (3): 1104-1112.

[249] Zhao, S., Xu B., & Zhang W. Government R&D subsidy policy in China: an empirical examination of effect, priority, and specifics [J]. Technological Forecasting & Social Change, 2018 (135): 75-82.

[250] Marc Gruber, Dietmar Harhoff, Karin Hoisl. Knowledge recombination across technological boundaries: scientists vs. engineers [J]. Management Science, 2013, 59 (4): 837-851.

[251] Kang T., Baek, C., & Lee, J. The persistency and volatility of the firm R&D investment: revisited from the perspective of technological capability [J]. Research policy, 2017, 46 (9): 1570-1579.

[252] Dai, X., & Cheng, L. The effect of public subsidies on corporate R&D investment: an application of the generalized propensity score [J]. Technological forecast social change, 2015, 90 (B): 410-419.

[253] Raffaello Bronzini, Eleonora Iachini. Are incentives for R&D effective? Evidence from a regression discontinuity approach [J]. American Economic Journal: Economic Policy, 2014, 6 (4): 100-134.

[254] Henningsen, M., Hægeland, T., & Møen, J. Estimating the additionality of R&D subsidies using proposal evaluation data to control for research intentions

[J]. The Journal of Technology Transfer, 2014, 40 (2): 227-251.

[255] Gary Chapman, Abel Lucena, Sergio Afcha. R&D subsidies & external collaborative breadth: differential gains and the role of collaboration experience [J]. Research Policy, 2018, 47 (3): 623-636.

[256] Joonhwan Choi, Jaegul Lee. Repairing the R&D market failure: public R&D subsidy and the composition of private R&D [J]. Research Policy, 2017, 46 (8): 1465-1478.

[257] Jun Du, Tomasz Mickiewicz. Subsidies, rent seeking and performance: being young, small or private in China [J]. Journal of Business Venturing, 2016 (31): 22-38.

[258] Edward Lee, Martin Walker, Cheng Zeng. Do Chinese government subsidies affect firm value? [J]. Accounting, Organizations and Society, 2014 (39): 149-169.

[259] Daeyong Lee. Impact of the excise tax on firm R&D and performance in the medical device industry: evidence from the Affordable Care Act [J]. Research Policy, 2018, 47 (5).

[260] Abhiroop Mukherjee, Manpreet Singh, Alminas Žaldokas. Do corporate taxes hinder innovation? [J]. Journal of Financial Economics, 2017 (117): 282-295.

[261] Hiroyuki Kasahara, Katsumi Shimotsu, Michio Suzuki. Does an R&D tax credit affect R&D expenditure? The Japanese R&D tax credit reform in 2003 [J]. Journal of The Japanese and International Economies, 2014, 25 (8): 72-97.

[262] Yu Bai, Siyi Song, Jianling Jiao, Ranran Yang. The impacts of government R&D subsidies on green innovation: evidence from Chinese energy-intensive firms [J]. Journal of Cleaner Production, 2019 (233): 819-829.

[263] Nabil Khelil. The many faces of entrepreneurial failure: insights from an empirical taxonomy [J]. Journal of Business Venturing, 2016, 31 (1): 72-94.

[264] Kleer, R. Government R&D subsidies as a signal for private investors [J]. Research Policy, 2010 (39): 1361-1374.

[265] Meuleman, M., De Maeseneire, W. Do R&D subsidies affect SMEs' access to external financing? [J]. Research Policy, 2012 (41): 580-591.

[266] Feldman, M. P., Kelley, M. R., The ex ante assessment of knowledge spillovers: government R&D policy, economic incentives and private firm behavior [J]. Research Policy, 2006 (35): 1509-1521.

[267] David, P. A., & Hall, B. H. Heart of darkness: modeling public-private interactions inside the R&D black box [J]. Research Policy, 2000, 29 (9): 1165-1184.

[268] Bao, H., & Peng, Y. Effect of land expropriation on land-lost farmers' entrepreneurial action: a case study of Zhejiang Province [J]. Habitat International, 2016 (53): 342-349.

[269] Kevin Zheng Zhou, Fang Wu. Technological capability, strategic flexibility, and product innovation [J]. Strategic Management Journal, 2010, 31 (5): 547-561.

[270] Seung-Pyo Jun, Sang-Gook Kim, Hyun-Woo Park. The mismatch between demand and beneficiaries of R&D support programs for SMEs: evidence from Korean R&D planning programs [J]. Technological Forecasting & Social Change, 2016 (116): 286-298.

[271] Xiaolu Liu, Xiaoyu Li, Honglin Li. R&D subsidies and business R&D: evidence from high-tech manufacturing firms in Jiangsu [J]. China Economic Review, 2016 (41): 1-22.

[272] Cruz-Cázares, C., Bayona-Sáez, C., & García-Marco, T. You can't manage right what you can't measure well: technological innovation efficiency [J]. Research Policy, 2013, 42 (6): 1239-1250.

[273] Lee, J.-S., Park, J.-H., & Bae, Z.-T. The effects of open innovation on innovation productivity: focusing on external knowledge search [J]. Knowledge Management Research, 2016, 17 (1): 49-72.

[274] Diaz-Balteiro, L., Herruzo, A. C., Martinez, M., & Gonzalez-Pachon. An analysis of productiveefficiency and innovation activity using DEA: an application to Spain's wood-based industry [J]. Forest Policy and Economics, 2016 (8): 762-773.

[275] Feng, Z. X., Wang, Q., & Hou, X. H. Government investment, degree of marketization and technological innovation efficiency of china's industrial enterprises [J]. The Journal of Quantitative & Technical Economics, 2011 (4): 3-17.

[276] Hashimoto, A. & Haneda, S. Measuring the change in R&D efficiency of the Japanese pharmaceutical industry [J]. Research Policy, 2008 (37): 1829-1836.

[277] Luo, F. K. & Sun, F. Industrial enterprises technology sources and technical innovation efficiency [J]. Journal of Industrial Technological Economics, 2010 (12): 3-9.

[278] 潘雄锋，杨越．剔除环境因素影响的中国工业企业技术创新效率评价研究[J]．运筹与管理，2014，23 (6)：244-251.

[279] Ping Wei, Hui-quan Tang, Yao Chen, Xiao-hong Chen. Measuring technical efficiency of Chinese nonferrous metals enterprises on a background of industry consolidation [J]. Transactions of Nonferrous Metals Society of China, 2013, 23 (9): 2797-806.

[280] Lin, Y., Deng, N., & Gao, H. Research on technological innovation efficiency of tourist equipment manufacturing enterprises [J]. Sustainability, 2018 (10): 4826.

[281] Changhee Kim, Won Sug Shin. Does Information from the higher education and R&D institutes improve the innovation efficiency of logistic firms? [J]. The Asian Journal of Shipping and Logistics, 2019, 35 (1): 70-076.

[282] Wang, Y., Zhu, Z., & Liu, Z. Evaluation of technological innovation efficiency of petroleum companies based on BCC-Malmquist index model [J]. Journal of Petroleum Exploration and Production Technology, 2019 (9):

2405-2416.

[283] Wang Q., Hang Y., Sun L. & Zhao Z. Two-stage innovation efficiency of new energy enterprises in China: a non-radial DEA approach [J]. Technological Forecasting and Social Change, 2016 (112): 254-261.

[284] Kyung-Nam Kang, Hayoung Park. Influence of government R&D support and inter-firm collaborations on innovation in Korean biotechnology SMEs [J]. Technovation, 2011, 32 (1): 68-78.

[285] Gautam Ahuja, Riitta Katila. Technological acquisitions and the innovation performance of acquiring firms: a longitudinal study [J]. Strategic Management Journal, 2001, 22 (3): 197-220.

[286] Goto, A., & Suzuki, K. R&D capital, rate of return on R&D investment and spillover of R&D in Japanese manufacturing industries [J]. The Review of Economics and Statistics, 1989, 71 (4): 555-564.

[287] Griliches, Z. R&D and the productivity slowdown [J]. The American Economic Review, 1980, 70 (2): 343-348.

[288] Hui Li, Jingxiao Zhang, Chao Wang, Yujie Wang, Vaughan Coffey. An evaluation of the impact of environmental regulation on the efficiency of technology innovation using the combined DEA model: a case study of Xi'an, China [J]. Sustainable Cities and Society, 2018 (42): 355-369.

[289] Wang, S., Fan, J., Zhao, D., & Wang, S., Regional innovation environment and innovation efficiency: the Chinese case [J]. Technology Analysis & Strategic Management, 2016, 28 (4): 396-410.

[290] Yanqiu Wang, Zhiwei Zhu, Zhenbin Liu. Evaluation of technological innovation efficiency of petroleum companies based on BCC-Malmquist index model [J]. Journal of Petroleum Exploration and Production Technology, 2019, 9 (3): 2405-2416.

[291] Dong X. Q., Zhao J., & Yuan P. W. Research on innovation efficiency loss of state-owned enterprises: an empirical analysis in China based on DEA [J]. Computer Modelling & New Technologies, 2014, 18 (12C): 883-889.

[292] Lee, Z., & Pai, C. Operation analysis and performance assessment for TFT-LCD manufacturers using improved DEA [J]. Expert Systems with Applications, 2011 (38): 4014-4024.

[293] Zhang, B., Luo, Y., & Chi, Y. Efficiency evaluation of China's high-tech industry with a multi-activity network data envelopment analysis approach [J]. Socio-Economic Planning Sciences, 2019 (66): 2-9.

[294] Farrell, M. J. The measurement of productive efficiency [J]. Journal of the Royal Statistical Society: Series A, 1957, 120 (3): 253-290.

[295] Seiford L. M., & Thrall R. M. Recent developments in DEA: the mathematical programming approach to frontier analysis [J]. Journal of Econometrics, 1990, 46 (1-2): 7-38.

[296] Golany B., & Roll Y. An application procedure for DEA [J]. Omega, 1989, 17 (3): 237-250.

[297] Charnes, A., Cooper, W. W., & Rhodes, E. Measuring the efficiency of decision-making units [J]. European Journal of Operation Research, 1978 (2): 429-444.

[298] Radas, S., Ani ć, I. D., Tafro, A., & Wagner, V. The effects of public support schemes on small and medium enterprises [J]. Technovation, 2015 (38): 15-30.

[299] 范圣然，陈志斌，沈磊．企业财务柔性政策对创新效率的影响——来自经济新常态背景下的经验证据 [J]. 东北大学学报（社会科学版），2018, 20 (1): 36-43.

[300] González, X., & Pazó, C. Do public subsidies stimulate private R&D spending? [J] Research Policy, 2008, 37 (3): 371-389.

[301] Li, Y. Preferential tax policy and innovation efficiency of high-tech industry [J]. Journal of Quantitative and Technical Economics, 2018, 35 (1): 60-76.

[302] Fan, D. and Li, S. Research on R&D innovation efficiency of regional high-tech industry considering spatial effect [C]. 2017 International Conference on

Management Science and Engineering (ICMSE) Management Science and Engineering (ICMSE), 2017: 313-320.

[303] Park, S. Evaluating the efficiency and productivity change within government subsidy recipients of a national technology innovation research and development program [J]. R&D Management, 2015, 45 (5): 549-568.

[304] Albert Guangzhou Hu. Ownership, government R&D, private R&D, and productivity in Chinese industry [J]. Journal of Comparative Economics, 2001, 29 (1): 136-157.

[305] 周小刚，贾仁安，李丽清，陈普，胡辉. 创新驱动升级的 SD 建模和策略的反馈仿真组合分析——以江西合力有限公司创新升级为例 [J]. 系统工程理论与实践，2018，38 (11): 2831-2851.

[306] Baum, C. F., Caglayan, M., Talavera, O. the effects of future capital investment and R&D expenditures on firms' liquidity [J]. Review of International Economics, 2013, 21 (3): 459-474.

[307] Berentsen A, Breu M R, Shi S. Liquidity, innovation and growth [J]. IEW - Working Papers, 2012, 59 (8): 721-737.

[308] Z. Jun Lin, Shengqiang Liu, Fangcheng Sun. The impact of financing constraints and agency costs on corporate R&D investment: evidence from China [J]. International Review of Finance, 2017 (17): 3-42.

[309] Hu, J., Guo, L., Zhu, F. Regional financial developments and research and development investment-cash flow sensitivity: evidence on Chinese public high-tech companies [J]. International Review of Finance, 2017 (17): 627-643.

[310] Lai Van Vo, Huong Thi Thu Le. Strategic growth option, uncertainty, and R&D investment [J]. International Review of Financial Analysis, 2017 (51): 16-24.

[311] Dursun Delen, Cemil Kuzey, Ali Uyar. Measuring firm performance using financial ratios: a decision tree approach [J]. Expert Systems With Applications, 2013 (40): 3970-3983.

[312] Peter Teirlinck. Configurations of strategic R&D decisions and financial

performance in small-sized and medium-sized firms [J]. Journal of Business Research, 2017 (74): 55-65.

[313] 李莉，曲晓辉，肖虹. R&D 支出资本化：真实信号传递或盈余管理？[J]. 审计与经济研究，2013，28 (1): 60-69.

[314] Kuo, H., Wang, L., Yeh, L. The role of education of directors in influencing firm R&D investment [J]. Asia Pacific Management Review, 2018 (23): 108-120.

[315] Thomas Schmid, Ann-Kristin Achleitner, Markus Ampenberger, Christoph Kaserer. Family firms and R&D behavior—new evidence from a large-scale survey [J]. Research Policy, 2014, 43 (1): 233-244.

[316] Guariglia, A.; Liu, P. To what extent do financing constraints affect Chinese firms' innovation activities? [J]. International Review of Financial Analysis, 2014 (36): 223-240.

[317] Himmelberg, C. P., Petersen, B. C. R&D and internal finance: a panel study of small firms in high-tech industries [J]. Review Economics Statistics, 1994 (76): 38-51.

[318] Hao, K. Y., Jaffe, A. B. Effect of liquidity on firms' R&D spending [J]. Economics of Innovation & New Technology, 1993 (2): 275-282.

[319] Huang, Y. S.; Wang, C. J. Corporate governance and risk-taking of Chinese firms: the role of board size [J]. International Review of Economics and Finance, 2015 (37): 96-113.

[320] David Hillier, Julio Pindado, Valdoceu de Queiroz, Chabela de la Torre. The impact of country-level corporate governance on research and development [J]. Journal of International Business Studies, 2011, 42 (1): 76-98.

[321] Chaoshin Chiao. The relationship between R&D and physical investment of firms in science-based industries [J]. Applied Economics, 2001, 33 (1): 23-35.

[322] Masood, A.; Shah, A. Corporate governance and cash holdings in listed non-financial firms in Pakistan [J]. Social Science Electronic Publishing, 2014 (9): 48-72.

[323] Friend, I. , Lang, H. H. P. An empirical test of the impact of management self-interest on corporate capital structure [J]. Journal of Finance, 1988 (43): 271-283.

[324] Koku, P. S. R&D expenditure and profitability in the pharmaceutical industry in the United States [J]. Journal of Applied Management Accounting Research, 2010 (8): 167-173.

[325] Becker, B. ; Hall, S. G. Foreign direct investment in R&D and exchange rate uncertainty [J]. Open Economies Review, 2009 (20): 207-223.

[326] Peggy M. Lee, Hugh M. O'Neill. Ownership structures and R&D investments of U. S. and Japanese firms: agency and stewardship perspectives [J]. The Academy of Management Journal, 2003, 46 (2): 212-225.

[327] Cazier, R. A. Measuring R&D curtailment among short-horizon CEOs [J]. Journal of Corporate Finance, 2011 (17): 584-594.

[328] Stam, E. ; Wennberg, K. The roles of R&D in new firm growth [J]. Small Business Economics, 2009 (33): 77-89.

[329] Mudambi, R. , Swift, T. Proactive R&D management and firm growth: a punctuated equilibrium model [J]. Research Policy, 2011 (40): 429-440.

[330] Pankaj C. Patel, Maria João Guedes, Nuno Soares, Vítor da Conceição Gonçalves. Strength of the association between R&D volatility and firm growth: The roles of corporate governance and tangible asset volatility [J]. Journal of Business Research, 2018 (88): 282-288.

[331] Driver, C. , Guedes, M. J. C. Research and development, cash flow, agency and governance: UK large companies [J]. Research Policy, 2012 (41): 1565-1577.

[332] Munari, F. , Oriani, R. , Sobrero, M. The effects of owner identity and external governance systems on R&D investments: a study of Western European firms [J]. Research Policy, 2010 (39): 1093-1104.

[333] Ayyagari, M. , Demirgüç-Kunt, A. , Maksimovic, V. Firm innovation in emerging markets: the role of finance, governance and competition [J].

Journal of International Business Studies, 2011 (46): 1545-1580.

[334] Lv, D. D.; Chen, W.; Zhu, H.; Lan, H. How does inconsistent negative performance feedback affect the R&D investments of firms? A study of publicly listed firms [J]. Journal of Business Research, 2019 (102): 151-162.

[335] Kor, Y. Y. Direct and interaction effects of top management team and board compositions on R&D investment strategy [J]. Strategic Management Journal, 2006 (27): 1081-1099.

[336] Deutsch, Y. The impact of board composition on firms' critical decisions: a meta-analytic review [J]. Journal of Management, 2005 (31): 424-444.

[337] Dalton, D., Hitt, M. A., Certo, S. T., Dalton, C. M. The fundamental agency problem and its mitigation: independence, equity, and the market for corporate control [J]. Academy Management Ann, 2007 (1): 1-64.

[338] Baysinger, B. D., Hoskisson, R. E. The composition of boards of directors and strategic control: effects on corporate strategy [J]. The Academy of Management Review, 1990 (15): 72-87.

[339] Yoo, T.; Sung, T. How outside directors facilitate corporate R&D investment? Evidence from large Korean firms [J]. Journal of Business Research, 2015 (68): 1251-1260.

[340] Balsmeier, B., Fleming, L., Manso, G. Independent boards and innovation [J]. Journal of Financial Economics, 2017 (123): 536-557.

[341] Yermack, D. Higher market valuation of companies with a small board of directors [J]. Journal of Financial Economics, 1996 (35): 451-469.

[342] Jensen, M. C., Meckling, W. H. Theory of the firm: managerial behavior, agency costs and ownership structure [J]. Journal of Financial Economics, 1976 (3): 305-360.

[343] Pedersen, T., Thomsen, S. Business systems and corporate governance [J]. International Studies of Management & Organization, 1999 (29): 43-59.

[344] Levin R C, Klevorick A K, Nelson R R, Winter, S. G. Appropriating the returns from industrial research and development [J]. Competition Policy

International, 2013, 9 (2): 160-196.

[345] Ito K, Pucik V. R&D spending, domestic competition, and export performance of Japanese manufacturing firms [J]. Strategic Management Journal, 1993, 14 (1): 61-75.

[346] Wang, C. Board size and firm risk-taking [J]. Review of Quantitative Finance & Account, 2012 (38): 519-542.

[347] Shleifer A, Vishny R W. A survey of corporate governance [J]. Journal of Finance, American Finance Association, 1997, 52 (2): 737-783.

[348] Shaikh I A, Peters L. The value of board monitoring in promoting R&D: a test of agency-theory in the US context [J]. Journal of Management and Governance, 2018 (22): 339-363.

[349] (Frank) Li, Zhichuan. Mutual monitoring and corporate governance [J]. Journal of Banking & Finance, 2014, 45 (Aug.): 255-269.

[350] Morck R, Shleifer A, Vishny R W. Management ownership and market valuation [J]. Journal of Financial Economics, 1988 (20): 293-315.

[351] Xavier Giroud, Holger M. Mueller. Corporate governance, product market competition, and equity prices [J]. The Journal of Finance, 2011, 66 (2): 563-600.

[352] Li Z F, Lin S, Sun S, et al. Risk-adjusted inside debt [J]. Global Finance Journal, 2017 (35): 12-42.

[353] Michelino F, Lamberti E, Cammarano A, et al. Measuring open innovation in the bio-pharmaceutical industry [J]. Creativity and Innovation Management, 2015, 24 (1): 4-28.

[354] Jonathan P. O'Brien, Parthiban David. Reciprocity and R&D search: applying the behavioral theory of the firm to a communitarian context [J]. Strategic Management Journal, 2014, 35 (4): 550-565.

[355] Kenneth J., Klassen, Jeffrey A., et al. A cross-national comparison of R&D expenditure decisions: tax incentives and financial Constraints [J]. Contemporary Accounting Research, 2010 (3): 639-680.

[356] 吴金希. 理解创新文化的一个综合性框架及其政策含义 [J]. 中国软科学，2011 (5)：65-73.

[357] 曾婧婧，王巧. 省级创新政策驱动创新能力的效果测评——以“十一五”至“十二五”期间中国省级面板数据为例 [J]. 软科学，2017，31 (8)：25-30.

[358] 喻登科，涂国平，陈华. 战略性新兴产业集群协同发展的路径与模式研究 [J]. 科学学与科学技术管理，2012 (4)：114-120.

[359] 姜军，武兰芬，李必强，刘晓敏. 发达国家政府在创新体系中的作用方式及启示 [J]. 科学学研究，2004，22 (4)：442-447.

[360] Curtis B. Is the primary national strategy transforming or ossifying English primary schools? [J]. Education-line，2006.

[361] 廖中举，黄超. 中国科技人才创新政策研究 [J]. 上海经济研究，2017 (3)：17-22.

[362] 闫军印，陈欣欣，侯孟阳. 区域技术创新政策效果评价研究——基于30个省区的实证分析 [J]. 工业技术经济，2014 (7)：139-145.

[363] 姜波. 中小企业技术创新绩效与企业社会资本关联机制研究：技术创新绩效信息披露的调节效应 [J]. 科学管理研究，2010 (6)：34-39.

[364] 范云鹏. 创新政策对大众创业万众创新影响的实证分析——以山西省为例 [J]. 经济问题，2016 (9)：87-92.

[365] 程华. 政策力度、政策稳定性、政策工具与创新绩效——基于2000—2009年产业面板数据的实证分析 [J]. 科研管理，2013 (10)：103-108.

[366] Nelson R R.，Winter S G. in search of a useful theory of innovation [J]. Research Policy，1977，6 (1)：36-76.

[367] 李正卫，吴晓波，郑健壮. 基于规模和集群之上的企业技术创新行为研究 [J]. 科研管理，2003 (4)：61-65.

[368] Bodas f Reitas，N Von Tunzelmann. Mapping public support for innovation：a comparison of policy alignment in the UK and France [J]. Research Policy，2008，37 (9)：1446-1464.

[369] Zhang D.，Banker R. D.，et al. Performance impact of research policy at the

Chinese Academy of Sciences [J]. Research Policy, 2011, 40 (6): 875-885.

[370] Woolcock M D. Social capital: implications for development theory, research and policy [J]. The World Bank Research Observer, 2000, 15 (2): 225-249.

[371] Koroglu B A., Eceral T O. Human capital and innovation capacity of firms in defense and aviation industry in Ankara [J]. Procedia -Social and Behavioral Sciences, 2015 (195): 1583-1592.

[372] 刁丽琳，张蓓，马亚男. 基于 SFA 模型的科技环境对区域技术效率的影响研究 [J]. 科研管理，2011 (4): 143-151.

[373] Yang H., Phelps C., Steensma H K. Learning from what others have learned from you: the effects of knowledge spillovers on originating firms [J]. Academy of Management Journal, 2010, 53 (2): 371-389.

[374] 陈向东，胡萍. 我国技术创新政策效用的实证分析 [J]. 科学学研究，2004 (1): 108-112.

[375] 朱金棒，柳鸣毅. 新常态下我国体育产业发展机制与路径研究 [J]. 体育文化导刊，2016, 10 (10): 103-108.

[376] 龙云凤. 江苏省创新驱动政策体系研究及对广东的启示 [J]. 科技管理研究，2016 (7): 54-59.

[377] 范柏乃，段忠贤，江蕾. 中国自主创新政策：演进、效应与优化 [J]. 中国科技论坛，2013 (9): 5-12.

[378] 张永安，耿喆，王燕妮. 区域科技创新政策分类与政策工具挖掘 [J]. 科技进步与对策，2015, 32 (17): 116-123.

[379] 刘志彪. 建设现代化经济体系：新时代经济建设的总纲领 [J]. 山东大学学报（哲学社会科学版），2018, 68 (1): 1-6.

[380] 姚星，倪畅. 构建现代产业发展新体系的战略选择研究 [J]. 中州学刊，2015, 37 (5): 38-41.

[381] 刘钊. 现代产业体系的内涵与特征 [J]. 山东社会科学，2011, 25 (5): 160-162.

[382] 张伟 . 现代产业体系绿色低碳化的实现途径及影响因素 [J]. 科研管理，2016，37（s1）：426-432.

[383] 詹懿 . 中国现代产业体系：症结及其治理 [J]. 财经问题研究，2012，34（12）：31-36.

[384] Freeman C. The economics of industrial innovation [M]. Cambridge: The MIT Press, 1982.

[385] Maclaurin W R. The process of technological innovation: the Launching of a new scientific industry [J]. American Economic Review, 1950, 40 (1): 90-112.

[386] Kash D E. Rycrott R. Emerging patterns of complex technological innovation [J]. Technological Forecasting & Social Change, 2002, 69 (6): 581-606.

[387] 连燕华 . 企业组织创新的案例研究 [J]. 科学学研究，1992，10（2）：65-72.

[388] 李勇辉，袁旭宏 . 企业非技术创新的价值实现机理与驱动机制——基于价值链的视角 [J]. 财经研究，2014，40（9）：26-37.

[389] 张振刚，张小娟 . 企业市场创新概念框架及其基本过程 [J]. 科技进步与对策，2014，31（1）：80-85.

[390] 郭新宝 . 制造创新方法链中市场创新、技术创新与管理创新三维协同研究 [J]. 科技进步与对策，2014，31（10）：15-18.

[391] Naidoo V. Firm survival through a crisis: the influence of market orientation, marketing innovation and business strategy [J]. Industrial Marketing Management, 2010, 39 (8): 1311-1320.

[392] RustT, Ambler T, Carpenter S, et al. Measuring marketing productivity: current knowledge and future directions [J]. Journal of Marketing, 2005, 68 (1): 76-89.

[393] 卢章平，王晓晶 . 国家和地方科技成果转化政策对比分析 [J]. 图书情报工作，2012，56（24）：83-88.

[394] 苏敬勤，李晓昂，许昕傲 . 基于内容分析法的国家和地方科技创新政策构成对比分析 [J]. 科学学与科学技术管理，2012（6）：15-21.

[395] 张文彤．SPSS Ⅱ统计分析教程［M］．北京：北京希望电子出版社，2002：123.
[396] 王聘聘，秦远建，丁贺．产业技术创新战略联盟发展对策研究——基于联盟工作总结的内容分析［J］．科技管理研究，2016（3）：84-88.
[397] 杜宝贵，王欣．科技企业孵化器政策变迁研究——基于政策文本的量化分析［J］．中国科技论坛，2019（2）：11-21.
[398] 王刚，李显君，章博文，孟东晖，高歌．自主创新政策与机制——来自中国四个产业的实证［J］．科研管理，2015，36（4）：1-9.
[399] 万继蓉．欧美国家再工业化背景下我国制造业的创新驱动发展研究［J］．经济纵横，2013（8）：112-115.
[400] 林南．经济发展方式转变的创新驱动机制研究［J］．中国集体经济，2016（27）：12-13.
[401] 陈刚，赵志耘，许端阳．科技创新支撑经济发展方式转变的动力机制［J］．中国科技论坛，2014，6（6）：5-9.
[402] 张勤，马费成．国外知识管理研究范式——以共词分析为方法［J］．管理科学学报，2007，10（6）：65-74.
[403] 郑俊巍．我国管理创新研究结构与发展的文献计量与网络图景［J］．科研管理，2018，39（9）：102-112.
[404] 李杰，陈超美．CiteSpace：科技文本挖掘及可视化［M］．北京：首都经济贸易大学出版社，2016.
[405] Hall，B. H. The financing of research and development［J］．Oxford Review of Economic Policy，2002（18）：35-51.
[406] Bhagat，S.，& Welch，I. Corporate research and development investments：International comparisons［J］．Journal of Accounting and Economics，1995，19（2-3）：443-470.
[407] Friend，I.，Lang，H. H. P. An empirical test of the impact of managerial self-interest on corporate capital structure［J］．Journal of Finance，1988（43）：271-283.
[408] Wang，H.，Choi，J.，Wan，G.，& Dong，J. Q. Slack resources and the

rent-generating potential of firm-specific knowledge [J]. Journal of Management, 2013 (20): 1-24.

[409] Dalziel, T., Gentry, R. J., & Bowerman, M. An integrated agency-resource dependence view of the influence of directors' human and relational capital on firms'R&D spending [J]. Journal of Management Studies, 2011, 48 (6): 1217-1242.

[410] Guan, J. C., & Chen, K. Measuring the innovation production process: a cross-region empirical study of China's high-tech innovations [J]. Technovation, 2010 (30): 348-358.

[411] 国家税务总局. 研发费用加计扣除政策执行指引 [EB/OL]. http://www.chinatax.gov.cn/n810219/n810744/n3213637/index.html.

[412] Fan, D. C., & Ming-Yue, D. U. Research on technological innovation resource allocation efficiency and its influencing factors in high-end equipment manufacturing industries-Based on the empirical analysis of the two-stage stoned-tobit model [J]. Chinese Journal of Management Science, 2018 (26): 13-24.

[413] Pearson D W, Curtis R L, Haney C A, et al. Sport films: social dimensions over time, 1930-1995 [J]. Journal of Sport & Social Issues, 2003, 27 (2): 145-161.

[414] Hottenrott, H., Peters, B. Innovative capability and financing constraints for innovation: more money, more innovation? [J]. The Review of Economics and Statistics, 2012 (94): 1126-1142.

[415] Subash Sasidharan, P. J. Jijo Lukose, Surenderrao Komera. Financing constraints and investments in R&D: evidence from Indian manufacturing firms [J]. Quarterly Review of Economics and Finance, 2015 (55): 28-39.

[416] Seifert, B. M., Gonenc, H. Creditor rights and R&D expenditures [J]. Corporate Governance: An International Review, 2012 (20): 3-20.

[417] Dasgupta, S., Noe, T. H., Wang, Z. Where did all the dollars go? The effect of cash flows on capital and asset structure [J]. Journal of Financial and

Quantitative Analysis, 2011, 46: 1259-1294.

[418] Alam, A., Uddin, M., & Yazdifar, H. Institutional determinants of R&D investment: evidence from emerging markets [J]. Technological Forecasting and Social Change, 2019, 138: 34-44.

[419] Sasaki, T. Financial cash flows and research and development investment [J]. Pacific-Basin Finance Journal, 2016 (39): 1-15.

[420] Mishra, D. Multiple large shareholders and corporate risk taking: evidence from East Asia [J]. Corporate Governance: An International Review, 2011 (19): 507-528.

[421] Valentina Lazzarotti, Luisa Pellegrini. An explorative study on family firms and open innovation breadth: do non-family managers make the difference? [J]. European J. of International Management, 2015, 9 (2): 179-200.

[422] 湖北日报．湖北省首批民政地方标准颁布实施养老服务有了规范标准 [EB/OL]. (2017-06-03). http://www.hubei.gov.cn/zwgk/zcsd/zcsd/snzc/201706/t20170613_1005678.shtml.

[423] 湖北省首个运动服饰产品质量检验中心正式设立 [EB/OL]. (2020-08-29). https://www.sohu.com/a/415494033_120056442.

[424] 中共中央办公厅，国务院办公厅．关于改革社会组织管理制度促进社会组织健康有序发展的意见 [EB/OL]. (2016-08-21). http://www.gov.cn/gongbao/content/2016/content_5106178.htm.

[425] 武汉东湖新技术开发区管委会．武汉东湖新技术开发区支持创新创业发展新经济的政策清单．[EB/OL]. (2017-06-26). https://www.chinagazelle.cn/notice/detail/401f35c7cf294f54baef28608aa161b2.

[426] 新科技之于体育产业的终极意义 [EB/J]. (2017-10-16). https://www.sohu.com/a/198657949_482792.

[427] 虚拟攀岩问世以一种安全的方式来处理用户对高度的恐惧 [EB/OL]. (2018-09-28). https://sports.eastday.com/a/180928110306931000000.html.

[428] 北京石景山举办线上篮球挑战赛 [EB/OL]. (2016-06-09). https://baijiahao.baidu.com/s?id=1669002420177344425&wfr=spider&for=pc.

[429] 国务院办公厅．关于加快发展健身休闲产业的指导意见［EB/OL］．（2016-10-25）．http：//www. gov. cn/zhengce/content/2016-10/28/content_5125475. htm.

[430] 体育总局办公厅．关于报送体育服务综合体典型案例的通知［EB/OL］．（2020-07-14）．http：//www. sport. gov. cn/n316/n336/c955218/content. html.

[431] 国家体育总局，中国工商银行，中国农业银行，中国银行，中国建设银行. 2018 年全国优选体育产业项目名录［EB/OL］．（2018-07-24）．https：//www. sohu. com/a/243135734_806068.

[432] 体育总局办公厅．关于推进运动休闲特色小镇健康发展的通知［EB/OL］．（2018-11-19）．https：//www. sohu. com/a/276454004_505689.

[433] "青云社" 体育双创基地重庆首个体育产业孵化基地加快构建［EB/OL］．（2019-01-28）．http：//jiangsu. sina. com. cn/news/life/2019-01-28/detail-ihqfskcp1080657. shtml.

[434] 把特色小镇打造成创新创业大平台［EB/OL］．（2019-05-23）．https：//new. qq. com/cmsn/20190523/20190523000945. html？pc.

[435] 因地制宜培育特色小镇创新创业生态［EB/OL］．（2020-09-26）．https：//www. sohu. com/a/420940286_319303.

[436] 安徽芜湖依托特色小镇激活创新创业［EB/OL］．（2020-09-18）．http：//finance. sina. com. cn/jjxw/2020-09-18/doc-iivhuipp5041547. shtml.

[437] 省体育局关于加快体育服务综合体建设的指导意见［EB/OL］．（2017-01-25）．http：//www. yangzhou. gov. cn/xxgk_info/yz_xxgk/xxgk_desc_bm. jsp？manuscriptid=b137201a8708424caa724662323777e2.

[438] 中共中央办公厅，国务院办公厅．关于改革社会组织管理制度促进社会组织健康有序发展的意见［EB/OL］．（2016-08-21）．http：//www. gov. cn/gongbao/content/2016/content_5106178. htm.

[439] 王向民，鲁兵．社会组织治理的"法律—制度"分析［J］. 华东师范大学学报（哲学社会科学版），2019，51（5）：43-52，236-237.

[440] 中共青岛市委办公厅，青岛市人民政府办公厅．关于完善农村土地所有权承包权经营权分置办法的意见［EB/OL］．（2017-10-10）．http：//

www. qingdao. gov. cn/n172/n68422/n68423/n31282149/180502092441107425. html.

[441] 王晓芳. 东莞中小企业科技创新财税政策研究 [J]. 合作经济与科技, 2016 (12x): 164-166.

[442] Masood A, Shah A. Corporate governance and cash holdings in listed non-financial firms of Pakistan [J]. Business Review, 2014, 9 (2): 48-72.